数学课堂教学与思维能力培养

孔登学　吴娜　许可　著

吉林科学技术出版社

图书在版编目（CIP）数据

数学课堂教学与思维能力培养 / 孔登学 , 吴娜 , 许可著 . -- 长春 : 吉林科学技术出版社 , 2024.5
ISBN 978-7-5744-1321-4

Ⅰ.①数… Ⅱ.①孔…②吴…③许… Ⅲ.①小学数学课—课堂教学—教学研究 Ⅳ.① G623.502

中国国家版本馆 CIP 数据核字 (2024) 第 092116 号

数学课堂教学与思维能力培养

著	孔登学　吴　娜　许　可
出 版 人	宛　霞
责任编辑	郭建齐
封面设计	周书意
制　　版	周书意
幅面尺寸	185mm×260mm
开　　本	16
字　　数	320 千字
印　　张	16.5
印　　数	1~1500 册
版　　次	2024 年 5 月第 1 版
印　　次	2024年10月第1次印刷

出　　版	吉林科学技术出版社
发　　行	吉林科学技术出版社
地　　址	长春市福祉大路5788号出版大厦A座
邮　　编	130118
发行部电话/传真	0431-81629529 81629530 81629531
	81629532 81629533 81629534
储运部电话	0431-86059116
编辑部电话	0431-81629510
印　　刷	廊坊市印艺阁数字科技有限公司

书　　号	ISBN 978-7-5744-1321-4
定　　价	99.00元

版权所有　翻印必究　举报电话：0431-81629508

前言

  在当今的教育环境中，数学课堂不仅是传授数学知识的地方，更是培养学生思维能力的重要场所。数学是一门具有高度抽象性和逻辑性的学科，它需要学生具备严密的思维能力和解决问题的能力。因此，在数学课堂教学中，教师不仅要注重知识的传授，更要注重学生思维能力的培养。

  数学课堂教学是培养学生思维能力的重要途径。在数学教学中，教师通过引导学生探索数学问题、分析问题、解决问题，可以有效地提高学生的思维能力。数学课堂教学不仅有助于学生掌握数学知识，更有助于培养学生的逻辑思维、创新思维和问题解决能力。

  数学课堂教学能够培养学生的逻辑思维能力。数学是一门逻辑性很强的学科，通过学习数学，学生可以学会运用逻辑推理的方法，对问题进行有条理地分析和解决。这种逻辑思维能力不仅对数学学习有帮助，也会在日常生活和工作中发挥重要作用。

  数学课堂教学能够培养学生的创新思维能力。数学问题往往具有多种解法，这就需要学生能够从不同的角度思考问题，寻找新的解决方案。通过这种方式，学生可以培养自己的创新思维能力，以提高自己解决问题的能力。

  数学课堂教学还能培养学生解决问题的能力。在数学学习中，学生需要面对各种复杂的问题，通过分析、推理、计算等方式，找到问题的解决方案。这种解决问题能力不仅对数学学习有帮助，也会在其他学科和实际生活中发挥作用。

  数学思维能力是通过数学学习、思考和研究，所形成的一种逻辑推理和解决问题的能力。数学思维能力培养的意义在于，它不仅能够帮助我们更好地理解和掌握数学知识，更能够提高我们的思维品质和解决问题的能力。

  数学是一门逻辑性很强的学科，它要求我们通过严谨的推理和论证来解决问题。在数学思维能力培养的过程中，我们可以通过学习数学基础知识、掌握数学方法、理解数学原理等方式，不断提高我们的逻辑思维能力。这种思维能力不仅能够帮助我们在数学学习中取得更好的成绩，更能够运用到其他学科和实际生活中，从而提高我们的综合素质。

  在数学思维能力培养的过程中，需要我们不断地思考、探索和创新。通过解决实际问题，我们可以培养自己的创新思维和创新能力，从而更好地适应社会发展的需要。同时，数学思维能力的培养也能够激发我们的学习兴趣和热情，让我们更加积极主动地学习数学知识，提高自己的综合素质。

数学思维能力培养的过程也是一个不断克服困难、挑战自我的过程。在这个过程中，我们需要不断地面对问题和挑战，不断地进行思考和探索，才能够取得进步和成长。通过这种不断的努力和挑战，我们可以增强自己的自信心和自尊心，让我们更加相信自己能够克服困难、实现自己的梦想。

数学思维能力不仅局限于当前的学术和职业领域，它还能够为未来的学习和职业生涯奠定坚实的基础。通过数学思维能力的培养，我们可以更好地适应未来的学习和职业发展需要，更好地应对各种复杂问题和挑战。同时，数学思维能力培养也能够提高我们的综合素质和竞争力，让我们在未来的社会中更加具有竞争力和适应性。

鉴于此，本书围绕"数学课堂教学与思维能力培养"这一主题，由浅入深地阐述数学新课程标准与教学模式、课前准备工作、课堂教学、课堂教学评价，系统地论述了教学设计的主要理论、基本步骤以及教学方案的形成，深入探究了学生数学思维能力培养内容、优化路径以及基于数学思维课堂培养的教学改进等内容，以期为读者理解与践行数学课堂教学与思维能力培养提供有价值的参考和借鉴。本书内容翔实、条理清晰、逻辑合理，兼具理论性与实践性，适用于工作在一线的数学教师。

目 录
Contents

第一章 数学课堂教学综述 1
第一节 数学新课程标准与教学模式 1
第二节 课前准备工作 9
第三节 课堂教学 13
第四节 课堂教学评价 16

第二章 数学课堂教学节奏与控制 34
第一节 小学数学课堂教学节奏的特征 34
第二节 小学数学课堂教学节奏的描述维度 36
第三节 小学数学课堂教学节奏的调控策略 40

第三章 数学课堂教学类型与反思 51
第一节 小学数学课堂讲授教学法及其实效反思 51
第二节 小学数学课堂探究教学法及其实效反思 56
第三节 小学数学课堂学案导学教学法及其实效反思 61

第四章 小学数学教学设计 67
第一节 教学设计的主要理论 67
第二节 教学设计的基本步骤 75
第三节 教学方案的形成 84

第五章　数学教学模式探究……87

第一节　数学教学模式的认知……87
第二节　数学深度教学模式……98
第三节　数学翻转课堂教学模式……105
第四节　数学双导双学教学模式……111

第六章　学生数学思维能力培养路径……115

第一节　学生数学思维能力培养概述……115
第二节　学生数学思维能力培养内容……121
第三节　学生数学思维能力培养的优化路径……126

第七章　基于数学思维课堂培养的教学改进
——以"积的变化规律"为例……132

第一节　教学内容与教学目标……132
第二节　教学过程……133
第三节　教学评价……146

第八章　低段学生数学思维创新与能力培养……148

第一节　智慧学习环境下小学低段学生数学思维培养策略……148
第二节　小学低年级学生数学批判性思维启蒙的研究……156
第三节　小学低年级学生数感培养研究……168
第四节　培养小学低段学生数学有序思维能力的策略……173

第九章　高段学生数学思维创新与能力培养……179

第一节　小学高段数学教学中合情推理能力培养对策……179
第二节　小学高段数学教学中发散思维的有效性探析……190
第三节　小学高年级数学教学中学生创造思维的培养研究……192

目 录

  第四节 小学高年级数学自主学习能力培养模式 ………………………… 195

第十章 数学逻辑推理素养培育研究 …………………………………… 198
  第一节 逻辑推理相关概念综述 ……………………………………………… 198
  第二节 初中生数学逻辑推理能力的差异性分析 ……………………………… 200
  第三节 "猜想—论证"模式下的逻辑推理素养培育教学设计原则 ………… 204
  第四节 "猜想—论证"模式下的逻辑推理素养培育教学设计 ……………… 210

第十一章 类比推理素养培养研究 …………………………………… 232
  第一节 核心概念界定与相关理论 …………………………………………… 232
  第二节 类比思想方法在数学教学与学习中所起的作用 …………………… 236
  第三节 初中数学教师培养学生类比思想方法的策略研究 ………………… 238
  第四节 初中数学教学中类比推理素养培育的应用研究 …………………… 243

结束语 ……………………………………………………………………………… 252

参考文献 …………………………………………………………………………… 254

第一章 数学课堂教学综述

第一节 数学新课程标准与教学模式

一、《义务教育数学课程标准2022年版》解读

（一）课程性质：强化数学教育功能

《义务教育数学课程标准2022年版》从多个角度阐明了这门学科的本质等内容，即数学源于对现实世界的抽象（外部），通过对数量和数量关系、图形和图形关系的抽象，得到数学的研究对象及其关系；基于抽象结构（内部），通过对研究对象的符号运算、形式推理、模型构建等，获得有效模式以及显著成果，有利于学者分析、描述客观事物的规律与实质。因此数学是独特的沟通与描述的语言，可以在推理与计算中应用，学习者经过系统的学习与理解之后，可以在描述客观事物时应用数学语言。

2022年新修订的《义务教育数学课程标准2022年版》详细阐述了该学科的一些活动经验与主要理念，并提出了核心素养、自主学习以及互动协作等要求，不仅展现了数学教育教学的发展方向，还体现了该学科的鲜明特点；新课程标准在表述育人价值上，与以往的方法存在一定差别，其选取了以学生为主体的"掌握""养成"等相关要求，强调受教育者在学习中的主要职责，以及能够展现其主体地位的权利；新课程标准全面体现了这门学科的教育作用，纳入了与人才素养优化、科学精神以及科学思维等有关的内容。

（二）课程理念：强调立德树人

（1）课程目标更加详细、全面。在核心素养的基础上凸显了"四基"、"四能"、情感态度和价值观的发展要求，对学生的学科素养提出了新的要求，同时体现了其深刻的

—1—

教育意义。

（2）课程内容趋于结构化。要求教师重视传承传统文化、了解学科最新发展动态，以此为依据选择适宜的课程内容；要对选取的内容进行结构化整合，增加学科知识关联性等要求；纳入了跨学科主题学习，添加了选择相关标准。

（3）强调组织形式多样的教学活动。引入《义务教育数学课程标准2011年版》中的"教"和"学"相关内容，不再沿用以前笼统的表达模式，强调将问题的识别与探讨以及处理视作学习过程，将学习结果设置为情感与态度、价值观、"四基"，从而优化受教育者的核心能力。

（4）评价思想要求积极制定学业质量要求，并与"四基""四能"和核心素养的相关内容进行有机融合。

（5）在教学中应用信息技术的同时，重视培养学生的信息素养，推动教学顺利开展。

（三）课程目标：以核心素养为导向

《义务教育数学课程标准2022年版》指出，数学课程应当重视提升学生的核心素养。强调核心素养由"三会"等组成，对核心素养一致性等特质进行展现时，确立其阶段性特点，对于小学生而言，应增强其感知能力，体现其对经验的认知，将原来的"数据分析观念""推理能力""模型思想"调整为"数据意识""推理意识""模型意识"，同时增加"量感"，强调学习者在学习相关理论知识时的感悟，以及在参与课程活动时独特的、积极的经验。

1.发挥核心素养的引领作用，明确小学阶段的具体表现

能够通过数学眼光分析客观事物。数学这门学科有利于学生获得了解客观事物的方法，其中，通过数学思维了解客观事物、快速获取事物中蕴含的数学信息，把"客观现实"变成"数学现实"，抽象化处理问题，将其变成数学问题，这就是数学眼光。

许多人认为数学眼光即数学抽象，是其该学科和客观世界相连的媒介。在小学阶段，数学眼光主要表现为数感、量感、符号意识、几何直观、空间观念与创新意识。具体表现为：学生能够观察、感知现实世界中基本数量关系与空间形式，直观理解所学的数学知识及其现实背景，能够直观感知数与数量、数量关系、运算结果以及事物的可测量属性及大小关系，有助于了解符号在数学学科中的具体作用，帮助学习者了解图形的位置、关系、形状等，让他们养成借助图表表述问题的习惯，能够通过科学情境与周围的事物，挖掘有价值的数学问题。

能够从数学的角度分析、探究客观事物。通过学习数学知识，学习者掌握了分析客观世界的有效方法。史宁中教授表示，数学思维就是逻辑推理。吕世虎教授认为：人们在

遇到问题时利用数学知识进行处理，在此过程中构建了数学化的认知以及应对难题的思维模式，即数学思维。在小学阶段，数学思维指的是在遇到数学问题时，借助数学相关理念与模式进行分析、思考与对比等，能够体现数学化过程，有助于提升学生思维灵活性、培养其思维能力等。对于小学生而言，具有一定的推理与运算能力，说明其数学思维正在形成，他们能够利用运算方法、围绕数学相关法则，解决数学问题，了解逻辑推理的重要作用。

能够借助数学语言描述客观事物。人们学习数学理论知识后，能够与客观世界对话，并对周围的事物进行表述。无论是数学思维，还是数学眼光，都要运用数学语言进行描述，并且在广泛应用时也离不开数学语言。数学语言一般包括文字语言、符号语言、图形语言等，是抽象与直观的融合。在小学阶段，数学语言主要表现为数据意识、模型意识、应用意识。集中反映在：学习者知晓数据的重要作用，了解数据的特点，学生能够正确使用数学相关原理与知识表达事物发展规律、阐释客观世界中的现象，对数学模型的适用性有一定了解。

2. "三会"统领，规划总体目标

《义务教育数学课程标准（2022年版）》中的课程总目标延续了《义务教育数学课程标准（2011年版）》中对学生"四基""四能"发展的要求，保留"体会数学知识之间、数学与其他学科之间、数学与生活之间的联系""了解数学的价值，提高学习数学的兴趣，建立学好数学的信心，养成良好的数学学习习惯"等要求，增加"欣赏数学美""形成质疑问难、自我反思和勇于探索的科学精神"的目标要求，体现明显的阶段性特点。

（四）课程内容：体现结构化特征

《义务教育数学课程标准（2022年版）》在教学内容上进行了改进，目的是借助规划结构化课程内容，研究提升人才核心素养的有效方法。具体涉及的内容有：优化课程内容结构，让学习主题更合理，也就是说，不再沿用以前课标中的课程内容表述模式，主要选取各学段课程的内容表述方法，凸显内容的完整性；在"内容要求"（学习范围和要求）的基础上增加"学业质量"（内容学习后要达到的程度）和"教学提示"（针对内容、学业要求提出的教学建议）两部分，体现教、学、评之间的逻辑关联。同时，每个主题下的"内容要求"都关联了相应的核心素养要求。

1.数与代数

"数与代数"领域将《义务教育数学课程标准（2011年版）》中的6个学习主题调整为2个学习主题，即"数与运算"和"数量关系"。小学阶段删去了方程、反比例的学习要求，充实了用字母表示数的内容，增加了"通过数的大小比较，感悟相等和不等关系""探索加法、减法、乘法、除法运算的算理与算法""感悟计数单位""能用字母表示运算律""认识常见的数量关系：总量=分量+分量（加法模型）""能在具体情境中了解等量的等量相等"等内容要求，将百分数移到"统计与概率"领域，将负数、常见的量调整到"综合与实践"领域。这样的调整，更加突出数学内容的本质，发挥学科育人价值。一方面，有利于加强对算理、运算关系、数量关系本质的理解，更加关注数学内在的逻辑关联；另一方面，加强跨学科学习，体现学科融合。

2.图形与几何

"图形与几何"领域将《义务教育数学课程标准（2011年版）》中的4个学习主题合并成2个学习主题，即"图形的认识与测量"和"图形的位置与运动"。小学阶段"图形与几何"领域的变化，主要表现为以图形为单位的内容整合，增加了"两点间线段最短""尺规作图"等内容要求，将认识方向移到"综合与实践"领域作为主题活动。这样的调整，一方面，增强学生对几何的直观理解，发展其推理意识；另一方面，进一步加强数学与现实生活、与其他学科之间的联系，提高学生的应用意识。

3.统计与概率

"统计与概率"领域，《义务教育数学课程标准（2011年版）》在第一学段（一年级到三年级）没有设置明确的学习主题，内容上包括分类以及简单的数据收集、整理与表达；在第二学段（四年级到六年级）设置了"简单数据统计过程""随机现象发生的可能性"两个学习主题。《义务教育数学课程标准（2022年版）》将"统计与概率"领域整合成"数据分类""数据收集、整理与表达""随机现象发生的可能性"3个学习主题，明确提出数据分类要求，包括实物分类和抽象分类。同时，在第三学段增加了"结合具体情境，探索百分数的意义，能解决与百分数有关的简单实际问题，感受百分数的统计意义""在简单的实际情境中，应用统计图表或百分数，形成数据意识和初步的应用意识"的内容要求。百分数表示两个数量之间的倍比关系，不仅可以表示确定数据，也可以表示随机数据。把百分数从"数与代数"领域移到"统计与概率"领域，凸显了百分数的统计意义。"统计与概率"领域内容有增无减，反映出小学数学课程内容设置顺应大数据时代对公民数据分析素养提出的更高要求。

4.综合与实践

《义务教育数学课程标准（2022年版）》中的"综合与实践"领域包括主题活动和项目学习等，使这一领域有了更加清晰的内容载体。主题活动分为"融入数学知识学习的主题活动"和"运用数学知识及其他学科知识的主题活动"。学生在这些活动中，根据具体背景，通过数学思维、数学知识找到问题，正确运用所学知识与积累的经验，思考问题、化解难题。项目学习主要是在应对具体问题的基础上进行规划，正确运用数学相关知识与其他知识找到问题的答案，让学生认识到数学知识的作用，发现该学科和其他学科之间的联系。

（五）学业质量：突出教学评价一体化

《义务教育数学课程标准（2022年版）》纳入了"学业质量"相关内容，比如，学业质量表述以及深刻内涵。前者的构成部分包括：具体学业质量标准、总体学业质量标准。其中，学业质量就是围绕核心素养，学习者在各个阶段学习相关知识内容之后的学业实际情况。具体学业质量标准根据各个学习阶段，通过情感、态度、知识技能等层面，对学生的学业质量进行表述；总体学业质量标准，则是围绕不同学习阶段的课程目标、核心素养表现等，从"四基""四能"、情感与态度这些层面出发构建的测评标准。小学阶段的数学教学重视评估、教学等的融合，学业质量标准的设计与提出，对教学评价的实施具有促进作用。

（六）课程实施：提出多维建议

将《义务教育数学课程标准（2022年版）》与以前的数学课程标准放在一起进行比较，发现前者的"课程实施"部分基于教材编制意见、原有教学建议以及课程资源挖掘应用，新增了教师培训和教研相关内容。这些新增的内容对教师引导的实践性等具有良好助益。

1.教学建议

《义务教育数学课程标准（2022年版）》针对教学模式、教学目标以及课程内容等，给出了一些具有导向性、逻辑性的意见。在各个年级与课时中贯彻实施的课程目标，即教学目标，在设计该目标的时候，需根据核心素养的培养，要兼顾"三会"的整体要求，以"四基""四能"为立足点，与各学习主题、各个学习阶段中的核心素养有机融合。此外，要通过结构化研究的方式处理教学内容，对学科知识体系进行分层整理，比如，根据单元、领域等层面来梳理，明确数学教学内容和核心素养之间的联系，通过特定的问题情境，组织规划项目式与单元化学习活动，提升学生的学习自觉性。

2.评价建议

在评价建议上，《义务教育数学课程标准（2022年版）》做出了相应调整，对评价结果、评价方法以及评价主体等层面给出了一些观点，增加了"学业水平考试"。在教学评价层面，一个常用的方式就是考试，其能够发挥引导作用，有利于教学效果的不断提升。为了优化学生的核心素养、完成课程目标，学业水平考试要求在设计考试题目时，应遵循体现育人导向等原则，增加一些综合性试题以及应用性试题，从而培养学生处理具体问题的能力。

3.教材编写建议

在进行课程教学时，离不开教材这一核心资源，其是达成课程目标的前提与基础。

《义务教育数学课程标准（2022年版）》指出，在设计教材时应凸显核心素养相关要求，在设置内容时应重视核心素养的阶段性与整体性，可以促进单元化教学顺利展开，为主题式教学提供良好服务，有助于培养学生的核心素养。此外，在编写教材时，应从内容层次等方面进行积极改进，适当增加一些数学文化等内容。

4.课程资源开发与利用

较之《义务教育数学课程标准（2011年版）》提出的环境与工具、生成性资源以及信息技术等的资源挖掘利用相关建议，《义务教育数学课程标准（2022年版）》则从整体上规划了资源探索发掘和资源使用相应策略。要求拓展资源的种类，实施精品化开发，加深人们对知识产权的认知，从而为立德树人带来可靠依据。

5.教学研究与教师培训

教师不仅是课程方案的实施者，还是课程标准的落实者，因此课程理念需要通过教师的教学理念进行转换，课程目标的实现离不开教学目标的支撑。《义务教育数学课程标准（2022年版）》增加了教师培训、教研等内容，围绕校本等方面给出了一些意见，要求构建校级常态化教研机制，鼓励各教师积极参与教研活动，以提升该活动的探究性，有利于教学效率逐步优化，便于教师高效化解教学问题。此外，围绕培训模式与具体内容制定了相应措施，从而为培训效果的改善提供有力依据。

二、小学数学教学模式的发展与走向

（一）突出学科本质，彰显数学育人

空间形式以及数量关系是数学这门学科研究的主要对象，该学科形成了完整的学科体系，知识结构严谨缜密，具有自身特色。数学学习就是从数学的角度学习相关理论知识，掌握一些数学方法与技巧；数学教学则是数学教师运用数学进行授课。由此可见，小学数学教学不仅要求教师组织一系列教学活动，指引小学生学习重要知识，还需对其核心素养进行培养。

在2011—2022年这十余年的时间里，小学数学教学模式的研究和改进越来越科学化，没有太过凸显该学科的生活化与数学化，主要侧重和生活相结合，重视培养学习者的学科素养，了解数学对人们日常生活与工作的重要作用，激发学生学以致用的积极性，让他们学会用数学思维处理遇到的难题。构建健康的知识价值理念，调动学习者的学习积极性以及主观能动性，这是《义务教育数学课程标准（2022年版）》提出的教育目标。

（二）发展核心素养，满足个性需求

基于核心素养的课程目标的提出，充分表现了这些年小学数学发展的成果。数学课程

目标的关注点发生了变化，由只重视知识技能的培养转向注重数学能力与知识技能，到注重问题处理、知识技能、情感态度以及数学思维，最后到注重学科核心素养，这中间花费了数十年时间。由以前的《义务教育数学课程标准（2011年版）》发展至《义务教育数学课程标准（2022年版）》。

从初期的几个关键词，发展到核心素养内涵的明晰，体现了数学教育重视培育素养型人才的态势。《义务教育数学课程标准（2022年版）》围绕数学语言与数学眼光等层面制定数学最终的教育目标，让学习者可以通过各个环节明确该学科与人们生活之间的关系。

上述数学新课标明确了各个阶段核心素养的鲜明特征，更倾向于学生视角。数学教师应鼓励学生通过特定情境识别问题，主动参与到借助分析、联想与推理、检验以及数据解析等方式思考问题、处理问题的过程中，在方式方法等层面获得独特的感知，从而在数学学习中获得优异成绩，优化其数学核心素养。

（三）加强学科融合，紧跟时代步伐

数学有独特的逻辑体系，其独立性比较明显，但是小学数学是完成数学教育目标的媒介，也是培养学科核心素养的载体，应根据整合性要求挑选课程内容。《义务教育数学课程标准（2022年版）》倡导的"结构化""跨学科"反映了融合多学科内容、发展学生核心素养的内容设置和教学设计要求。如教学"三角形的认识"时，教师可以对教学内容进行加工，将数学、物理、建筑、交通等学科内容相融合。在认识三角形的基础上，引导学生了解三角形在其他学科、实际生活中的应用，理解三角形的特性，感悟数学的应用价值，从而提升应用意识。应根据时代发展特点，选取适宜的课程内容，在选取时应把学科知识和数字网络、先进技术等融为一体，构建合适的情境让学生学会利用所学知识处理难题。例如，数学教师根据我国神舟十四号飞船发射的相关场景，引入学生不常用的计量单位，让其了解天文距离；或者教师让学生充当宇航员，让其思考如果远离地球后出现问题，该如何利用所学知识进行处理，从而加深其对数学知识的印象。

（四）推进单元教学，丰富教学方式

数学教学重视各领域知识间的实际联系，强调课程内容的一致性。《义务教育数学课程标准（2022年版）》面向教学设计中的不足与短板，指出教师要进行单元整体教学设计。这样做有利于展现各领域知识之间的关联，让学生能够进行系统的学习。现阶段，单元整体教学设计探究还在积极的摸索之中。怎样有效地在数学课程内容中渗透其他学科知识，强化数学和生活的联系，不断优化单元结构，鼓励学生通过各种主题参与大活动和小活动，实现整体目标与各阶段目标，掌握更多理论知识与数学方法，体会数学理念，培养其数学核心素养，还需进行长期的、持之以恒的探索与思考。

（五）完善评价体系，促进学生发展

随着小学数学教学与课程内容等的变化，教学评价也会随之改变。数学教师应积极优化评价理念，建立评价主体多且评价维度多的评估体系。教学评价可以为学生学习、教师组织教学提供服务，因此教师需重视评价中的反馈，展现评价的调节等作用。教学评价要为培养核心素养提供良好依据，授课教师鼓励学生通过真实情境发现问题，进而找到问题的答案，对学生反思能力、学以致用的能力进行提升。同时，评价应帮助教师明确学生参与相关活动的具体感知，数学教师需利用各种途径及时获得反馈，了解小组评价、学生自我评价等内容，并进行正向点评与总结。评价既要兼顾学生的行为表现，还需兼顾其思想等层面的变化，灵活应用各种评价模式，比如计算机检测等。

三、《义务教育数学课程标准（2022年版）》与教学模式的契合

随着教育改革的不断深入，义务教育数学课程标准的修订与更新成为教育界关注的焦点。新版课程标准在理念、目标、内容等多个方面进行了创新与优化，为数学教学提供了新的指导思想。

为了适应新课程标准的要求，教学模式需要进行相应的调整与优化。

（一）强调学生的主体地位

在新的数学课程标准中，学生主体地位得到了前所未有的重视。传统的数学教学模式往往以教师为中心，忽视了学生的主动性和创造性。而新的课程标准倡导以学生为中心，注重学生的自主探究和合作学习。在这种模式下，学生不再是被动接受知识的容器，而是成为主动探索和发现问题的主体。

数学教学模式应充分体现学生的主体地位。教师应根据学生的实际情况和认知特点，设计符合学生兴趣和需求的教学活动，引导学生积极参与、主动思考、大胆质疑，培养他们的独立思考能力和创新精神。同时，教师还应注重培养学生的合作意识和团队精神，让学生在合作学习中相互交流、相互启发、共同进步。

（二）采取多元化教学方式

新的数学课程标准倡导多元化的教学方式，包括探究式、讨论式、项目式等多种教学方法。这些教学方法不仅有助于提高学生的学习兴趣和动力，还有助于培养学生的实践能力和创新意识。

在数学教学过程中，教师应根据数学教学内容和目标，灵活运用各种教学方法，以提高数学教学效果和质量。例如，对于一些抽象概念和公式，可以采用探究式教学方法，引

导学生通过观察、实验、推理等手段，自主探究问题的本质；对于一些实际问题，可以采用讨论式教学方法，鼓励学生通过交流、讨论、辩论等方式，共同解决问题；对于一些综合性较强的课题，可以采用项目式教学方法，引导学生通过小组合作的方式，完成一个完整的项目任务。

（三）注重信息技术的应用

信息技术在教育领域的应用越来越广泛，它为数学教学模式与新课程标准的契合提供了新的可能性和机遇。新的数学课程标准强调信息技术的应用，旨在培养学生的信息素养和信息技术能力。

在数学教学过程中，教师应注重信息技术的应用，发挥其在数学教学中的作用和优势。例如，教师可以利用多媒体技术手段，制作生动形象的课件和视频，激发学生的学习兴趣和积极性；教师可以利用网络平台，开展在线教学和互动交流，拓展教学资源和空间；教师还可以利用智能辅助教学系统，帮助学生个性化学习和发展，提高数学教学效果和质量。

《义务教育数学课程标准（2022年版）》与教学模式的契合，需要教师在教学实践中不断探索和尝试。通过调整和优化教学模式，教师可以更好地实现新课程标准的要求，提高教学质量和效果。未来，随着教育改革的不断深入和信息技术的不断发展，教学模式也将不断创新和完善。因此，教师需要不断学习新知识、新技能，以适应教育发展的需要，为培养具有创新能力和实践能力的优秀人才做出贡献。

第二节　课前准备工作

小学数学课堂，就像一片开满五彩鲜花的花园，等待着每一位踏入这片领域的人去发现、去欣赏、去创新。如何有效地准备小学数学课堂教学是一项重要而又复杂的工作，其中涵盖了许多细致入微的环节。

一、设定教学目标

在小学数学课堂教学中，设定明确、具体、可操作的教学目标是至关重要的。教学目标应该根据学生的实际情况、教学内容和课程标准来制定。教师在设定教学目标时，应该考虑到学生的认知水平、兴趣爱好、学习习惯和能力差异等因素，以便更好地引导学生进行学习。

在设定教学目标时，教师需要注意以下几点。

（1）明确教学目标：教师需要清晰地知道本节课要达到什么样的教学目标，以便更好地指导学生。

（2）具体可操作：教学目标应该具体、可操作，让学生能够明确知道自己的学习任务和要求。

（3）符合学生实际：教学目标应该符合学生的认知水平、兴趣爱好和学习习惯，以便更好地激发学生的学习兴趣和积极性。

二、进行学情分析

学情分析是小学数学课堂教学的重要环节之一，它能够帮助教师更好地了解学生的实际情况，从而制订出更加符合学生实际需要的教学方案。在进行学情分析时，教师需要关注以下几个方面。

（1）了解学生的认知水平：教师需要了解学生的数学基础、认知水平和思维能力，以便更好地制订教学方案。

（2）关注学生的学习习惯：教师需要关注学生的学习习惯和方法，以便更好地指导学生学习。

（3）分析学生的学习能力差异：教师需要分析学生的学习能力差异，以便更好地因材施教，让每个学生都能够得到适合自己的教育。

在进行学情分析时，教师可以通过与学生交流、观察学生的课堂表现、了解学生的学习情况等方式来进行。同时，教师还需要及时记录和分析学生的实际情况，以便更好地调整教学方案和教学方法。

三、分析教材，进行适当补充

教材是教师进行教学的重要依据，也是学生学习的重要资源。在分析教材时，教师要对教材内容进行深入了解，明确教学目标和教学重点、难点，根据学生的实际情况对教材内容进行适当的补充和调整。例如，在进行"分数的大小比较"一课的教学时，教师可以根据学生的实际情况，补充一些相关的例题和练习题，帮助学生更好地掌握分数大小比较的方法。

四、选择恰当合适的教学方法

教学方法是教师进行课堂教学的重要手段，也是提高课堂教学效果的关键因素之一。在选择教学方法时，教师可根据教学内容的特点、学生的实际情况以及教学环境等因素进行综合考虑。通常来说，小学数学课堂教学可以采用以下几种教学方法。

（1）情境教学法：通过创设一定的教学情境，激发学生的学习兴趣和探究欲望，引导学生积极思考和解决问题。例如，在进行"轴对称图形"一课的教学时，教师可以利用多媒体技术展示一些生活中的轴对称图形，引导学生观察、分析和总结轴对称图形的特点。

（2）合作探究法：通过小组合作的方式，让学生共同探究问题、解决问题，培养学生的合作意识和协作能力。例如，在进行"统计图"一课的教学时，教师可以组织学生进行小组合作，让学生自主设计统计图并进行展示和交流，从而加深学生对统计图的认识和理解。

（3）直观演示法：通过多媒体技术、实物展示等方式，将抽象的知识点形象化、具体化，帮助学生更好地理解和掌握教学内容。例如，在进行"长方体和正方体的认识"一课的教学时，教师可以利用多媒体技术展示长方体和正方体的结构特征及组成元素，帮助学生更好地认识和理解这两种几何图形。

五、教学材料与工具的准备

在小学数学课堂教学中，教学材料和工具是必不可少的。这些材料和工具可以帮助学生更好地理解和掌握数学知识，提高他们的学习兴趣和参与度。

首先，教师需要选择适合教学内容的材料。这些材料应该具有直观性、趣味性和实用性，能够吸引学生的注意力，激发他们的学习兴趣。例如，在学习加减法时，教师可以准备一些小玩具或糖果作为教学道具；在学习图形时，可以使用彩纸、积木等物品。

其次，教师需要确保教学材料的质量和数量。质量好的教学材料可以帮助学生更好地理解和掌握知识，而足够数量的教学材料可以保证每个学生都有机会使用它们，从而提高学生的参与度。此外，教师还需要根据学生的实际情况和需求，适当调整教学材料的使用方式和方法。

除了教学材料，教师还需要准备一些教学工具，如黑板、白板、多媒体设备等。这些工具可以帮助教师更好地呈现教学内容，吸引学生的注意力，提高教学效果。例如，在使用多媒体设备展示图形时，可以让学生更好地理解图形的性质和特点；在使用白板展示解题步骤时，可以让学生更好地掌握解题方法。

选择合适的教学材料和工具，应当考虑教学内容、学生的年龄和学习水平，以及学校的教学资源。教师应尽可能使用能够引发学生兴趣和思考的材料和工具，以提升他们的学习效果。

六、建立良好的课堂规则

建立良好的课堂规则是小学数学课堂教学准备工作中不可或缺的一部分。良好的课堂规则可以规范学生的行为，营造良好的课堂氛围，提高课堂教学效果。良好的课堂规则是保证课堂教学顺利进行的关键。在小学数学课堂教学中，以下是一些重要的课堂规则。

（1）尊重教师和同学：每个学生都应该尊重教师和同学，保持安静，不打扰他人。

（2）积极参与：学生应该积极参与课堂活动，积极思考并主动回答问题。

（3）按时完成作业：学生应该按时完成教师布置的作业，保持良好的学习习惯。

（4）尊重学习时间：学生应该合理利用学习时间，不浪费时间，不拖延时间。

（5）保持桌面整洁：学生应该在上课时保持桌面整洁，以便于教师和同学使用。

教师在制定课堂规则时应该注意以下几点：

（1）规则应该明确、具体、可行；

（2）规则应该得到学生的认可和支持；

（3）规则应该具有一定的奖惩措施；

（4）规则应该具有一定的灵活性，可以根据实际情况进行调整。

为了建立这些规则，教师可以与学生进行沟通，明确规则的重要性，并解释违反规则可能产生的后果。同时，教师也应该以身作则，展示出良好的课堂行为，为学生树立榜样。

总的来说，小学数学课堂教学的准备工作是一项复杂而重要的任务。它需要教师有明确的教学目标，充分了解学生，对教材有深入的理解和掌握，选择适当的教学方法，准备好教学材料，进行有效的评估和反馈，保持良好的课堂管理和自我提升，同时要管理好自己的情绪。只有这样，我们才能打造出一个充满活力、积极向上的小学数学课堂，让每一个学生都能在数学的世界里找到乐趣，发现自我，实现成长。

第三节　课堂教学

一、小学生认知发展特点与数学学习

（一）小学生认知发展的阶段特征

对抽象思维的逐渐理解和运用：在进入小学阶段，儿童逐渐能够从具体的实物和经验中脱离出来，开始思考和处理更为抽象的概念，他们能够进行更复杂的逻辑思考，理解抽象的数学概念、科学原理和语言结构。例如，他们开始能够理解数字的抽象概念，能够进行加减乘除的运算，体验到抽象思维的乐趣。

自我认知和社会认知的加深：在这个时期，儿童对自己的认知水平有了更清晰的认识，能够更准确地评估自己的能力和成就，逐渐形成对自己身份的认知，包括性别、角色和价值观等方面。同时，开始意识到社会环境的存在，并学会从社会的角度看待问题，他们逐渐发展出合作、分享和交往的能力，形成初步的社交技能。

解决问题和决策制定能力的提升：随着年龄的增长，儿童逐渐能够运用更复杂的思维方式来解决问题，能够分析问题，提出解决方案，并在选择最佳方案时进行判断和决策。例如，小学生在学习中能够更好地应用逻辑思维，解决数学问题或者理解复杂的文章，这种问题解决和决策制定能力的提升，有助于他们在学业上的表现提升。

（二）数学学习中的认知发展需求

培养抽象思维能力：通过学习数学，学生逐渐习得将问题进行抽象化的能力，能够理解和运用抽象的数学符号、公式和模型。例如，在学习代数时，学生需要理解字母代表未知数，这就是一个从具体数字到抽象符号的过程，不仅对数学学科本身有益，也对学生在其他学科和日常生活中的问题解决能力产生积极影响。

促进逻辑思维和问题解决能力的发展：学生在数学学习中需要运用逻辑思维处理各种问题，解决数学问题不仅是简单地计算，更是通过逻辑推理找到问题的本质和解决路径。例如，在解决一个几何问题时，学生需要通过观察、推理和论证，找到问题的合理解决方法，有助于提高学生的分析和判断能力，为他们未来面对各种挑战提供坚实的认知基础。

培养学生的抽象建模和符号运用能力：数学常常通过符号和模型来描述和解决实际问

题，学生需要具备将问题转化为数学语言的能力。例如，在解决实际问题时，学生可以通过建立方程或绘制图表来模拟问题，然后运用数学符号进行求解。学生可以更好地理解数学概念，也为他们将数学知识应用于实际问题提供了有效手段。

（三）认知发展与核心素养的关联

认知发展与批判性思维的培养密不可分：通过学习数学，学生不仅是被动地接受知识，更是被引导思考和质疑，培养了对问题的深刻理解和分析能力。例如，在解决一个数学问题时，学生需要审视问题的各个方面，分析问题的本质，然后提出合理的解决方案。这不仅在数学学科中具有重要价值，也对学生在其他学科和日常生活中的决策能力产生积极影响。

认知发展与创造性问题解决能力的培养紧密相连：通过解决各种数学问题，学生逐渐培养了面对新问题时灵活运用已有知识的能力。例如，在解决一个实际问题时，学生可能需要将多个数学概念和方法结合运用，提出新的解决方案。这种创造性问题解决能力的培养不仅有助于学生更好地理解数学的实际应用，也为他们未来在科学研究和工程领域中的创新能力奠定基础。

认知发展与合作精神的培养有着紧密的联系：数学学科的学习强调合作和交流，通过与同学一起解决问题，学生能够分享不同的思维方式和解决方法，从而促进彼此认知的共同发展，不仅加强了学生的团队协作能力，也培养了他们在集体中发挥个体优势的能力，所以认知发展与合作精神的培养在数学学科中形成了一种相辅相成的关系。

二、基于核心素养的小学数学课堂教学

随着《义务教育数学课程标准（2022年版）》的颁布，核心素养的落实成为小学数学教学的关键。课堂的质量在整个教学过程中起着至关重要的作用，教育者应深刻认识提升课堂质量的必要性和迫切性，不断探寻有效的提升策略。山东省济南市天桥区宝华小学的数学教学既关注知识的传授，又注重发展学生的综合能力，尝试达成高质量的数学课堂。

（一）树立科学目标，引领高质量课堂

第一，基于新课程标准核心素养的达成是一节课的重要目标。教师在备课的过程中要深入研究课程标准，研读学科核心素养的内容要求、内涵要义、内在联系，学习专家学者对相关核心素养的解读和分析，准确把握重点。在备课过程中，寻找学科核心素养与知识教学目标的契合点，避免出现只注重素养而忽略知识教学目标的情况，明确两者是相互依存并且能够有机融合在一起的。

第二，目标的确定应基于学情。基于学情是"为学而教"的有效落实，教师应根据学

生的具体情况有针对性地调整教学目标，让学生更容易接受知识，激发学习的积极性，有效提高课堂效率。

（二）有效运用教学策略，提升学生学习兴趣

教学策略是教师在课堂上的抓手，也是学生不断攀升的助推器。教师应该以策略为抓手，深入研究知识之间的内在联系，从知识的迁移入手，让学生成为课堂中真正的主人。

提高课堂教学成效和学会迁移问题的一个思路是将用于记事实和过度练的时间减下来，用在教学策略上。事实上记得越多，规则练得越多，学生可能不会越"聪明"，反而可能产生厌倦学习的心态。比如，教师在学习活动中可以运用计划、落实、检查和反思等方式，以启发学生掌握相关知识。

教师巧妙引导，提升学生思维能力。数学的知识技能是"思维"的载体，教师应挖掘每一道题目中思维的锤炼点和生长点，还应选择真实情境，让学生在解决问题的过程中提炼方法，感悟数学的价值。

教师应引导学生主动探索，也许一步简单而巧妙的教学跟进，课堂便能立即散发出魅力。这不仅会使知识之间深度勾连，还会使简便方法深入人心，推动数学思想方法有效渗透，从而提升学生学习数学的乐趣。在课堂上，教师可以依托一定的材料，或是借助情境，或是制造冲突，引导学生在思辨中主动提出真实、有深度、有个性的数学问题，以问题引领学习，推进教学。

（三）基于问题的构建，提升课堂有效性

问题是师生沟通的桥梁，更是学生主动参与课堂的载体。无论是教师基于目标的有效提问，还是学生针对教学过程、知识的质疑，都承载着突出重点、攻克难点的使命。

教师设计问题应基于学情和教材，层层递进、因势利导。如果教师设置的问题是一些基础性的常规问题或者是概念性的固化问题，那就起不到锻炼学生思维能力的作用。在核心素养的导向下，高质量的课堂是通过合理的问题引导学生充分参与其中，并积极表达自己的观点，毫无保留地进行交流和探讨，使学生在这样的课堂氛围中发展思维能力。

（四）单元整体教学，提升学生持续学习的能力

单元整体教学体现出教学内容的结构性和教学目标的整体性，促进学生认识数学学科知识的本质、领悟数学思想方法的关联，目的是立足学段系统，构建学科核心知识，从而更好地发展学生核心素养。

新课程标准背景下，以整体性的视野来整合资源、设计教学，开展教学过程的实践与研究是非常重要的。数学学科的特性决定了数学知识之间的衔接性，可以是一个单元的

跨课时衔接，也可以是跨单元的衔接。教师应积极构建单元整体教学新样态，从"单元视角"对单元内容实施整体教学，实现教师有结构地教、学生有关联地学。

为使小学数学核心素养真正落地，打破常规教学壁垒，教师应主动学习，多方面探索高效课堂的实施路径，打造真正意义上的品质课堂。

第四节　课堂教学评价

一、相关概念

（一）教学评价

教学评价是指评价主体在对教师教学评价活动中应用于评价对象（学生学习与教师教学）的价值尺度和界限。具体意义：引导评价对象朝着理想目标前进；认定、判断评价对象合格与否、优劣程度、水平高低等实际价值；促进评价对象为实现理想目标不断改进和完善行动；对评价对象的教育教学或学习等活动进行调节和控制；具有为教育决策服务的功效和能力。

（二）课堂教学评价

课堂教学是教学过程的中心环节，是教师对学生进行教育和教学的基本途径与主要形式，开展课堂教学评价的研究，不仅是促进课堂教学改革，提高课堂教学质量的一个重要手段，也是当前研究教学评价的重要内容。

课堂教学评价是以一堂课或几堂课的教学作为评价对象，依据教学目标和评价标准对教与学的水平和效果进行价值判断，进而帮助师生找出存在问题和明确今后改进方向的过程。

课堂教学的主要要素是教师、学生和教学信息，教师和学生通过教学信息发生相互作用。评价对于这些要素的作用主要有以下几点。

1.激励功能主要指促进教师互相学习，取长补短

开展课堂教学评价活动，可以帮助教师总结教学经验，鼓励教师形成个人的教学特点、教学风格，调动教师的教学积极性。对学校而言，通过课堂教学评价可以进一步明确教学目标，找出典型课堂教学进行分析，推广先进的教学经验，督促教学水平差的教师向

好的方面迅速转化，从而提高整个学校的课堂教学质量和水平。

2.改进功能主要指促进师生获得反馈信息，及时调整教学

对教师而言，通过评价可以及时了解学生的学习情况，获得教学效果的反馈信息，以分析自己教学的长处和不足，找出工作的重点和难点，明确自己要努力的方向，有的放矢地改进教学工作，提高教学水平。对学生而言，通过评价可以及时得到学习效果的反馈，明确自己学习中的长处和缺点，以扬长避短，提高学习效果和效率。

3.导向功能主要指使教师明确并达到小学课堂教学评价标准

开展课堂教学评价，必须确定评价指标和评价标准。课堂教学中的评价标准既是课堂教学的目标，又是保证课堂教学质量的依据，同时是检查课堂教学质量的尺度。评价活动可使教师努力按照评价标准要求自己，并努力达到课堂教学评价标准的基本要求，从而为大面积提高课堂教学质量创造重要的条件。

4.鉴定功能主要指为学校管理提供一定的依据

通过课堂教学评价，可以了解教师的教学质量和水平、学生的学习状况和发展可能性。在必要时，其评价结果可作为教师晋升、进修、人员调整以及学生升学、评优等方面的参考依据。

5.研究功能促进教学的研究和改革

通过课堂教学评价，可以了解课堂教学中存在的问题及不足，促使广大教师，特别是教学骨干积极参与教学研究与改革。例如，在设计和制定课堂教学评价标准时，除必须符合教学目标外，还要针对课堂教学的弊端，努力反映教学改革的要求，力求在教学研究与改革中不断提高教学质量和水平。

总之，课堂教学评价对整个教学工作具有导向、鉴别、激励等作用，是实现教学目标的一个重要手段。

（三）小学数学课堂教学评价

1.小学数学课堂教学评价的概念

小学数学是基础教育中的重要学科，对于培养学生的逻辑思维、分析问题和解决问题的能力具有重要意义。教学评价作为小学数学教学中的重要环节，对于衡量教学效果和学生的学习成果具有重要作用。然而，在实际教学过程中，教学评价存在着一些问题，如评价标准模糊、评价方式单一、评价内容片面等，导致评价结果不能真实反映学生的学习情况和教师的教学效果。因此，探究小学数学教学评价的有效性是当前教育界关注的热点问题之一。小学数学教学评价是衡量教学效果和学生学习成果的重要手段，本节旨在探究小学数学教学评价的有效性，提出了相应的策略和方法，以提高教学质量和学生的学习效果。

长期以来，数学被定义为严密性、抽象性和逻辑性学科，课堂教学评价强调"精讲多练"产生了重结论轻过程、重讲解轻学习、重课内轻课外、重"学会"轻"会学"的现象，严重束缚了学生学习主动性的发挥，影响了学生个性的发展和创造意识的培养。

新课程标准指出，对学生数学学习的评价，既要关注学生学习的结果，更要关注他们学习的过程；既要关注学生数学学习的水平，更要关注他们在数学活动中所表现出来的情感与态度的形成和发展，帮助学生认识自我，建立信心。

新课程理念下，评价小学数学课堂教学是以学生素质的提高和发展为评价的主要依据，也是教师进行教学反思、开展教学研究、促进自我发展的过程。

2.小学数学课堂教学评价的意义

（1）促进学生发展。

小学数学课堂教学是数学活动的教学，是师生之间、学生之间交往互动共同发展的过程，由于小学生的年龄特点决定小学数学课堂教学必须从学生生活经验和已有知识出发，创设生动活泼的问题情境，在学生动眼观察、动手操作，动脑思考，动口交流等多种感官参与下，完成对知识的主动构建，所以小学数学的课堂教学评价就不仅要关注课堂教学结果，而且要关注课堂教学过程；不仅要关注教师的教学行为，更要关注学生的学习过程情感体验等。在小学数学课堂中每当小学生做完一道题，回答出一个问题时，最希望的是老师和周围的同学对其肯定的赞赏，在课堂教学评价中可以通过课堂教学自我评价和小组互评来保护童心、呵护童心，促进学生的全面发展。在实施新课程的今天，我们倡导人文化的教育，关注学生的生命状况，对每一个学生健康快乐地成长起着重要的保护作用。

（2）提高教师专业素质。

新课程理念下《课堂教学评价标准》将课堂评价改革目的明确定为评价不在于过分强调、甄别与选拔功能，而是发挥评价促进学生的发展，教师提高和改进教学实践的功能。并对教师明确提出："建立促进教师不断提高的评价体系"着重探讨应该用什么样标准评价课堂教学问题，如何引导与帮助教师提高专业素质。可见，课堂上教师所扮演的角色不仅是以往被评价的主要对象，更应是学生教学活动的组织者、引导者、合作者。发挥好小学数学课堂教学评价的导向功能对小学数学教师的专业素质起到积极推动的作用。

（3）有助于教学效果的改善。

有效的教育评价能够提高学生的课堂参与度，激发他们的学习热情，增强他们的自主学习意识，进而改善他们的学习效果。将有效的教学评价运用到小学数学的课堂中，可以使学生的学习热情得到全面的激发，使教师的课堂教学变得更加容易，从而达到更高的教育目标。此外，这种模式能够更好地表现出学生的主动性，充分发挥学生的主体作用，使教师能够更好地实现课堂教学目标。

（4）突出学生的主体性。

随着新课程标准的实施，教育部门逐步认识到了以人为本的教学活动的重要性，并对其进行了积极的探索。把学生放在第一位，就是教师在制订教学计划、进行教学实践、进行反思时，都要坚持以学生为中心，对学生的心理特点和认识水平给予足够的重视，把学生放在教学的中心地位，突出学生在教学中的作用。因此，在教育过程中，教师要运用有效的教育评价，提高学生的学习兴趣，充分调动他们的学习热情，充分挖掘他们的潜能，为社会发展培养更多合格的新世纪人才。

（5）有助于教师和学生之间的良好交流。

在教学过程中，教师要重视和学生之间的互动，在上课的时候，要对学生的状况进行观察，并对他们在数学方面所碰到的问题进行解答，这样可以使他们能够专心地做好数学的研究工作，建立融洽的师生关系。在对学生进行评价的过程中，教师要对学生进行全面的了解，同时要对学生表示尊重，同时要注意到他们的观点，与他们进行良好的交流，这样才能在一个融洽的气氛中，让数学教育的课堂变得更加完美。

二、新课程背景下数学课堂教学评价的理论依据与基本理念

（一）新课程背景下数学课堂教学评价的理论依据

1.多元智能理论与教学评价

（1）多元智能理论的内涵。

长期以来，人们对于智力的理解仅限于智商理论和皮亚杰的认知发展理论。这种传统的智力理论认为，智力是以语言能力和数理逻辑能力为核心、以整合的方式存在的一种能力。随着人们对智力认识的不断深入，新的智力理论也不断产生，尤为引起教育教学界高度重视，对教育教学改革影响最深远的是美国哈佛大学教授、发展心理学家加德纳于20世纪90年代提出的多元智能理论。加德纳认为，人的智能有七种紧密关联但又相互独立的智能组成，它们是言语——语言智能、音乐——节奏智能、逻辑——数理智能、视觉——空间智能、身体——动觉智能、自知——自省智能、交往——交流智能。

多元智能理论的广阔性和开放性对于我们正确地、全面地认识学生具有很高的借鉴价值。各种智能只有领域的不同，并没有优劣之分或轻重之别。因此，每个学生都有发展的潜力，只是表现的领域不同而已。这就需要我们的教师在以促进学生发展为终极关怀的参照下，从不同的视角、不同的层面去看待每一个学生，而且要促进其优势智能领域的优秀品质向其他智能领域迁移。

（2）多元智能理论对教学评价的启示。

教师评价学生再也不能以传统的文化课学习成绩与能力为唯一的标准与尺度。对课堂

教学的评价，就不能将重点放在知识的传授上，教师如何发现学生各方面的优势并很好地鼓励和利用，如何引导学生正确地认识自我，如何组织学生开展合作学习，如何认识数学课堂教学的价值等许多方面，都需要我们很好地研究。

2.建构主义思想与教学评价

（1）建构主义思想的内涵。

早期的学习理论中，行为主义学派占优势。行为主义认为，学习是通过强化建立刺激与反应之间的联结。行为主义者无视在这种传递过程中学生的理解及心理过程，因此遭到了许多批评。20世纪60年代，认知学派取代了行为主义学派的主导地位。与行为主义者不同的是，认知主义者重视学习者内部的认知过程，关心知识是如何被加工和理解的，强调学习者头脑中原有认知结构的作用。20世纪后叶，针对传统的赫尔巴特教育思想的弊端和社会发展的要求，也基于人们对哲学、心理学和教育学的重新认识，建构主义的教学观盛行于西方。时至今日，建构主义的教学观仍然深刻地影响和引导着现实的教育教学。

与传统的赫尔巴特"三中心"相反，建构主义强调人的主体能动性，即要求学习者积极主动地参与教学，在与客观教学环境相互作用的过程中，学习者自己积极地建构知识框架。"人在认识世界的同时认识自身，人在建构与创造世界的同时建构与创造自身"。著名教育家杜威的教育哲学精髓在于说明经验的中心应该是主体在有目的选择对象基础上的主观改造。皮亚杰的结构观和建构观认为，人的知识是在知识范畴和感性材料结合的基础上建构的，"离开了主体的建构活动就不可能有知识的产生"。皮亚杰理论中的同化和顺应正是说明了主体在学习活动中的能动性。维果茨基的"最近发展区"理论，其主旨在于学生的学习是在教师有效指导下逐步发展的过程，揭示出教学的本质特征不是行为主义者所认为的"刺激—反应"，而是激发学习者尚未成熟的心理机能。美国教育家布鲁纳认为学习是在旧知识结构之上建构新结构，他大力提倡发现法学习。

（2）建构主义思想对教学评价的启示。

建构主义思想使得我们在评价教学的过程中有了一个新的标准，对有效教学的理解更为深刻。

第一，有效的教学应引导学生积极、主动地参与学习，学习者应该参与教学目标的提出或确立，要让学生在"做"中进行学习。

第二，有效的教学应使教师与学生、学生与学生之间保持有效的互动。

第三，有效的教学应为学生的主动建构提供学习材料、时间以及空间上的保障。

第四，有效的教学旨在使学习者形成对知识真正的理解。

第五，有效的教学必须关注学习者对自己以及他人学习的反思。

第六，有效的教学应使学生获得对该学科学习的积极情感体验。

因此，对课堂教学进行评价，就应该重视教学情境的创设，重视学生学习方式的选择，重视教师教学角色的变化。教学绝不是教师给学生灌输知识、训练技能，而是学生通过驱动自己学习的动力机制积极主动地建构知识的过程，课堂的中心应该在于学生而不在于教师，教师在课堂教学中应该是引导者、促进者和帮助者。

3.后现代主义与教学评价

（1）后现代主义的主要观点。

在后现代主义看来，这个世界是开放的、多元的和具有可墨迹性的。五彩缤纷的现实世界容忍每一个学生的奇思妙想，创新已经成为社会、个人发展的动力源。后现代主义以其兼容并包的宽容态度和尊重个体主体性的宽广的胸怀，给生活在这个世界中的每一个人开放了生命的空间。后现代主义注重过程的思想以及目的与手段统一的观点，均认为个体是在活动的过程中得以不断的发展。

（2）后现代主义对教学评价的启示。

每个学习者都是独一无二的个体，教学不能以绝对统一的尺度去度量学生的学习水平和发展程度，要给学生的不同见解留有一定空间。我们的教学不能把学习者视为单纯的知识接受者，而更应看作知识的探索者和发现者。因此，课堂教学不仅要注重结果，更要注重过程。再从教学本体论的观点来看，活动是教学发生的基础。基于师生共同活动之上的课堂教学评价对学习者来说不仅是对现时状况的价值判断，其功能在于在促进学生充分发挥主体能动性、积极地参与教育教学活动的基础上，促进下一步教学活动的有效开展。所以，课堂教学评价的目的在于教学，而不在于选择和判断。

（二）新课程背景下数学课堂教学评价的基本理念

1.促进学生发展

新课程下的数学课堂教学评价，首先不仅要看教师是否能够按照教学内容的科学体系进行有序的教学，完成知识、技能等基础性目标，还要看是否注重了学生发展性目标（以学习能力为重点的学习素质和以情感为重点的社会素质）的形成。其次，在教学过程中，要看教师的课堂教学重点是否放在激发学生学习热情，体现学习主体，鼓励学生探究、自主性学习，高效实现各种目标，给学生的终身学习打下坚实的基础。

2.促进教师成长

促进教师成长，依据新课程评价目标的要求，数学课堂教学评价要沿着促进教师成长的方向发展。其重点不在于鉴定教师的课堂教学结果，而是诊断教师课堂教学的问题，制定教师的个人发展目标，满足教师的个人发展需求。

3.重视以学论教

新课程数学课堂教学评价要真正体现以学生为主体、以学生发展为本，就必须对传统的课堂教学评价进行改革，改变传统课堂教学评价中以教师为中心，"以教论教"的状况，体现以学生的"学"来评价教师"教"的"以学论教"的评价思想，强调以学生在课堂教学中呈现的状态为参照来评价课堂教学质量。

三、数学课堂教学评价的主体

数学课堂教学评价是教学评价的重要组成部分，其主体包括学生、教师和家长。本节将从这三个方面分别阐述评价主体的重要性及其在数学课堂教学中的作用。

（一）学生

学生是数学课堂教学的主体之一，也是评价课堂教学质量的重要参与者。学生可以通过课堂表现、作业完成情况、考试成绩等方面对教师的教学质量进行评价。同时，学生也可以通过参与课堂教学活动，提出自己的意见和建议，帮助教师改进教学方法和手段，提高教学质量。

在数学课堂教学中，学生应该积极参与课堂活动，认真听讲、积极思考、主动提问，及时反馈自己的学习情况。同时，学生也应该注重培养自己的数学思维能力和解决问题的能力，不断提高自己的数学素养。

（二）教师

教师是数学课堂教学的组织者和指导者，也是评价课堂教学质量的关键主体之一。教师需要具备扎实的数学知识和教学技能，能够根据学生的实际情况制订合适的教学计划和教学方法，激发学生的学习兴趣和积极性。同时，教师还需要注重与学生的互动和交流，关注学生的个体差异，及时调整教学策略，以满足不同学生的学习需求。

在数学课堂教学中，教师应该注重培养学生的数学思维能力和解决问题的能力，注重教学方法的多样性和灵活性，激发学生的学习兴趣和积极性。同时，教师还应该注重自身的教学反思和改进，不断提高自己的教学水平和专业素养。

（三）家长

家长是数学课堂教学的支持者和监督者，也是评价课堂教学质量的重要参与方。家长可以通过观察孩子在课堂上的表现、与孩子的交流和反馈，了解教师的教学质量和学生的学习情况。同时，家长也可以通过参与学校和班级的活动，了解学校的教育理念和教学管理情况，为学校的教育工作提供有益的建议和意见。

家长应该积极与教师沟通和交流，了解孩子的学习情况和教育需求，为孩子提供有益的支持和帮助。同时，家长还应该注重培养孩子的数学思维能力和解决问题的能力，注重培养孩子的自主学习能力和自我管理能力。

总之，学生、教师和家长都是数学课堂教学评价的主体，他们在评价过程中发挥着重要的作用。学生可以通过积极参与课堂教学活动、认真学习、及时反馈来提高自己的学习效果；教师可以通过不断学习和改进教学方法、关注学生的个体差异来提高教学质量；家长可以通过关注孩子的学习情况、参与学校活动、提供有益的建议和意见来支持学校的教育工作。因此，建立有效的评价机制，发挥各个评价主体的作用，有助于提高数学课堂教学的质量和效果。

数学课堂教学评价是一个多维度、互动性的过程，需要学生、教师和家长共同参与。学生是学习的主体，他们的学习成果是评价教学质量的直接依据；教师是教学的主导，他们的教学能力直接影响学生的学习效果；家长则是教育支持的重要力量，他们的支持和参与对学生的成长具有重要意义。

这种教师、学生、家长为多元评价主体的评价形式，能够使评价结果合理、全面、客观，评价者和被评价者之间的合作互动，将评价变成了学生主动参与、自我反省、自我教育、自我发展的过程，易于形成积极、友好和民主的评价关系，这将有助于评价者在评价过程中有效地对被评价者的发展过程进行监控和指导，这样的评价结果学生是积极认同的，家长也是积极配合的，教师更能从中受益。

四、数学课堂教学评价的维度

数学课堂教学评价是教育评价的重要组成部分，它不仅关注教师教学的质量，更关注学生学的过程。本部分内容将从学生的学和教师的教两个方面，对数学课堂教学进行评价。

（一）学科维度

评价数学课，首要的当然是学科标准。在数学教学中，学生要通过数学思维活动和数学实践活动，掌握数学知识（包括数学思想方法）和技能，获得学习数学、思考数学、欣赏数学、应用数学的初步意识和经验，以及体验在各种活动中所发生的各种心理和思想的变化。这也就是说，教师所设计的活动和他的一切行为，必须都是为了学生数学素质的发展和提高服务的。

对学科维度的评价要点如下。

1.问题的引入是否合适

大多数的课堂教学虽然都十分注意"引入"环节，但是常出现"目的与手段"不一致的情况，所以对问题及其引入的过程应主要考察以下几个方面：

（1）问题与所要学习的数学内容之间是实质的而非人为的联系；

（2）符合数学的本质和特点；

（3）符合学生认识的规律；

（4）有激发学生思维和兴趣的价值。

2."双基"是否得到落实

明确"双基"从外延上包括：数学知识（如基本事实、基本概念、基本命题、数学思想方法、数学史实），掌握其中的数学思想方法和数学技能。对"双基"的要求主要考虑以下几个方面：

（1）科学性；

（2）稳定性；

（3）灵活性；

（4）概括性。

3.是否注重知识之间的联系

（1）知识间横向联系；

（2）知识间纵向联系；

（3）知识与思维的联系；

（4）知识与应用的联系。

4.是否体现数学思维过程

数学是"思维的科学"，数学教学中学科特征的本质体现重点就在于要重视知识的产生和形成过程即数学思维过程，主要有以下几种数学思维过程的活动：

（1）归纳与概括；

（2）具体与抽象；

（3）想象与直觉。

5.是否注重数学意识的培养

数学意识即用数学的眼光看待事物的意识，这不仅是基于"用数学"的需要，也是学数学、做数学、欣赏数学所必需的。这里主要强调以下内容：

（1）数学化意识；

（2）化归意识；

（3）推理意识；

（4）抽象意识；

（5）符号意识。

6.是否注重数学观的渗透

数学观，简单地说就是对数学的存在和发展、理论与应用的初步认识，对数学的个性与共性、具体性与抽象性的基本认识。主要包括以下内容：

（1）对作为科学的数学的初步认识；

（2）对数学历史的初步认识；

（3）对数学与逻辑的初步认识；

（4）对数学与社会的初步认识；

（5）对数学与个人的初步认识。

（二）学生维度

数学课堂教学评价是一个涉及诸多维度的重要环节，其中一个重要的维度就是关于学生的学。我们关注学生的学习，不仅是看他们是否听懂了教师讲授的内容，还包括他们如何理解数学问题，他们是否能独立思考问题，他们是否能与其他同学合作学习，以及他们在学习过程中是否具有持久的学习兴趣和热情。

对学生维度的评价要点如下。

1.学生是否获得了应有的发展

这里对教学目标的达成，强调的是发展性，比如，对于知识不仅要求它本身有发展性（如数学思想方法等程序性知识就是具有发展性的知识），而且还要求知识的学习过程也具有发展性（如按知识的发生发展过程来学习就具有发展性），同时在重视发展的全面性的基础上，更加强调发展的充分性和自由性，要求学生在原有的认知、各种倾向性、各种品质的基础上，根据自己的潜能和个性特点各自获得最大限度地发展，所以评价时重点考察学生：①发展的全面性；②发展的充分性；③发展的自由性。

2.学生是不是真正的主体

学生各自能否获得应有的、充分的发展，关键在于学生不是被动学习、强迫学习、机械学习，而是自己在主动学习，有学习兴趣并由内部诱因引发，主动联结已有的知识，积极思考，深入探究，手脑并用，情绪兴奋，克服困难，所以评价时重点要考察学生是否能够：①积极参与；②自主活动；③全身心投入。

3.学生的活动是否处于自我意识水平

学生的学习不仅要求是自觉主动学习，更加重要的是要求学生能够意识到自己的学习，把自己的学习过程作为认识的对象，实行自我监控，并及时做出评价和调整，从而学会学习，比如学生在解题过程中，解题方法和策略的选择和运用，要在自我意识水平上进行，解题之后还要有回顾和反思，所以重点要考察学生是否存在：①自我调控；②自我评价。

这些方面的评价可以帮助教师了解学生的学习效果，从而调整教学策略和方法，提高学生的学习效果和综合素质。

（三）教师维度

教师在教的过程中，他的主要任务是对教育对象、教学过程、教学目标的认识，对教学内容的把握和呈现，对课堂有序运行的建构、组织和调控。

对教师维度的评价要点如下。

1.教师是否有明晰的教育观念

在实施评价时，我们不仅可以通过访谈了解到教师的教育观念情况，实际上从他的教学设计和课堂实践中也能反映出来。对教师的教育观念是否可以重点考查以下几点：①学生观；②学习观；③教学观；④课程观；⑤评价观。

2.教学设计是否运用了有效的教育理论

我们对教师的设计和实践过程中所蕴含的教育理论进行评价，对教师的教育理论是否重点考查：①教学理论；②学习理论；③课程理论。

3.教师的行为是否符合目的性

对教师行为的目的性考查，过去存在一个很大的误区，那就是只指向教学目标（通常指学生的发展目标），其实教师的教学行为不能够直接指向教学目标，它应该指向问题情境的生成，指向学生主体的建构，指向具有生命活力的课堂生活的建构与生成，所以对教师教育行为考查的重点应该是：①是否有利于学生主体的建构；②是否有利于课堂生活的生成；③是否有利于教学目标的达成。

4.课堂管理是否得当

情境化、多变性的课堂，教师与学生之间多元双向互动，问题和目标的不断生成，都需要科学的组织和管理，尤其是课堂时间的合理安排和有效利用，教师的语言艺术、组织艺术、调控艺术、应变能力、教育智慧等在这里需要得以充分展示，所以这里重点考查：①时间安排是否合理；②时间是否得到充分利用；③课题问题行为是否得到有效调控。

（四）教师与学生互动维度

在数学教学活动中，不仅存在教师的教和学生的学这两种主客体间的对象性活动，还存在有一种人与外部的关系但不是对象性关系，而是一种意义关系，即存在一种意义活动。在这种意义活动中，教师与学生之间处于一种人格平等的"主—主"关系或"我—你"关系（表现为主体间性），教学也就成为教师与学生间的平等对话，成为教师与学生间的一种精神性交往，成为教师与学生间的相互作用和影响。

对教师与学生互动维度的评价要点如下。

1.师生之间是否有互动

在教师与学生之间进行的"授—受"过程实际上就是一种互动，除此之外，师生、生生之间的提问与对话，生生间的合作学习、师生间的研讨、师生间的评价等都应是互动的；对于师生或生生之间的双向互动，需要强调的它应是一个优势互补、资源共享、相互讨论、共同提高的过程，而不是一个虚假的表面形式（时下不少的课堂讨论只流于形式），所以我们注重考察课堂互动的：①多元性；②双向性；③流畅性；④实质性。

2.师生关系是否恰当

师生关系在我国一直比较"紧张"，学生害怕见到教师，只有学生尊重教师而教师可以不尊重学生（甚至侮辱学生），教师总是"高高在上"、总是"权威"，在课堂上师生之间"很生硬"、很僵化、不协调，这也许是中国的教师"文化"和教育"传统"，这种现象极大地影响着学生主体性的生成和张扬，制约着学生个性的健康发展，压抑着学生创造力的成长和发挥，所以要着重考察师生关系的：①平等性；②民主性；③亲和性。

3.监控是否有效

教师作为课堂的组织者和指导者，要及时、全面地了解学生的学习和活动以及各种变化情况，同时学生也要知道教师的一些想法和相关信息，因此，师生之间要不断地有反馈、有信息交流，师生共同维持课堂有序地展开和持续，所以要考察：①反馈是否及时；②评价是否恰当；③调整是否合理。

4.课堂气氛是否具有生命意义

课堂作为师生互动、交流、对话及生活的场所，要关注学生、教师的生命的延续和生长发展。课堂要对学生具有吸引力，是学生向往的地方，学生在课堂上能够得到充分展示和自由发挥，能够享受到成功的喜悦、体验到生命的活力和人生的价值，所以要着重考察课堂气氛的：①和谐性；②愉悦性；③积极性；④生成性。

（五）评价结果的应用

（1）反馈与指导。教师需要及时将评价结果反馈给学生，指出学生的优点和不足，提供有针对性的指导。

（2）改进教学。学校和教师需要根据评价结果，及时调整教学策略和方法，以提高教学质量。

（3）激励与表彰。对于表现优秀的学生和教师，学校应该给予适当的奖励和表彰，以激励更多的人积极参与教学。

数学课堂教学评价是提高教学质量的重要手段，它不仅关注教师的教，更关注学生的学。只有当教师和学生共同努力，才能实现教学相长，提高数学教学的整体水平。因此，我们应该重视数学课堂教学评价，不断完善评价机制，为提高教学质量提供有力支持。

五、新数学课堂教学评价标准的构建

（一）课堂教学评价指标的选择

评价指标科学体系的建立，直接影响着评价的可靠性和有效性。本部分内容认为，在考虑建立一个指标体系时，至少要考虑如下几个特征：一是目的性，即要求指标系统中的诸指标能够作为总目标的评价尺度，度量的结果能反映达到教育目标的程度，也就是要求指标系统要与教育目标或管理目标相一致。二是独立性，即要求指标系统中诸指标彼此相对独立，一般来说，每一个指标都不能与其他指标有蕴含关系，这样才能使每一个指标具有相对独立的评价意义。三是完备性，即要求指标系统对评价总目标具有全面评价的意义。因为每个指标都在一个局部评价中反映教育目标，所有这些局部评价的总和应对教育目标做出全面评价。四是可测性，即要求指标体系中的指标是可以直接测量的，它们能作为评价的尺度。

数学课堂教学是一个复杂的系统工程。为保证数学课堂教学评价结果尽可能全面地反映教学实际情况，做到全面、客观、公正，应力求把影响数学课堂教学的各个方面因素，特别是那些在数学课堂教学中起着重要作用的因素作为评价项目，列入指标系统。在数学课堂教学评价指标的选定上，不同的观点可能有不同的设定方法。本部分提出以"教学目标""教学内容""教学过程""教学方法""教学氛围""专业素养""教学效果"以及"教学特色"八个方面作为评价指标，构成数学课堂教学的评价体系。

（二）评价指标下的评价内容的界定

在确定了评价指标后，对各项指标评价内容的选择也很关键。根据突出重点和抓主要矛盾的原则，我们应该在各个评价指标范围内筛选出主要的、能反映数学课堂教学本质状况的评价内容充实到评价架构中去，使之更完善、更具体、更具可操作性。

1.有关教学目标的评价内容

评价教学目标主要看：目标的确切性，即课堂教学目标是否符合《数学课程标准》所规定的要求；是否切合学生实际，适应学生发展需要；能否将教学目标具体化，并让学生了解教学目标，以及能否达到教学目标。

2.有关教学内容的评价内容

评价教学内容主要看：授课者对传授的知识是否具有科学性、思想性、教育性；内容上是否科学严密；深浅度是否符合学生实际；分量是否适中；是否围绕教学目标反映教学目标；例题、习题、作业的选配是否合理；内容安排上是否注意突出重点、突破难点；教学信息反馈是否及时；是否进行适度调节；是否点拨认识误区，提示获取知识的思维过程；课堂小结是否做到画龙点睛等。

3. 有关教学过程的评价内容

评价教学过程主要看：教学过程是否有利于学生对知识的理解、技能的形成、潜在智能的开发和提高；是否通过"获得知识"和"应用知识"两种途径培养和形成学生良好的观察能力、思维能力、分析和解决问题的能力，以及动手操作和数学语言表达的能力；在整个课堂教学中是否较好地体现了"认知结构""教材结构""教学结构"三者和谐一致的整体关系。

4. 有关教学方法的评价内容

评价教学方法主要看：教师采取的教学方法与教学内容、学生的实际是否相符；是否启发学生积极主动地思考问题，激发学生的求知欲，使学生带有明确的学习目标和强烈的学习动机，主动参与学习，积极索取知识，启迪学生的思维与发展学生的数学能力；教学方法是否服从于学生的认知心理发展；是否由浅入深、循序渐进；是否创造宽松、愉快的教学情境，教学方法是否理论联系实际，创设实践情境，启发实践思路，引导学生广泛参与教学；是否恰当地配合现代化教学手段，使课堂教学在完整的科学的教学体系中进行。

5. 有关教学氛围的评价内容

评价教学氛围主要看：课堂气氛的宽松程度，即学生的人格受到尊重，学生的讨论和回答问题得到鼓励，学生质疑问难得到鼓励，学习进程有张有弛；课堂气氛活跃程度，即课堂气氛活跃、有序，师生、生生平等交流、积极；教师和学生的精神状态，即教师情绪饱满，学生体验到学习和成功的愉悦，学生有进一步学习的愿望。

6. 有关专业素养的评价内容

评价专业素养主要看：课堂教学中教师是否具备教学应变能力；是否具有独立处理教学中不曾预料的问题的能力；是否有组织教学、驾驭课堂的技能；是否有广博的知识，具备对数学问题深刻的理解能力；是否注意培养学生善于运用各种数学语言解决数学问题和实际问题。体现在教师的教态上是否自然亲切；课堂语言是否准确生动富有感染力；画图是否准确；板书是否清晰合理、系统规范。

7. 有关教学效果的评价内容

评价教学效果主要看：课堂教学中学生学习是否积极主动；在教学中教师是否激发了学生学习数学的好奇心和求知欲；教师通过让学生独立思考是否达到了活跃学生思维的目的；整堂课的教学中师生配合是否协调，教学任务是否完成，教学目标是否实现；从学生的接受和反馈情况来看，学生当堂课知识掌握的合格率是否较高；等等。

8. 有关教学特色的评价内容

评价教学特色主要有两点。

（1）数学特色：①数学思维活动的体现，主要内容有课堂设问有思维价值；提出的问题使学生"跳一跳"够得着；留给学生足够的思维时空；设问的语言准确富于启发性；注重教学过程的质疑与反思。②数学思想方法的教学，主要内容有对知识的来龙去脉把握清楚；数学思想方法载体贴切；数学思想方法提炼到位；数学思想方法揭示深刻；数学思想方法应用落实。③数学应用意识的培养，主要内容有对数学美的揭示准确生动；数学史料运用得当；数学中的应用深刻灵活；生活中的应用广泛深入；数学建模的教学恰当有效。

（2）教学特色：教学的创新性和个性特点。

当然，由于每一个指标牵涉的相关因素都比较多，我们只能选择相关因素中的主要内容进行操作，但这并不影响评价者对指标的全盘衡量，在具体测评打分时，可以把有关因素放入相应的主要内容上综合测评。

六、提升小学数学教学评价的有效性策略

（一）将评价内容与课堂知识相关联

《义务教育课程方案和课程标准（2022年版）》明确提出要强化学科一体化，突出学科间的联系。我们要转变思维，在"以人为本"的教学中，上好每一节课，便能收到事半功倍的效果。在数学学习上，可以从学习习惯、思维能力、动手实践能力、创新意识等多个角度来对学生进行初步的评价，了解学生哪些地方比较出色，哪些地方比较薄弱，这有助于教师在教育过程中进行因材施教，弥补自己的不足，使他们的数学素质得到提高。同时，教师要注重学生的自我评估与自我提高，让其在学习中学会自我反思，学会发现自己的优点，学会欣赏他人；在教学过程中，教师要注重激发学生的学习兴趣，为学生创造良好的学习氛围。为此，笔者提出了对研究性学习进行评估的四个原则：主体性、探究性、过程性和发展性。

要想对教育教学的进程和结果进行有效的监测和评估，就必须建立一条较为科学、完备的教学链。在对小学数学课堂进行评估和监测方面，课程标准是进行评估监督的主要依据。因此，在实施监测时，要把新课程标准中提出的一些重点和难点凸显出来，把新课程标准的教育教学思想贯彻到整个过程之中。首先，在开展评价监测工作时，教师要把新课程标准中有关数学认识和教学观念的指导作用贯彻到具体的规范和方案中，并注意与评价中的各项指标相比较，提高"以评促建"的成效；在评价实践中要注意把新课程标准的精神、教育教学实践以及学生对新课程标准的反映有机地联系在一起，不断地对评价计划进行动态修正，以达到与时代同步的目的。另外，要创建一个"多元评价，多方参与"的评价社区，尽可能地将影响教育教学质量和成效的多个维度元素纳入评价之中，同时要把学生、教师、教育主管部门或者第三方机构和父母等社会主体有机结合起来，从而形成一个

高效的"以评促建"的社区。

　　首先，要确保课程评价的目的和课程与学生的学习目的相一致；其次，我们把教师在课堂上的一切行动和反应都看作对他们掌握的内容的一种理解。从这两个方面着手，在设计教学评价表格时，既可以充分地体现出"奖惩"功能，又可以让评价在教学中起到"桥梁"的作用，从而更好地解决教学中的重点问题。比如，在小学"计量单位"的学习中，"毫升与升的认识"是一个比较重点的部分。在这一节中，"正确建立量感度"是一个非常关键的内容，在教学过程中可以将评价的内容与这一部分有机地联系起来。课程考核的项目可以设置为"能源罐的蓄能"，如每次完成学习任务时向其中添加100毫升的能源液。该课程将评价指数和每一次的单位数量进行累加，使学生可以看到自己在量杯中累积的成果。这种新奇的评价方法，激发了学生的学习激情，因此许多学生都主动参加了这个课程。这种评价超越了单纯的口头评价，它将知识与评价积累有机地结合起来，促进了"深度思考"与"主动探究"。

（二）凸显评价语言激励性，增强学生的数学学习自信

　　事实上，在小学数学课堂中使用评价语言，通常都是为了给予学生鼓励，为学生提供数学学习的动力。因此，在小学数学教学课堂中，教师应当凸显评价语言中所包含的激励性，尽量采用正向的、积极的语言来与学生进行互动和沟通。譬如，教师在设计课堂提问时，可以将问题拆分为几个不同的问答阶段，当学生顺利完成一个阶段的回答后，教师就可以及时给予学生鼓励和肯定，进而引导他们进入下一个问题的回答和探索中。在这个过程中，学生能够体验到自身数学学习的成长和进步，从而增强个人在数学学习方面的信心。值得注意的是，凸显评价语言的激励性，并不是要求教师夸大对学生的肯定，而是应当在实事求是的基础上，给予学生适当的鼓励，给予他们正向的学习反馈。

（三）增强评价语言确定性，明确数学课堂的教学方向

　　在小学数学课堂中，教师在对学生展开评价时，还要增强评价语言中的确定性，尽量避免采用"可能""大概"等词汇来对学生进行评价。原因在于，教师需要通过评价语言的确定性来向学生传达更为简明扼要的信息，在为学生指引学习路径时，帮助他们明确数学课堂的教学方向和学习要求。譬如，在进行运算知识模块的教学时，教师要对学生的运算正确率和运算效率做出最直接的评价，并明确告知学生是否要在运算知识的学习中继续进行优化。由此，通过评价语言确定性的增强，运算知识模块的学习重点也就得以凸显，即学生的正确率和效率是判断其知识学习成效的关键所在。更重要的是，当学生从教师的评价语言中获得明确的信息后，他们就可以将这些信息和标准转化为学习过程中的自我要求。

（四）运用评价语言的发展性，激活学生的数学学习动力

发展性评价语言的重点，在于指引未来。尤其是对于小学阶段的学生来说，他们还未有明确的学习规划，对于后续的数学知识学习也并不了解。而在小学数学教学课堂中，教师不能停留在现阶段的教学引导，而是要将小学阶段的数学学习与学生未来的成长发展相结合，借助评价语言的发展性来帮助学生拓宽学习视野，增强学生的学习规划意识。在这个过程中，教师就能够引导学生看到关于数学学习得更多可能性，并将数学知识学习的延续性和纵深性相结合，从深层次结合学生的学习动力。从这个角度来看，评价语言所能够发挥的作用，能够在学生的数学学习潜力挖掘中得到集中体现，并且渗透在学生数学学习生涯的全过程，这显然已经拓展了小学数学课堂的教学广度。

（五）把握评价语言总结性，奠定后续的课堂教学发展

在小学数学课堂教学中，教师可以借助评价语言来对课堂的教学环节进行分割，即将其划分成基础过程、主体过程和总结过程。显然，教师在总结过程中所运用的评价语言，应当对该阶段的课堂教学做出有效总结，并开启下一个阶段的数学教学过程。由此可见，总结性的评价语言包含了两个方面的属性，即总结与承接。事实上，在具体的数学课堂教学实践中，教师可以将总结性评价语言与发展性评价语言进行相结合，在发展的过程中完成总结，并在总结的基础上形成更深层次的发展。这里的深层发展不仅包含了学生群体的潜能挖掘，还体现了数学课堂的后续教学发展。因此，小学数学课堂中评价语言的作用是否得到有效发挥，就可以通过学生群体和课堂教学的发展性来得到集中体现。

（六）注重教育方法，构建和谐师生关系

在小学数学课堂中，营造平等的课堂氛围对于提高课堂评价有着重要的作用。此外，营造和谐、民主、平等的课堂氛围，也有利于学生坚定学习信心。小学生天性纯洁，但从入学之初就对教师充满敬畏。教师要保证小学课堂教学评价的实现，首先要在课堂上营造轻松的氛围，让学生在和谐的课堂氛围中感受到老师的平易近人，从而更好地释放学生的天性。在课堂评价过程中，学生可以相互提问，相互解决问题。同时，教师在批评学生的过程中也要注意方式和方法。师生互动是保证课堂教学评价实现的基础。因此，只有基于师生互动的课堂评价才能更好地保证学生在后续学习中的投入。

（七）构建情境化评价，培养学生问题解决能力

就小学生而言，他们的思想和行动也会被周围的环境所约束和影响，在数学教室里构建教学情境，以便与学生进行心灵上的沟通和对话，从而达到教育的目的。因此，这也就

充分证明了在课堂上必须有一个合理的环境，才能体现出学生对数学知识的内化和运用。比如，在学习"认识分数"这一课程时，首先教师可以设置一个教学目标，让他们对分数有一个基本的认知，知道当一个东西被平均分之后，有多少个部分可以用来表达，并且学习如何在实践中准确地表达出这些数字。其次，教师可以为学生布置一个情境性的问题："八个孩子要去郊游，我们怎样把四个苹果分给他们？"当他们想好了答案，然后再把这个问题扩展开来，比如："十六瓶水是怎么分配的？怎么分配一块比萨饼？"让学生在真实的环境中感受到分数的重要性。在这个过程中，教师要及时做出一些分析和评价，并且要把对分数知识的理解概括出来，就像例子中提到的那样，以核心素养为基础进行的小学数学教育评价，应该将其与课程特征相融合，在课堂情境中循序渐进地进行，使学生能够在真实的环境中亲自体验问题的求解，从而使其能够更好地解决问题。

通过本节的探究，我们认识到小学数学教学评价的有效性对于提高教学质量和学生的学习效果具有重要意义。为了实现这一目标，我们需要从多个方面入手，制定科学、合理的评价标准和方法，全面、客观地评价学生的学习成果和教师的教学效果。同时，我们还需要不断探索和创新教学评价的理念和方法，以适应教育改革和发展的需要。我们相信，在广大教育工作者的共同努力下，小学数学教学评价的有效性一定能够得到不断提升，为培养更多优秀的人才打下坚实的基础。

第二章 数学课堂教学节奏与控制

第一节 小学数学课堂教学节奏的特征

小学数学课堂教学节奏是指教师根据数学学科的性质，在组织教学时，根据学生的认知水平和思维规律，有意识地调控教学语言的起伏、教师时间的快慢、教学方式的动静、教学内容的疏密而形成的规律性的变化过程。

小学数学课堂教学节奏，是针对小学这一阶段中数学课的特征而进行的课堂教学节奏研究，具有独特的学段特性与学科特征。在小学数学课堂上的教学节奏的具有以下特征。

一、节奏内隐性

数学学科和其他学科在课堂教学上的区别在于，数学的重点知识往往局限于少部分知识点中，教学过程往往是在重点、难点、疑点等关键部分充分地揭示知识的发生过程和暴露思维过程。受数学课堂教学内容的影响，数学课堂上的教学节奏往往呈现出思维节奏起伏频率高、教学环节缓而慢等特征。

比如，在数学概念形式过程的暴露中，要引导学生能够生动而又完整地从感性认识到理性认识，就必须经过不断的分析、综合、抽象等逻辑思维过程，从而充分理解数学概念的内涵和外延；在结论发现过程中，引导学生探索与发现；在公式推导过程中，进行动手操作，理解顺逆关系；在思路选择过程中，广泛联想和逻辑定向。在这些数学课堂上的教学过程中，师生的思维互动频繁，合作默契，但教学流程却始终停留在知识的教授环节中。此时，思维节奏是内隐于师生的交流中的，而外显的环节转换，活动起伏频率较低，这是数学课堂教学节奏突出于其他学科的显著特征，也就使得数学课堂上的教学节奏具有明显的节奏内隐性。

二、思维共鸣性

数学课因其独特的思维性，其课堂教学节奏也有所不同。实践证明，人的思维是有节奏的，思考问题时，学生不可能始终处于高亢激动的状态，也不可能始终思维停滞。学生思考时，或凝思，或茅塞顿开，或百思不得其解，其中亦有规律可循。学生在课堂上的思维活动并不是单方面地演奏，而是在教师引导下的师生双方互相启发、互相引导、互相影响而形成的思维共鸣。思维共鸣是教师与学生在教学艺术的交流过程中，双方的思维活动步调一致，彼此呼应之间形成共识，从而产生的时时合拍的节奏。

在小学数学的课堂教学中，师生之间的思维共鸣频频发生。当教师设置的问题和学生的思维活动特征相一致时，学生的数学思考是积极有效的；当教师设计的数学活动满足了学生浓烈的好奇心时，学生的探究体验是充分满足的；当教师的知识传授和学生的预先认知不谋而合时，学生的数学兴趣是被充分激发的。数学课堂上呈现出良好的教学节奏，课堂保护学生的数学好奇，激励学生的探索精神，从而点燃他们的数学智慧，在这不断启发、互动的教学过程中，师生双方的思维被激发、产生共鸣，从而呈现出小学数学课堂教学节奏的思维共鸣。

三、韵律生成性

课堂教学节奏的本质在于教师与学生在课堂教学的艺术交流过程中，内在的情绪情感和外在行为表现的"起承转合"。[1]课堂教学具有预设与生成之间的差距，在小学数学课堂教学中，学生的认知水平与知识水平都在动态发展的过程中，在教学环境的复杂性和师生互动的多样性的影响下，教学节奏的起伏韵律并不能完全依照教师原先的节奏设计呈现。

小学数学课堂上的教学节奏生成性主要体现在时间进程内的交替变换的过程中，不同的教学环节中具有不同的存在状态和表现形式。在教师利用课堂教学节奏的调节功能诊断和完善课堂的过程中，教学节奏就依据不同教学内容的详略、教学进程的快慢，使师生教学情感的抑扬动态生成了有起有伏的节奏韵律。在小学数学的课堂上，囿于学生的认知水平和教学节奏的本质，课堂教学节奏的韵律更是深层的。

---

[1] 潘雪姣. 中小学课堂教学节奏研究 [D]. 青岛：青岛大学，2017：12.

第二节　小学数学课堂教学节奏的描述维度

教学节奏作为一个较为抽象的小学数学课堂上呈现出的教学艺术形式，要把握其内涵与本质，可以从课堂上必然呈现的教学内容、教学方式、教学时间以及教学语言四个维度进行描述。

一、教学内容

要清晰地将数学课堂中的教学内容的节奏呈现出来，必须意识到教学内容本身就具有一定的节奏，小学数学的内容尤为凸显。小学数学中每一个单元之间，每一节课之间，以及课内的知识详略之间也存在主次、难易关系。数学内容只有在遵从其本身节奏的条件下，通过教师有意识的调控，有疏有密、有缓有急地在师生之间进行交流，才能真正起到课堂教学节奏提高课堂效率的作用，剖析内容节奏在课堂上的呈现是了解教学节奏的前提。

数学的课堂教学节奏是单指对于课堂上的知识，教师对其讲解详与略的关系。教师在课堂上通过对教学内容的精准把控，对教学内容进行有侧重、有主次的传递，将课堂教学的着力点放在重点、难点上，进行有节奏的教学。内容节奏在课堂上的呈现状态主要是"疏"与"密"。通常认为，"疏"是指教学环节之间的教学内容间隔大，频率小；"密"是指教学环节之间的教学内容间隔小，频率大。[1]

显然，课堂教学内容教学的疏密的不同，直接影响着学生上课的心理感受。教学内容之间的间隔"疏"，学生感觉学得轻松，游刃有余；教学内容之间的间隔"密"，学生需要在短时间内接收、消化大量的信息。[2]如果教学内容只是单纯的疏而不密，学生没有在课堂上接收到大量的有效信息，会产生空虚感，学生情绪过于放松，注意力涣散；相反，教学内容只是密而不疏的话，学生没有足够的时间去接收堆积的知识点，学生容易感觉到压迫与紧张。

科学的课堂教学内容的节奏应该是疏密有致的，在恰当的时候让教学内容宽泛一些，给课堂解绑；在关键时期让课堂紧密一些，有效地传授教学知识。教师通过对教学内

---

[1] 胡云芳.浅谈小学英语课堂教学的节奏[J].山东师范大学外国语学院学报（基础英语教育），2004（4）：27-30.

[2] 高锡忠.浅谈"自主、合作、探究"课堂教学中的"放"和"收"[J].课程教育研究，2016（33）：1.

容的合理组合和精准的详略处理，使得课堂张弛有度，学生注意力都集中在课堂上，教师对教学内容的难易、详略等进行有意识的设计与处理形成疏密有致的变化。[①]

就教学节奏而言，必须与具体的教学内容相适应，服从特定的教学内容的需要。经验充足的教师擅长于根据教学内容的不同，合理调配组合，从而形成疏密有致的教学节奏。对于基本的训练内容，教学内容往往比较"密"，比如旧知导入的口算、口诀、公式以及基本的数量关系的复习，往往占据很少的课堂时间，呈现出明显的密度高、速度快、节奏密的特征。对于课堂中的重难点，往往重拳出击，放缓节奏，讲解时浓墨重彩，针对少数知识点进行重点教学。

课堂中教学内容的节奏是形成整体教学节奏的基础，只有充分意识到教学内容内隐的节奏，才有实现课堂教学节奏的可能。课堂中多种因素、方式的节奏呈现都是为了使教学内容在师生交流的过程中能够在节奏中提高效率。教学内容节奏是课堂教学节奏的核心因素。

二、教学方式

教师对教学内容的疏密处理有了大致的预设就为教学节奏的产生创造了最基本的条件。在教师根据具体的教学内容和学生的实际情况，转化不同的教学方式进行教学的过程中，学生的神经机制和思维类型也在不断地调整，教师对教学方式有意识的间隔变换和合理搭配，就形成了课堂教学中的教学方式的节奏。

教学方式的节奏具有明显的动与静之分。"动"是指课堂上的师生共同的活跃状态，比如讨论或争辩、游戏比赛等，在这一情境中，师生的思维、注意力都高度集中；"静"则是指课堂中的一种相对安静的状态，如学生的静心听讲、深入思考等，在这一情境中，师生内化知识，积累经验。

在动态的课堂中，学生处于显性的积极模仿或踊跃表达的兴奋状态中，而静态中的学生也处于隐形的思考和理解记忆的学习状态中[②]。显然，不管是教学方式的动还是静，都是课堂教学节奏的具体表现形式，动态或静态课堂状态并无好坏之分，各有益处。教学中的动与静都可以促进学生思维的发展，但课堂中不能一味地处于持久的动或静中，如果教师使整节课都处于一种动态的活跃状态，容易使学生的思维浮于表面，触及不到知识的核心和内在联系；相反，过分安静的课堂无法激发学生的好奇心，容易使课堂气氛沉闷，思维呆滞。

科学的教学方式的节奏应该是动静相生的，教师通过教学方式中的教学方法的交替变换，引导学生从动态的兴奋到隐性的理解记忆，由动转静，也能从内在的思考学习到积极

---

① 胡欢. 高中语文课堂教学节奏探析 [D]. 西安：陕西师范大学，2014：13.
② 杜闯生. 中职课堂教学节奏调控的方法与原则 [J]. 职教通讯，2012（9）：26-28.

踊跃的模仿中，由静转动，从而灵活多样地呈现课时内容。

教学效率良好的课堂总是呈现出教学方式动静交替的现象。教师通常会在学生的讨论、问答之后做一个总结，把重难点记起来，把解题步骤程序化，从而把问题提升到理论的高度，由动转静；也会在学生静心思考之余组织学生进行小组交流，引导学生进行讨论，由静转动。显然，课堂教学不能只用一种固定的教学方式贯而穿之，而是要根据教学内容的不同，课堂教学流程的开展适时转化不同的教学方式，并有意识地通过不同方式之间的组合、搭配使课堂在动静交替中有节奏地进行。

对于课堂教学节奏而言，教学方式的交替变化是课堂教学节奏呈现的外化形态，也是教师进行课堂教学节奏调控的得力助手，通过课堂上教学方式的节奏呈现可以清晰地观测教师的课堂节奏调控行为。课堂教学中的方式节奏是整体课堂教学节奏中的抓手，将课堂中的多种影响因素整合为一个整体，协调成有节奏韵律的课堂教学节奏的有力工具。

三、教学时间

时间是宇宙中物质运动和变化的持续性的表现，时间无处不在，存在于一切的运动中。课堂教学也是一种运动，由于时间的不可逆性和直线性，人们对时间总是保持着有意识的控制。一节课只有45分钟，如何在短时间内使师生的教学信息的交流达到最大化，就涉及了课堂上时间的有效利用率。只有在教师与学生有意识地对时间进行合理控制和运用，使课堂上的时间分配适合学生的心理节奏和教学的程序要求，课堂教学的时间节奏与整体的课堂教学节奏相协调，教学时间才被赋予了价值。

时间节奏是课堂中的时间因素在师生、时间和教学中的相互契合和协调中达到最优的状态，是课堂时间最根本的价值追求。[1]教学时间的"快"是在实际的课堂教学中，教师通过一定的教学方式省略不必要的教学步骤，比如，口算题开火车、判断题举手等教学小游戏加快教学程序。教学时间的"慢"是指教师对于一些课堂的重难点往往重复讲，反复讲，耐心引导，仔细辨别，花费了课堂的大量时间去研究一个知识点的情况。

研究表明，课堂上教学环节之间时间的快慢直接影响着学生的思维活动的效率。教学时间在课堂上的呈现，是教师通过对课堂上的教学时间进行科学的分配而在快慢交替中有序地变化的。教学时间过快，学生来不及对接收的信息进行处理和内化，容易造成知识的积压，学生自我效能感逐渐降低；教学时间过慢，学生逐渐丧失了对新知的期待和学习过程中自主探索的热情，久而久之，课堂效率逐渐降低。对课堂上的教学时间进行合理的安排是很有必要的，科学的教学时间节奏应该是快慢有致、交替变化的，这样学生就能在紧张而又愉快的课堂气氛中完成学习任务。

---

[1] 李如密，王禧婷."适时而教"的思想内涵及现代价值[J].当代教育与文化，2018，10（5）：1-7.

快慢交替的时间节奏其实质是一种课堂上教学环节之间"合理地连接"或者说是"有序地变化",是教学节奏的一种表现手法。在科学的时间节奏课堂上,快节奏时,学生的思路能和教师的教学进度协调一致,学生学得轻松自如;慢节奏时,学生内化知识理解记忆,不会觉得无事可做。教师在整体的教学节奏的基础上,根据课堂实际和学生的承受能力,使课堂教学中快慢节奏的交替出现和自然转换,使课堂结构组织合理,课堂流程进行得顺畅自然。

在时间节奏相协调的课堂上,在不同的教学环节有不同的分配比率。有经验的教师总是对课堂中各个环节的时间的分布了然于心,能适时安排教学时间快慢节奏的交替,做到时间的快慢有致,使其形成有规律性的变化。总的来说,一堂课(设定为45分钟)的时间分割大致如表2-1所示。

表2-1 一堂课的时间分割

教学阶段	导入新课、激发兴趣	学生感知尝试学习的阶段	教师引导下的自主、合作、探究阶段	总结巩固反馈阶段	应用拓展阶段
时间	约5分钟	约10分钟	约20分钟(突出教学重点、难点)	约5分钟	约5分钟

当然,这只是对课堂教学时间的大致分配,具体教学环节的分配比率应该是根据学生在课堂上的认知情况进行调整的。总的来说,教学导入要快,拖得太久学生会失去学习兴趣;教授新知需要学生思考、理解的时候要放慢速度,给学生充分的时间内化吸收。环节与环节之间的过渡不能太生硬,小环节之间的过渡快一些,大环节之间的过渡慢一些。只有时间节奏快慢交替,不断激发学生的好奇心,才能使课堂效率达到最优化。

课堂的时间节奏本质是教学中师生心理活动的反映,当时间节奏和师生的思维共振、教学程序相适应时,课堂教学节奏的动态就自然地呈现出来了,并将师生之间的动态交流的影响因素协调一致。

四、教学语言

虽然随着教育现代化的发展,教师可以借助多种工具与学生进行教育信息的交流,但运用得最方便快捷的仍然是教学语言。课堂上,教师语言的节奏是课堂教学节奏最直观和最明显的呈现,其魅力就在于语言的抑扬顿挫。教师一方面通过控制教学语言中的节拍的强弱、速度的快慢和力度的大小之间的交替变化塑造语言的魅力;另一方面则是通过句子的长短的变化、语调升降之间的规律生动地体现语言节奏。[1]

教学语言节奏最突出的特征就是语言中的抑与扬,"扬"是指教师讲授到关键的知识

---
[1] 李冉. 浅析语文课堂教学节奏艺术 [J]. 黑龙江科技信息, 2012(1): 192.

点和需要学生尤其注意的某个问题时，适当地提高音调、放慢速度来讲解，吸引学生的注意力；"抑"则是指当课堂进行到教学环节之间的过渡和一般性知识的陈述时，用中低声调交替讲解，加快语速，使教学环节能够顺利过渡。此外，在课堂教课时，教师不经意的语言停顿，也会使学生的注意力集中在教师的讲解上，常能够达到"此时无声胜有声"的教学效果，这也是语言节奏的重要体现。

当然，一节课上的语言不能是一直"扬"或一直"抑"，学生要是处于持续单调的声音刺激的环境中，容易厌倦疲累、思维涣散，显然不利于课堂教学。相反，节奏鲜明的语言能够有效地打破大脑的抑制状态，及时地变换语音语调，能够使疲惫的学生重新兴奋起来。语言节奏中的抑扬顿挫的变化、交错的节奏美，使整个教学过程始终处于波浪式起伏的"和声旋律"之中，并对学生的多种感官进行多向的复合性刺激，使学生始终保持在思维的活跃状态，促进学生感受数学美。

语言在数学课堂上的魅力是无穷的，作为教师表达情感和传递情绪的工具，教师抑扬顿挫的语言变化必然会引起学生内心的模仿。当教师的语言和教学内容相契合，教师的情感和教学内容产生共鸣时，教师循循善诱，旁征博引的"扬"、舒缓平静、缜密明晰的"抑"，都会引导学生对知识点进行进一步的思考、咀嚼和消化，教师语音的变化能使学生涣散的注意力始终集中到课堂上来。

教学语言的抑扬顿挫在数学课堂中具有明显的呈现状态。小学数学的推理性极强，当教师根据教学内容的类型控制语速语调，有抑有扬，就能促进课堂教学效率。

语言节奏是课堂整体教学节奏的表现形式。课堂上，教师的语言是否有节奏决定着课堂教学节奏能否被直接感知，教师通过语言的节奏变化在一定程度上直接影响着课堂教学效率的高低。教师通过语言将课堂教学节奏的多种构成要素穿插串联，多个因素在课堂教学的进程中相互影响、相互整合、相互渗透，从而奏响了一曲和谐统一的乐章。

第三节 小学数学课堂教学节奏的调控策略

所谓教学节奏的调控过程，其本质是对影响课堂教学顺利进行的多种影响因素进行调节和控制的过程。对教学节奏的控制不能局限于单个因素的设计与控制，还要考虑多个因素之间的相互影响和合理搭配。

一、小学数学课堂教学节奏调控策略

根据课堂教学节奏在小学数学课堂上的呈现状态，调控教学节奏要从以下几个方面进行。

（一）教学环节设计有起伏

课堂教学节奏生成的前提是具有合理的教学流程。课堂教学是由多个不同的教学环节构成的，每一个环节都必须根据教学规律来联结，并对每个环节都安排合理的教学内容和时间。不同的教学环节应按照不同的轻重缓急的节奏进行设置，除了要有高潮部分让学生的思维处于激动、亢奋和集中的精神状态以便学生能够准确而迅速地掌握知识和技能，也要有平缓稳进的部分，让学生能够平静下来仔细思考和回忆课堂知识。[①]每一个教学环节都要统筹安排，做到清晰合理、层次分明，先讲什么，后讲什么，哪一个教学环节是铺垫的，哪一个教学环节课堂设置高潮，都要在设计时就安排得有起有伏，只有这样，课堂教学节奏才有实现的可能。

比如，一位教师在讲《认识平行四边形》时，是按照图2-1所示安排教学环节的。

环节一：引入
同学们，今天我们要学习"平行四边形"，请大家根据自学提纲预习课本，并想一想这3个问题你要怎么回答。（出示自习提纲）
预习提纲：
1.平行四边形有什么特征？
2.平行四边形的特征在生活中有什么广泛的应用？
3.平行四边形的底和高是什么关系？
环节二：验证
我们通过预习知道平行四边形的两组对边分别平行，这是真的吗？大家想不想验证呢？（出示3个不同位置、方向、大小的平行四边形）
环节三：想象
同学们，（展示框架）这个框架原本是长方形的样子，现在被拉成了平行四边形，仔细观察，什么变了？什么没变？我们发现4根小棒就可以组成一个平行四边形，你能做到吗？现在请同学们想象一下应该怎么做。（学生想象）
环节四：认识底和高
现在发生了什么变化？（变斜了，变矮了）变化的是什么？我们请小组来汇报一下你们的发现，好吗？
环节五：归纳小结
通过我们刚刚的小组汇报，我们得出了一定的结论：平行四边形有无数条高，一类是上下对边的高；另一类是左右对边的高，这两类高的长度可能是不相等的。

图2-1 《认识平行四边形》教学环节安排

---

① 渠东玲.课堂教学节奏的调控艺术[J].教学与管理，2000（2）：50-51.

这节数学课教师总共设计了五个教学环节，这五个教学环节之间层次清晰，节奏有起有伏。教师在第一个环节中开门见山地引入课题，并让学生根据提纲预习，在预习中动口、动脑、动手，引导学生自主探究平行四边形的性质；第二个的环节则通过引导学生验证猜想，动手实践，激发学生的内在思维，使课堂教学节奏舒缓下来；第三个环节引导学生通过想象，丰富和完善头脑中抽象物体的形象，激发学生内在思考，由动转静，由外到内；第四个环节是归纳提升，把对平行四边形的"高"和"底"的认识进行了全面归纳。这一节课的环节设置导入自然，集中精力安排足够时间去解决重难点，结尾留有余味，呈现整个教学环节设计有起有伏、有动有静的特征。要形成松紧张弛有度的节奏，可以从以下四个方面入手。

（1）激趣导入。能否把学生的注意力吸引回课堂取决于教师是否设计了成功的导入，恰当地导入教学能把学生迅速地带入与教学内容相适应的情境中，为师生的思维同频共振打好基础。要使师生思维与情境之间心理相通，就必须通过快速、有节奏、有激情的导入激发学生的情感，收拢学生的玩心，使学生的注意力集中到课堂上，聚集到课堂知识上，为后续的课堂展开做好铺垫，这有利于和谐的课堂教学节奏的形成。

（2）平稳蓄势。这个阶段是课堂教学中最重要的阶段，教学节奏在很大程度上不再外化为师生的活动形式上，而是内隐于师生的思维互动中。教师通过传授、讲解重难点，形成对知识的输出，而学生的任务在于吸收和理解、储存知识，为之后的学习活动做好准备。课堂教学节奏呈现出和谐共振、积极蓄能的特征，教师与学生共同探讨知识，为突破重难点、实现节奏高潮做准备。

（3）推向高潮。教学节奏有起有伏，经过前面两个阶段的铺垫积累，师生共同为教学目标的实现进行一系列的教学活动，如活动、讨论、探究、争辩等激发学生的思维、语言、兴趣等，是整节课堂的点睛之处。数学是一个解决问题的学习过程，在解决问题的过程中，学生们通过各种探究、思考、小组合作，体验失望、满足、超然的心情，无疑解决问题的愉悦感是学生们不断前行的动力，将数学课堂教学推向高峰。

（4）归于平静。课程的结尾总会有个小结对课堂学习的内容进行一个巩固。小结要紧凑，不再是平铺直叙地对知识点进行琐碎的讲解，而是抽象出知识点的整体框架和核心；结尾要留有余味，引人思考，是课堂高潮之后的舒缓，通过多种复习方式巩固新的知识点，并留有余味，为下一节课的学习留下伏线。

（二）教学方式选择看时机

教学方式是教师调控课堂教学节奏的工具。小学数学课堂教学节奏在教学方式的呈现主要凸显在教学方式交替的动静相生中，教学方式的差异也带来了节奏的差异，比如节奏舒缓地讲授、练习，在这些教学方式下，师生呈现出安静的状态；有的节奏活跃的讨论法、探究法等，则赋予了课堂更多的活力。[①]在课堂教学中，教师主要是通过教学方式的转换来形成课堂教学的节奏。

比如，一位教师在讲《字母表示数》时，这样选择教学方式图2-2所示。

环节一：激趣导入

小明的失物招领启事的三次修改。

第一次：内有人民币15元。

第二次：内有人民币若干元。

第三次：内有人民币x元。

这三种写法哪个更简洁一些？

环节二：儿歌赏析

儿歌片段一

1只青蛙1张嘴，2只眼睛4条腿。

2只青蛙2张嘴，4只眼睛8条腿。

……

100只青蛙呢？888只青蛙呢？能用一句话来说吗？

同桌两人合作完成探究练习，并得出结论汇报：

a只青蛙a张嘴，$2a$只眼睛$4a$条腿。

这几种方法，你更喜欢哪一种？（讨论）

环节三：归纳总结

从这几个式子你知道了什么？原来字母可以表示数，还有其他用途吗？我们再探究探究。

图2-2 《字母表示数》教学方式

在这节课中，教师通过生活场景进行导入，引导学生从具体的数过渡到抽象的文字描述，再运用游戏教学法，让学生适当放松，同时更好地理解这节课的难点。

课堂上动与静的互相交错，使课堂呈现出教学节奏的韵律美。我们要注意的是，在课堂教学中呈现多种教学方式的同时，不能忽略多种教学方式中的各项学习内容并不是同等重要的。充分发挥教学方式的节奏调控功能要注意以下几点：

首先，只有合理把握动与静之间的平衡，才不会产生过于紧张或过于松弛的教学节奏。在课堂教学中，形式节奏的形成是为了使学生能够更好地掌握教学内容，不能沉迷于教学方式的转化而失去了学生掌握核心内容的关键时期；也要注意不能使课堂气氛过分沉闷，否则会使学生精神涣散，有懒散懈怠之感。教师必须围绕着教学目标以及课堂上学生的接受度调整教学方式，才能真正地提高教学效率。

其次，对教学方式的运用不能只是简单地套用，而是要对教学方式进行整合，才能促进教学方式之间的补充和促进。教学方式之间不是完全独立的，而是可以互相综合而提高

---

① 徐叶琴.疏密有间，张弛有度——浅谈把握好初中数学课堂教学节奏[J].初中数学教与学，2012（4）：11-12.

教学效率的。如果只是简单地对教学方式进行堆砌，课堂难免落入拼凑感，因此教师要不断地优化教学方式，而不能执着于对教学方式的简单套用和堆砌。

最后，要灵活地运用教学方式。数学课堂是动态、生成的课堂，课堂中必然会发生一些偶然事件对预设的教学流程产生干扰。教师不能只是死板地根据预设的教学方式完成课堂，而是要根据课堂的实际情况灵活调整运用，充分发挥教学机制，从而使课堂教学节奏在动态的课堂中呈现和谐的魅力。

（三）教学内容处置分轻重

教师调控教学节奏的目的是提高课堂教学效率，更好地落实教学内容。教学节奏必须和具体的教学内容相适应，脱离了具体的教学内容来谈节奏不免徒有虚表。教师通常会对教学内容进行进一步的加工和设计，如果全程对教学内容进行照搬照抄，没有详略和重难点，学生则会学得毫无重点，课堂也会失去活力，整个课堂也就没有了起承转合之感。相反，教师如果过分注重教学技巧的运用，而对具体的教学内容置若罔闻，盲目地追求课堂教学节奏中外在形式的抑扬顿挫、张弛有度，则完全背离了教学节奏的本质价值。教师应在授课时根据对重难点的把握，有轻有重、有疏有密地处置教学内容，以便教学内容之间的详略、难易、虚实、深浅等形成有节奏的变化。

一位教师在"进位加法"的课堂实录中，是这样处理教学内容的。

师：同学们，小新的图书馆有许多你们感兴趣的故事书，我们一起去看看！（板书：图书馆）

师：请同学们仔细观察这个图书馆，你能发现什么数学信息呢？

生：图书馆里《小熊搬家》有28本，《水上乐园》有4本。

生：《汪汪历险记》有9本，《咪苗学校》有8本。

师：根据这些数学信息，你能提出什么数学问题呢？又该如何解决呢？

学生活动，自主思考，通过教具摆一摆，或者以前学过的知识帮助计算，之后在小组内交流。

师：同学们在小组内的学习很投入，现在来汇报一下我们的学习成果吧！比一比，看哪个小组的同学汇报时讲得清楚，倾听时认真。

生1：我是边摆边想的，我先拿出28根小棒中的4根小棒，然后从4根小棒中拿出2根和8根凑成一捆，原来的2捆加上新的一捆就是3捆，就是30根。再加上剩下的2根小棒，正好是32根小棒。（教师板书：28+2=30，30+2=32）

生2：可以直接口算，先算8+4=12，再算12+20=32。

生3：我比较喜欢用竖式来计算，个位上4加8等于12，在个位上写2，向十位进一，这时十位上2+1写3。

师：十位是2，为什么写成了3，哪里来的1？

生4：因为个位写不下了，这个1表示1个10。

师：数学上我们称为"个位满10向十位进1"，这个小"1"很重要，我们把它描红了。

课堂传授知识的本身就存在着重点和非重点内容之分，教师讲课时切忌平均用力。在这节课中，其核心知识点是要知道进位加法以及如何进位，因此对课堂导入和数学信息的收集过程中都是简单介绍，一带而过。而当学生答出用竖式计算时，教师通过不断的追问引导学生总结出进位的原因，并进一步从数学的角度来归纳，格外强调这一重点，使学生无意中意识到计算原理。教师在处理教学内容时，要注意以下几点以体现教学内容本身的节奏感。

首先，可以利用教学内容的矛盾点，适当设疑。小学数学教学内容本身具有明显的逻辑性与系统性，平铺直叙的教学难免过于平淡，教学内容本身就存在矛盾和冲突，师生在解决矛盾和冲突时往往注意力高度集中，容易引起学生产生疑问并设法解决，充分调动自己的大脑想象力和发散性思维，将教学节奏推向高潮。合理运用矛盾冲突有利于增强教学效果，激发教学活力，有效增强教学节奏感。

其次，不同的教学内容呈现出不同的教学节奏。数学中有的知识点简洁有趣，富含童真趣味，有的则具有端庄、严肃、紧凑的特征。教学内容的疏密不仅是教学内容中详略的处理，更是加速趋向教学目标的有力手段。在具体的课堂教学中，教师通过对教学内容的重复、转折、强弱、缓急、动静等艺术手法来形成相应的教学节奏。要把握教材特征，合理布局，使教学内容和教学节奏能够同频共振。

最后，要着重对教学内容的重点、难点进行有效处理。对重难点，要详细讲，反复讲，给学生足够的时间去消化与吸收，才能舒缓课堂教学节奏，让学生感到轻松愉悦；对于非重点、难点，要根据实际情况简略带过。切忌在毫无准备的情况下对教学内容照本宣科，使整节课毫无节奏感。

（四）教学语言运用要灵巧

教师的教学语言是课堂教学节奏的主要体现，鲜明的教学节奏主要构成来自教学语言的节奏感和韵律感。教育现代化使我们课堂上的教学工具越来越多样化，但无论现代教学手段多么先进，教师用得最频繁、用量最大的语义信息载体仍然是语言，教师的知识输出和学生的信息输入都依赖于语言。苏霍姆林斯基指出："教师在课堂上的语言水平能够直接影响学生的脑力劳动效率。"[1]教师语言节奏水平的高低直接影响着课堂的教学效率，

---

① 孙春成.给语文教师的101条建议[M].南京：南京师范大学出版社，2003.

而富有节奏感和韵律感的教学语言能使教学具有鲜明的节奏。

教学语言的抑扬顿挫有利于吸引学生的注意力,提高学生的学习兴趣,提升教学效率。教学语言节奏的生动化可以从以下两个方面讨论。

(1)教学语言节奏的抑扬顿挫。语言节奏首先根据教学内容的不同来调控,对于重点知识,要提高语调,放慢语速,以便吸引学生的注意力和帮助学生理解;而对于一般的陈述性内容,教师要加快语速,简明扼要地讲解,使学生始终对课堂保持一种新鲜感。其次要根据学生的接受度和理解程度来调控,根据不同年龄阶段的学生的认知特征,对教学语言进行再加工,使教学语言呈现出错落有致的节奏变化。

(2)教学语言与非教学语言相互补充。在课堂教学中,教学口头语言是教师传递信息的重要手段,但在运用口头语言的过程中,往往随着相应的板书、PPT动画、手势动作等,以增强表达效果。课堂教学中的非语言因素往往具有比语言更直观、更形象的特征,学生的不经意间注意往往更受这些非语言因素的吸引。

非语言因素是对口头语言的补充,因此对非语言因素的运用也要根据教学内容的需要来把握。课堂板书要清晰明了,帮助学生掌握知识结构,厘清思路。PPT动画不宜过于花哨,以免学生的注意力分散在非知识的内容上。教师的体态语言是用来传递信息、表达感情、表示态度的非言语的特定身体态势,教师要做到自然真实、落落大方,为教学增添艺术魅力。

(五)教学时间分配要合理

一节课45分钟,教师要根据教学目标和学生的心理发展特征去合理分配不同教学环节的时间。导入时间过长,学生就会失去了学习的兴趣;结束时间过短,草草收场,学生没有静心回味的时间。要凸显出课堂教学时间的最佳效率,就要加强教学时间的针对性,在课堂时间范围内,教师教授和学生探究相结合,练习与思考相结合,用课堂中的大部分时间去处理教学内容中的难点和重点,并合理分配时间让学生进行巩固迁移。

富有节奏感的数学课堂就像是充满感情的交响乐,偶尔高潮迭起,偶尔幽缓舒静,始终快中有慢,慢中有快。时间对课堂教学的效率是隐性的,只有当教育者充分发挥主观能动性,将时间和教学的要素互相结合、互相匹配,才能真正地体现出价值。[1]对教学时间来的调控,要注意以下三点。

首先,要把握教学时机。教学时机是课堂上教师对学生施加教育影响,传递教学内容的最佳机会,通常,课堂上的最佳机会即教学中的关键时机。教学时机是课堂教学中教师和学生以及教学环境高度契合的时间点,一般出现在课堂中探索新知的时候,经过前面环

---

[1] 李如密,王禧婷."适时而教"的思想内涵及现代价值[J].当代教育与文化,2018,10(5):1-7.

节的铺垫和引导，学生已经做好准备，教师一旦抓住了这个时间点，通过有效的教学方式解决重难点，会在一定程度上促进教学。但要注意的是，这个关键时间点是转瞬即逝的，一般情况下，教师是无法准确地设计和预设的，一旦在早于这个时间或者晚于这个时间去点拨，就可能收不到理想的教学效果。

其次，要把握教学时序。教学时序是指课堂中的教学时间序列，要求教师在课堂教学中要按照一定的时间顺序来进行教学，遵循循序渐进的教学原则。[①]循序渐进是指教学内容的逻辑顺序，要遵循先易后难、从下往上的逻辑性编排教学，从整体上来控制教学时序，强调时间的系统化，要求教师在整合多种教学要素时要在时间方面相协调，遵循一定的时间秩序进行教学。

最后，时间节奏的把握还要和学生的智力活动相适应。知识传授后，要给学生内化思考的时间；学生疑惑不解时，要放手让学生讨论争议，给学生充分的时间去互动和交流。通过掌握教学时间的快慢，给学生营造出一个和谐的学习环境，使得时间节奏和学生的心理节奏协调共鸣，只有这样，才能在45分钟的课堂教学时间内获得最佳的教学效果。

二、小学数学教师教学节奏能力提升策略

教师是数学课堂教学节奏的设计者、组织者和实施者，全面、系统和有效地完成教学活动的前提。课堂教学节奏运用得成功与否，取决于教师自身的课堂教学节奏调控能力。但课堂教学节奏的调控能力不是与生俱来的，而是需要大量的课堂实践和不断地自我反思形成的。总的来说，通过节奏意识的培养，对教材和教学对象的准确把握，对自我教学风格的剖析，能有效提高教师自身的教学节奏设计与调控能力。

（一）提高自身艺术素养，培养课堂节奏意识

课堂教学节奏是师生之间的心理共鸣。教师通过设计节奏、运用节奏，从而营造出符合教学规律的要求、顺应受教育者身心发展的教学节奏。但教学节奏内隐于课堂教学中，并不同于四季交替、音乐强弱等具有明显的外在表现形式。课堂教学节奏的内隐性使得要形成疏密相间、快慢交替的课堂教学节奏只能依靠教师自身较强的节奏意识，因此必须加强教师的节奏意识，才能为设计与调控教学节奏创造条件。

所谓节奏意识，就是教师在课堂教学时，对教学节奏的整体感、层次感、韵律感之间融合统一过程的把握。在课堂教学节奏领域里，节奏中的整体感是把一节课当成一个整体，关注环节之间的具体节奏是要注意每个环节之间协调的过渡，缺乏整体感的课堂节奏就很容易断裂和停滞，从而失去了美感。层次感也就是节奏的多样性，教师不能用单一模

[①] 胡弼成，上官晴. 论教育时序[J]. 高等教育研究，2012，33（9）：13-18.

式的节奏贯穿于整个课堂，节奏的复杂多变和丰富的层次感，才显示出鲜明变化、有序有致的节奏。韵律感则是教师在课堂上对节奏韵律的察觉和把握，只有通过不断的课堂实践和自我反思、总结，才能不断得到强化。教师在备课时只要掌握了这三种特征的不同影响和作用，才能营造出有节奏的课堂。总体而言，教师自身的节奏意识越强，对课堂教学节奏的调控就越有办法。

通过调查我们发现，大部分教师在备课中并没有考虑教学节奏因素，但在实际教学中，却不自觉地形成有节奏的课堂。在缺乏节奏意识指导下的课堂，容易呈现出节奏不协调甚至相互矛盾的现象。比如，快的时候整节课节奏都很快，学生的思路无法跟上教师讲课的进度；或者教师只关注于部分知识点的节奏追求，而舍弃了教学环节与整体之间的协调共振；又或者教学节奏拖沓、松散，毫无节奏感。其根本原因在于教师缺乏节奏意识，无法根据具体的教学内容的节奏设计出相应的教学方案，这不仅不利于课堂效率的提升，甚至违背了学生的接受心理和教学规律的要求。教师只有具有了强烈的课堂节奏意识，才能合理地设计与调控课堂教学，否则课堂就失去了动感、韵味和艺术品位。

要增强教师的节奏意识，就要意识到教师的节奏感是教师的教学艺术素养在课堂上的个性化的体现，不是简单地教学、一味地卖弄，也不是照搬照抄的教学模式，而是教师在实践中不断积累、反复磨炼、执着追求形成的。数学教学不仅是一门科学，更是一门艺术。教学艺术是教师在多种艺术形式中创造出来的教学的最佳境界，缺乏艺术修养的教师，只会在课堂上卖弄技巧，把数学课当成一个简单的技能课，这就容易忽视数学课堂上学生内在的思维涌动，从而失去了激发学生情感与思维的最佳时机。

教师的艺术修养的提升必然是日积月累的，离不开自身的努力和外部环境的支持，因此学校可以组织多种形式的活动来提升教师的艺术素养，比如组织教职工文艺团体、教师合唱团，游览博物馆、美术馆等，随着这些团体的建立和活动的开展，教师创造美、发现美的能力也要逐渐提高，对艺术美的追求愈演愈烈，课堂中的节奏意识自然强烈起来。

（二）充分了解教学对象，准确掌握教材内容

教学是教师的教和学生的学组成的双边活动。学生是课堂的主体，教学节奏的形成与调控离不开学生课堂上的认知和心理活动。课堂上学生注意力的起伏、思维特征、性格类型、认知倾向，都会影响课堂实际的教学效率。教师必须充分了解学生，才能在课堂上随机应变地选择最合适的手段应对课堂意外，发挥自身的教育机制，使课堂能够顺利进行，从而形成课堂中鲜明多变的教学节奏。最根本的价值追求是提高课堂效率，使学生更高效地掌握教学内容。教学节奏要和具体的教学内容节奏相适应，从数学的学科特征出发，设计和学科内容相吻合的节奏，形成与课时内容相吻合的节奏，教师必须对教授内容的重点、难点了如指掌，不仅要知道该如何传授知识点，更要知道如何激发学生的学习兴趣。

了解学生和掌握教材是数学教师调控课堂教学节奏的基础。

学生现有的知识水平是了解学生的切入点之一，新知往往是建立在已有的知识经验的基础上的。首先，教师要对学生的最近发展区非常了解。对于学生已经掌握的知识，可以言简意赅地讲，并抛出具有一定难度的问题，使学生始终保持学习的兴趣。其次是要掌握学生的认知发展特征。让·皮亚杰（Jean Piaget）的认知发展理论告诉我们，小学生的思维具有以具体形象思维为主、注意力不够稳定的特征。要集中学生的注意力，提高学生的课堂接受度，就要在课堂教学时充分利用多种直观方式，将语言直观和事物直观相结合，遵循先易后难的顺序，使得教学节奏缓急相接。

准确把握教材要注意以下两点：一是课时内容之间的关系。教师要明确每一节数学课的教学目标才能对课时的进程指向有所了解，知道哪个是重点，哪个是难点，什么时候应该推向高潮，什么时候让学生理解消化，才能根据学生的知识基础制定培养目标。二是教师要如何教授具体的教学内容。根据教学内容的不同选择与内容相契合的教学方法，在整节课堂中，运用多种教学方法交替使用，切忌用一种方法贯而穿之。课堂上要有张有弛，有收有放。

（三）明晰自我教学风格，实践运用教学节奏

教学风格是教师在长期教学艺术的课堂实践过程中形成的独特的教学技巧和教学风格的表现，是教师教学艺术个性化的标志。[①]在实际的课堂观察中，我们发现有的老师讲课循循善诱，富有乐趣，学生听得津津有味，老师上得兴趣盎然，这是寓庄于谐的教学艺术风格；有的老师则擅长对教学环节之间进行巧妙的安排，课堂设计合理巧妙、数学语言精准到位，这是巧妙缜密的教学艺术风格。不同教学风格的教师，即使是面对同一班级的学生，处理同一课时的内容，也会因自身独特的教学艺术风格而营造出不同的教学节奏。不同教学风格的教师对教学节奏的调控策略也有着差异，根据教学艺术论上对教学风格分类的不同，我们把前者称为谐趣型，后者称为庄雅型。

谐趣型教师的课堂往往课堂气氛较为活跃。教师常利用多种幽默手段进行教学，不会死板地按照预先设计的教学流程展开课堂教学，课堂上常常欢声笑语。课堂教学节奏作为在课堂上呈现出的教学规律，对谐趣型的教师来说，往往呈现出更多的教学环节内较小的起伏高潮，因此教师要预防课堂沉浸在表面的热闹中，应时刻关注课堂进程，预防课堂意外的发生。教师要善于利用自己轻松愉快、幽默诙谐的语言调控课堂教学节奏，保证课堂教学在有起有伏的过程中顺利开展。

庄雅型的教师对课堂教学环节的设计尤其重视，在对教学内容充分把握的前提下认真

---

① 李如密. 教学艺术论 [M]. 北京：人民教育出版社，2011.

备课，熟悉预设的课堂教学环节。但是对庄雅型的教师来说，要注意到教学节奏不是固定的模式，对教学节奏的设计要善于留白，课堂教学也没有规定必须哪里高潮，哪里平缓，而是在预先设计的情况下根据课堂生成进行有效的调控，使学生和教学实际在课堂上还有发挥的空间。

  教学风格是教师在日积月累的课堂教学中逐渐形成的个性化的教学艺术。除以上的庄雅型和谐趣型的教师风格之外，还有很多其他类型的教学风格。教师要充分意识到自身教学风格的长处或缺陷，在课堂上营造出适合自己教学技巧发挥的课堂教学节奏，从而才能使得课堂教学节奏的起伏与教师个人的教学风格相互促进、相互整合。

第三章　数学课堂教学类型与反思

第一节　小学数学课堂讲授教学法及其实效反思

一、小学数学课堂讲授教学法的本质

讲授教学法，亦称口述教学法，是指教师在教学中运用语言向学生传授系统知识，并促进其智力发展的教学方法。它包括讲述法、讲解法、讲演法、讲读法等。

讲述法，亦称口述法，是指教师运用语言系统对教学内容进行科学叙述或描述的讲授方法。小学生思维以具体形象思维为主，以及数学学科具有抽象性、逻辑性等特征决定了讲述法在小学数学课堂教学中运用得比较多。

讲解法是指教师向学生说明、解释和论证科学概念、原理、公式、定理的讲授方法。

讲演法是指教师对一个完整的课题进行系统的分析、论证并做出科学结论的讲授方法。它要求有分析、有概括，有理论、有实践，有理有据。

讲读法是指讲与读交叉进行，既有教师的讲与读，也有学生的讲、读和练，是讲、读、练相结合的一种讲授方法。

作为一种基本的教学方法，讲授教学法的运用有助于教师在教学中发挥其自身的主导作用，从而提高教师的课堂教学效率。

在原始社会，知识以经验的形式呈现，而经验的传递则以口头的讲授为主要方式。在封建社会，特别是在汉唐时期确立了科举制以及到宋代确立儒家的经典著作为官方统治思想之后，无论是官学还是私学，其教学方法都是运用语言对儒家经典进行讲授与讲解，以便学生加强对学习内容的理解与记忆。在近现代社会，随着教学内容的丰富与细化、教育对象的增加，以及班级授课制的出现，讲授教学法在培养学生学习的主动性、独立性、创造性等方面受到一些专家学者的批评及新的教学方法的挑战，但它的作用仍是不可忽视

的，它依然活跃在小学数学课堂教学的舞台上。

二、小学数学课堂讲授教学法的理论依据

作为一种历史悠久且经典的教学方法，讲授教学法具有广泛的理论基础。特别是心理学的发展为其提供了强有力的支撑，使其更加科学。另外，语言学及知识社会学也为其提供了重要的理论依据。

讲授教学法以教师的系统讲授为主，因此学生的学习便以系统接收为主。"科学的教法有一科学的学法为依据"，于是，戴维·保罗·奥苏贝尔（David Pawl Ausubel）的有意义接受学习理论就成了讲授教学法的理论依据。根据有意义接受学习理论，当学生原有的认知结构与新的学习材料产生实质性的非人为的相互联系时，新知识被纳入学生的认知结构中而发生真正内化，从而"同化"便产生了，学生原有的认知结构也重新得到了改造和组织。有意义接受学习有助于学生在课堂教学中获取大量的知识，教师的系统讲授也有助于学生对知识的理解与掌握，使其形成良好的认知结构，而学生良好的认知结构又对有意义接受学习和教师的课堂讲授具有重要的促进作用。

有意义接受学习理论并不是讲授教学法的唯一理论依据。讲授教学法是以教师的口头语言为主要的表达方式，因此还应以语言学为基础。讲授教学法的语言学理论依据还涉及语言艺术论、儿童语言发展心理学等学科理论。此外，班级授课制这一教学组织形式的产生与发展也为讲授教学法提供了更为广阔的应用平台和发展前景，其理论基础可推演至后来的知识社会学。

三、小学数学课堂讲授教学法的基本原则

教师应根据教学对象、教学内容及自身条件等灵活运用讲授教学法用于小学数学课堂教学。但无论如何运用，教师都应遵循以下三条基本原则：

（1）科学性原则，主要是针对讲授的内容而言的。教师在讲授知识时，教学内容不仅要具有逻辑性、系统性，还应具有科学性；不仅要突出重点、难点，还要精心设计教学内容，使其与学生的认知基础产生联系，促进学生获取系统的知识。

（2）启发性原则，主要是针对讲授本身而言的。讲授教学法是一种基本的教学方法，但不是唯一的教学方法，因此，教师不能一味地讲授。如果过度运用讲授教学法，教师的教学就有可能走向极端。在课堂教学中，教师与学生之间存在一定的相互作用，虽然讲授教学法的运用是以教师的讲授为主，但教师也应关注学生的学习反应，善于抓住学生的注意焦点，适当地将讲授与启发相结合。教师可通过提问来引导学生发现问题、分析问题，从而调动学生的积极性、主动性，以弥补讲授教学法本身的不足。

（3）艺术性原则，主要是针对讲授中教师语言的运用而言的。讲授时，教师的语言

要清晰准确、通俗易懂。例如，在学习情境中，学生需用语言来处理一些复杂、抽象的命题，并且在处理这些命题时可能会遇到各种麻烦，这就要求教师讲授时语言要清晰、准确，避免对学生今后的学习产生不良影响。讲授时，教师应依据学生课堂上的听讲特征，恰当地运用科学与艺术相结合的语言，以引导或调动学生的学习兴趣和积极性。

四、小学数学课堂讲授教学法的呈现形式

在我国现行的小学数学课堂教学中，讲授教学法占有极为重要的地位。一方面是受德国教育家赫尔巴特（Johann Friedrich Herbart）及苏联教育家凯洛夫教育思想的影响。赫尔巴特以心理学为基础提出了"四阶段教学法"，即明了、联想、系统、方法，其后继者将其发展为预备、提示、联系、总结、运用五个阶段的教学，被称为"赫尔巴特五阶段教学法"。苏联教育家凯洛夫提出教师在教学中起主导作用，并提倡教师在教学时采用讲授教学法。这两位教育家的教育思想对我国的教育产生了深远的影响。另一方面是受当时科学与技术水平的影响。中华人民共和国成立初期，我国的科学技术水平较低，需要尽快地培养出各个行业所需要的人才，而讲授教学法更适合大批量人才培养的需求。20世纪50年代以后，我国小学数学教育的目的就是加强基础教学，20世纪60年代之后又提出了"双基"教学，采用讲授教学法既有助于教师进行系统讲解，又有助于学生掌握基础知识、提高基本技能，从而促进学生智力的发展。

时至今日，尽管各种新式教学方法层出不穷，但讲授教学法仍然被普遍运用于小学数学课堂教学中。当然，实际运用时有改进、发展与完善。一般而言，讲授教学法在小学数学课堂教学中运用的一般呈现形式为：组织教学—导入新课—讲授新课—练习巩固—布置作业。

（一）组织教学

组织教学是任何一堂课都必不可少的一部分，是保证教学活动顺利进行的基本条件。组织教学的主要目的就是为学生上课做好心理上和物质上的准备。在组织教学时，教师应根据学生的心理发展规律，特别是学生注意的规律，使学生的无意注意向有意注意转移，以激发学生的求知欲，为导入新课做准备。另外，在组织教学时，教师应提前做好相应的准备，如准备好所要提出的问题，收集及整理资料等，并可以通过实践活动、练习、检查、评价等方式进行。总之，教师要根据学生特征、教学内容及自身条件等组织教学。由此可见，如何组织教学也是一门重要的教学艺术。

（二）导入新课

导入新课的方式多种多样。"学源于思，思源于疑"，教师可以通过提问设疑导入新课。苏霍姆林斯基认为，兴趣是学习的重要源泉，教师应从学生的兴趣入手导入新课，"但是，在一些情况下，这个源泉像潺潺的小溪，就在我们的眼前，你只要走近去看，在你面前就会展示一幅令人惊异的大自然的秘密的图画；而在另一些情况下，兴趣的源泉则藏在深处，你得去攀登、挖掘，才能发现它；而很常见的情况是，这个'攀登''挖掘'自然万物的实质及其因果联系的过程本身，就是兴趣的重要源泉[①]。"由此可见，怎样挖掘学生的兴趣以导入新课，对学生的学习而言就显得非常重要。教师可以通过创设情境、复习旧知、游戏活动、讲故事、播放音乐等多种方式导入新课。"好的开始是成功的一半"，教师在教学时要结合授课内容、学生认知规律等选择不同的方法导入新课。

（三）讲授新课

讲授新课是讲授教学法的主要构成，教师对这一部分内容实施的情况直接决定了学生对新知识和新技能的理解与掌握程度。教师要精心设计讲授的新知识与新技能，采用最有效的教学方法与手段来呈现新内容，但要依据教材的内容、教学任务以及学生的特征来选用教学方法与呈现手段。

（四）练习巩固

练习巩固的目的是让学生理解与消化当堂课所学的新知识和新技能，以达到初步巩固的目标。根据心理学的研究成果，遗忘的进程是不均衡的，呈现出先快后慢的特征。教师在讲授新课之后，当堂课上及时练习将有助于学生对所学内容的识记。

练习巩固的方式不是唯一的，教师可以让学生复述所学的概念、定理，也可以让学生及时进行课堂练习，并及时纠正学生出现的错误。总之，教师可以从练习巩固中看出学生对新知识与新技能的掌握程度，有助于教师做好小结。教育实践证明，教师应特别做好课堂教学小结，它对于巩固新知识与新技能具有不可替代的作用。

（五）布置作业

布置作业的目的是让学生及时练习新知识与新技能，并运用所学的新知识和新技能解决问题，并达到初步娴熟的程度。教师在布置作业时应明确作业的范围与要求，注意作业的数量与质量，从而提高学生学习的效率，避免出现因练习的数量过多而陷入过度学习、题海练习的状况。另外，教师还应及时对学生的作业进行批改，对作业中出现的问题及时

---

① B.A.苏霍姆林斯基.给教师的建议（2版）[M].杜殿坤，译.北京：教育科学出版社，1984.

纠正，以帮助学生及时发现错误并改正错误。

五、小学数学课堂讲授教学法的实效反思

讲授教学法经过教学实践的检验，其功能日臻完善，对学科教学的发展起到了重要的促进作用。其功能主要体现在以下几个方面：

（1）有利于发挥教师的主导作用。在课堂教学中，对教师而言，讲授不仅是向学生传授知识与技能，还渗透着教师自身的学识、情感、理念等，使学生在潜移默化中受到影响，这种影响有些是即时的，有些是延迟的，甚至会影响学生的一生。

（2）有利于提高课堂教学效率与效果。教师运用讲授教学法进行教学时，根据学生的学习能力对讲授的内容进行加工、整理，使学习内容更加系统科学、通俗易懂；将教学内容以定论的形式直接传递给学生，避免了学生在学习过程中走弯路，使教学更加简洁、有效。

（3）有利于促进学生学习能力的全面发展。在学习过程中，由于受到教材本身的学科系统知识、思想方法、情感因素等以及学生经验水平等因素的影响，学生并不能够全面、深刻、准确地理解和掌握教材。教师在全面、准确地领会教材意图、吃透教材内容、挖掘教材内涵的基础上采用讲授教学法，能将知识传授给学生，促进学生学习能力的全面发展。但是，任何一种教学方法都不是万能的，都有其局限性。

讲授教学法虽然在促进教师教、学生学等方面具有一定的优势，但其自身也存在一些局限。

首先，不利于发挥学生在学习中的主动性、创造性。教师在讲授教学中居于主导地位，而学生的学习在某种程度上是以被动接受为主的，因此比较容易产生重教轻学的教学现象，使教学陷入注入式、灌输式的境地，阻碍了学生的身心发展，不利于发挥学生在学习中的独立性、主动性、创造性。

其次，影响学生独立学习能力的发展。教师采用讲授教学法，将知识以定论的形式直接传授给学生，并在讲授的过程中将教材中的难点、关键点讲授得非常清楚，学生虽然获得了系统的知识，但在接受知识时失去了独立思考的时间，思维活动参与也较少。

虽然讲授教学法有其局限性，但方法是固定的，教师、学生是能动的，因此教师应充分发挥自身及学生的能动性，灵活使用合作讨论、演示操作、谈话等多种方法，以弥补讲授教学法的不足，从而使课堂教学达到最佳效果。

第二节　小学数学课堂探究教学法及其实效反思

一、小学数学课堂探究教学法的本质

探究教学法是指教师指导学生通过自主探究，主动获取知识、发展能力的教学方法。小学数学探究教学就是教师以教学内容或与教学内容相关的问题为载体，引导学生经历发现和提出问题、分析和解决问题的过程，从而理解数学概念、掌握数学知识、培养探究能力的一种教学方法。探究教学法中知识与能力的获得主要依靠的不是教师的讲解、介绍，而是学生在教师的指导下主动探索、主动思考、亲身体验。美国教育家L.W.安德森（Anderson）在《教育大百科全书：教学》一书中对探究教学的本质特征做了很好的概括："不直接把构成教学目标的有关概念和认知策略直接告诉学生，取而代之，教师创造一种智力和社会交往环境，让学生通过探索发现有利于开展这种探索的学科内容要素和认知策略。这种教学的基本原则是由学生自己亲自制订获取知识的计划，能使学科内容有更强的内在联系、更容易理解，教学任务有利于激发内在动机，学生认知策略自然获得发展。"[1]

探究教学法认为，学生是具有学习能力的人，学生是在学习中成长的人，学生是学习社会中的主体。学生需要探究，学生能够探究。小学数学探究教学的本质在于，教学要促使学生积极主动参与，特别是思维参与；为学生经历探究知识的形成与发展过程提供合适的素材，设置合适的问题，也即搭建适合学生探究需要的"脚手架"。

二、小学数学课堂探究教学法的理论依据

尽管探究教学法思想来源众多，但其理论依据主要有两个：建构主义心理学理论与人本主义心理学理论。

皮亚杰认为，儿童是在与周围环境相互作用的过程中，逐步建构起关于外部世界的知识，从而使自身认知结构得到发展。儿童与环境的相互作用涉及两个基本过程：同化与顺应。同化是指个体把外界刺激所提供的信息整合到自己原有认知结构内的过程；而顺应则是指个体的认知结构因外部刺激的影响而发生改变的过程。[2]同化是认知结构数量的扩

---

[1] L.W.安德森.教育大百科全书：教学[M].郭华，綦春霞，译.重庆：西南师范大学出版社，2011.
[2] 张大均，郭成.教育心理学[M].北京：开明出版社，2012.

充，而顺应则是认知结构性质的改变。后来，科恩伯格对认知结构的性质与发展条件等方面做了进一步的研究；斯腾伯格和卡茨等人则强调个体的主动性在建构认知结构过程中的关键作用，并对认知过程中如何发挥个体的主动性做了认真的探索；维果茨基则提出"文化—历史发展理论"，强调认知过程中学习者所处社会文化历史背景的作用，认为个体的学习是在一定的历史、社会文化背景下进行的，社会可以为个体的学习和发展起到重要的支持和促进作用。

人本主义心理学理论主张，从人的直接经验和内部感受来了解人的心理，强调人的本性、尊严、理想和兴趣，认为人的自我实现和为了实现目标而进行的创造才是人的行为的决定因素。由于人本主义强调教学的目标在于促进学习，因此学习并非教师以"填鸭式"严格强迫学生无助地、顺从地学习枯燥乏味、琐碎呆板、"现学现忘"的教材，而是在好奇心的驱使下去吸收任何自觉有趣和自我需要的知识。

三、小学数学课堂探究教学法的基本原则

加涅认为，探究学习的一个前提条件是学习所必须的能力。所以，在制订教学计划时，教师不仅要揭示学生的初始能力，还要揭示可以预期的终结能力，进而设计学习活动的全部结构。具体而言，在小学数学课堂教学中运用探究教学法时，我们需要遵循以下四条基本原则：

（1）充分了解学生的基础知识和能力。由于探究教学需要学生能够在教师的指导或同伴的帮助下将问题信息进行分析和综合，解决问题或归纳结论，因此相关的基础知识和能力就显得不可或缺。特别是在分析和解决问题的过程中，学生需要综合运用已有的知识经验进行思考，否则探究将寸步难行。教师在设计探究的问题时，要充分了解学生的基础知识和能力，如果学生的基础知识和能力不足以支撑相应的探究学习，那么教师就要想办法帮助学生充实和铺垫相关知识，或者调整探究的内容与方式，以便于学生能够顺利地完成探究的整个过程。

（2）鼓励学生自主参与和独立思考。学生自主参与和独立思考是探究教学的关键。在学生产生认知冲突之后，需要积极主动地参与对问题相关信息的分析和思考，这样才能有效地解决问题，获得有价值的数学认识。如果学生消极怠惰，或者被动地等待教师的引导或提示，而不能积极主动地参与，那么独立思考将无从谈起，"探究"也就名存实亡。教师要通过情境创设或认知冲突的设置，激发学生探究的内在动力，并能通过恰当的启发，引导学生逐步接近问题的本质。

（3）循序渐进。循序渐进是指探究教学要让学生的学习按照一定的步骤逐步深入。有时，学生的探究结果本来就有层次性的区别，自然需要由较低层次逐步过渡到较高层次。忽略探究的思维层次，必然会造成探究过程的混乱。有时，根据一些事实或现象可能

会有多元的发现，此时就要先组织学生观察和比较这些事实或者现象，再进行交流和展示，这一基本顺序一般是不能颠倒的。而且，交流展示的时候也应突出教学重点，关注教学目标的达成情况。

（4）关注学生个性化的思维成果。学生的已有知识基础、学习经验和能力水平、思维发展的差异等决定了学生在探究学习的过程中必然会产生一些个性化的思维成果。这些思维成果可能会超出教师的教学经验，并且可能偏离预设的教学目标，因此教师需要灵活地进行教学处理。但是，基本的原则是，对于学生这些积极的思维成果，教师都应以宽容和鼓励的态度加以对待，不可置之不理甚至不以为然，以真正激发学生乐于探索的精神，培养其实事求是的理性态度。

此外，在小学数学课堂教学中运用探究教学法，教师还需要特别关注以下几个问题，并常做反思：

第一，以合适的问题作为探究的起点。问题是数学的心脏，也是小学数学探究教学展开的源头。在探究教学中，教师一般都会创设一定的问题情境，引发学生的认知冲突，激发学生运用已有的知识经验展开对问题的思考。问题的难度要适中，让学生在教师的指导下，通过自主探索和与同伴的合作交流最终能够解决问题。

第二，重视学生合情推理能力的培养。在小学数学教学中，由于学生的思维水平还处在具体形象思维时期，逻辑抽象思维的发展还相当有限，很多数学知识、结论、方法和规律都是通过合情推理得到的。归纳、类比和猜想等合情推理是探究的主要方法，因此，教师要通过合适的问题线索或者素材，启发学生运用归纳、类比、猜想等合情推理的方式大胆地进行探索。通过教师的提示或与同伴的合作，学生逐步获得合情的数学结果，增强合情推理的意识，提高合情推理的能力。

第三，充分发挥教师的主导作用。教学活动是师生积极参与、交往互动、共同发展的过程。作为一种特殊的教学活动，数学教学是学生在教师的主导下，有目的、有计划、有组织地学习数学基础知识与基本技能、培养数学能力、感悟数学思想方法、积累数学活动经验的过程。在探究教学中，学生的学习主要是一个"再创造"的过程，因此受年龄、经验和能力的限制，他们往往不能独立地经历完整的"再创造"过程，而是需要教师的启发引导。在学生出现认知与思维的障碍，凭借自身的力量又无法逾越这一障碍时，教师就需要及时出手相助。如果以鼓励学生自主思考为由撒手不管，不仅影响教学的效率，而且也会削弱学生探究的意识与积极性。

第四，及时组织探究过程的交流和反思。在探究教学的过程中，学生面对具有一定挑战性的问题时，往往需要和同伴进行一定的交流甚至合作，以寻求分析和解决问题的突破口。在获得问题的思路或者结果之后，学生常常又需要通过和同伴的交流，互相学习，借鉴分析和思考问题的方法。数学交流使个体的认识能够转化为群体共同的财富，使个体的思维增值。在探究教学过程结束之后，提倡学生及时开展对学习过程的反思，在反思中完整地回顾解决问题的具体过程，深化对解决问题方法的理解，拓宽解决问题的思路，感悟其中蕴含的数学思想。

四、小学数学课堂探究教学法的呈现形式

与其他教学方法相比较，探究教学法更重视发挥学生的积极主动性，更重视数学知识发生、形成和发展的过程，更有利于提高学生分析和解决问题的能力，培养学生的创新意识。其基本的呈现形式如下：创设情境或提出问题—提出解决问题的设想—分析和解决问题—交流和反思。

（一）创设情境或提出问题

教师创设情境旨在让学生明确情境中的数学问题，产生认知冲突，从而产生探究的内在动力。有时根据具体学习内容的特征，教师也会直接出示需要探索的数学问题。这一环节的关键是激发学生的认知冲突，让学生产生进一步思考和研究的愿望。随着学生知识基础的丰富以及学习经验的积累，教师应逐步引导学生从情境中或已有知识的联系中发现和提出有意义的数学问题，并以此为基础进行探索。实际上，这一过程对于培养学生的创新意识也是十分必要的。

（二）提出解决问题的设想

学生在明确数学问题后，需要积极主动地思考，充分调用已有的知识经验，提出解决问题的设想。学生在运用已有的知识经验进行思考时，需要观察、比较、实验、分析、综合等，对解决问题的可能方法进行猜测或试探，并提出一个相对明确的解决问题的方案。显然，这一方案有时并不能真正解决问题，但是这种猜测或试探的过程却是不可或缺的，起码它能够说明某种解决问题的方法是不可行的。教师鼓励学生独立思考并大胆地尝试，提出解决问题的设想，这样对培养学生的创新思维是十分有益的。

（三）分析和解决问题

教师引导学生根据解决问题的初步设想，进一步整理和分析解决问题的相关信息，对信息进行必要的加工和重组，以获得解决问题的方法。如果说解决问题的设想只是解决问题的路线图，那么分析和解决问题则是具体地实现这一路线图。在分析和解决问题的过程中需要对解决问题的设想进行具体化，灵活地选择和运用具体的解决问题的策略，例如，画图、列举、假设、转化等。在分析和解决问题的过程中，一般是根据解决问题的设想进行探究的，但有时又难免需要在探究的过程中对解决问题的设想进行调整和完善，以顺利

实现问题的解决。如果发现解决问题的设想完全行不通时，又需要回到问题本身，重新规划解决问题的新的方案。当然，在学生分析和解决问题的过程中，教师的指导作用是不容忽视的。教师应该在学生探索的方向出现差错或者对探索的方法感到迷茫时，及时给予学生有效的启发或点拨，以帮助学生能够较顺利地实现问题的解决。

（四）交流和反思

在分析和解决问题的基础上，教师组织学生对探究的方法和获得的结果进行交流，以实现群体的思维共享，还要引导学生对探究的过程进行完整的回顾和反思。加深对解决问题所运用的数学知识和方法的再认识，感悟其中的数学思想方法，积累探究的活动经验。在学生交流和反思的基础上，教师应适度地对学生的认识和体验加以点评，以帮助学生能够有条理地对解决问题的知识和方法进行思考，并能够把握主要的数学思想方法和有价值的数学活动经验。

需要补充说明的是，在提出解决问题的设想环节，学生一般要在独立思考的基础上进行交流，以按照相对合理的设想进行深入的思考。在分析和解决问题的环节，学生通常需要与同伴进行合作，并且教师要通过教学中的巡视和了解，及时把握学生探究的进程，对学生的探究给予必要的指导或引导。

五、小学数学课堂探究教学法的实效反思

由于受小学生的学习能力和学习特征所限，在小学数学教学中教师运用探究教学法是有一定挑战性的。有的教师在进行探究教学时，只追求表面的热闹，却没能真正让学生的思维进入探索活动，学生只是按照教师设定好的步骤按部就班地进行活动；有的教师会在公开课上重视探究教学，而在日常的教学活动中却仍然重视讲授和练习。同时，探究教学要想取得实效，还有很多问题需要我们思考与研究。

（1）探究内容的适切性。应该说，小学数学中有很多内容是适合学生进行探究学习的。例如，数学中的计算方法、解决问题的方法、计算公式、数学规律等内容，都具有一定的思维空间，适合学生利用已有的经验进行探索。但是，也有一些起始性、规定性的数学概念和学生经验积累较少的数学公式等并不适合学生进行探究。例如，乘法和除法的竖式写法这一规定性的数学内容，学生毫无经验积累，显然无从探究。所以，在考虑运用探究教学法时，要考虑内容本身的特征和学生的知识经验是否适合进行探究教学。

（2）教师指导的及时性。虽然我们强调学生探究的自主性和独立思考的意义，但是当学生在探究过程中遇到困难或疑惑时，教师应该及时地给予学生到位的指导，以使学生能够完成有意义的探索活动。在学生探究过程中，教师需要了解学生遇到了哪些问题，如何进行指导，是个别指导还是集体交流，等等。例如，圆的面积公式的探索，虽然学生具

有图形转化推导面积公式的经验，但是由于圆是一个曲线图形，其在转化过程中涉及化曲为直的极限思想，因而学生自己一般是不能完全独立地将圆转化成长方形而推导出面积公式的，教师在学生探究过程中的指导和提示是必不可少。

（3）问题思维空间的恰当性。教师通常会引导学生围绕一定的问题进行探究，问题的思维空间要恰当。如果问题的思维空间过大，学生绞尽脑汁也无从下手，这样的问题便失去了其存在的教学意义，即使有个别学生能够解决，也具有偶然性和个别性；如果问题的思维空间过小，探究的思维力度不足，则会影响探究的思维训练价值。所以，问题的思维空间要因学生而异。当提出一个相对开放的问题时，学生会出现思维困难，教师要及时调整问题的思维空间，以一些辅助性的小问题来帮助学生逐步实现对原有问题的解决。

（4）营造良好的探究教学环境。教师需要注意营造民主平等的教学氛围，鼓励学生自由思考，大胆发表自己的见解。对于学生在探究过程中表现出的"钻牛角尖"式的奇思怪想时，也要给予必要的尊重和鼓励。教师尊重和鼓励的并非某一种想法，而是学生的探究愿望和努力。有利于探究的教学环境还包括要给学生留足探究的时间。学生在理解问题、综合运用已有的知识经验进行分析和思考，动手实验或操作、反复尝试和选择数学方法等过程都需要一定的时间，教师要舍得留给学生思考所需要的时间，而不是在遇到问题时浅尝辄止。

第三节　小学数学课堂学案导学教学法及其实效反思

一、小学数学课堂学案导学教学法的本质

学案即学习的方案，是教师基于培育学生自主学习能力的主要目标，在深入理解教材、充分研究学情的基础上，指导学生自主探究、自主学习的方案。学案主要包括学习目标、学习重难点、提出感到疑难的问题、尝试练习等环节。学案可以帮助学生在开展课堂学习之前初步了解学习的内容、初步明确需要达到的学习目标、初步探索解决问题的方法，在独立思考的基础上积极参与到课堂学习中来。学案是建立在对教材内容，特别是教学重难点把握和学情分析的基础上，以学生为主体，遵循学生知识建构的循序渐进过程而设计的。学案和教案的根本区别在于，教案是教师考虑自己如何教，其主体是教师；而学案是教师考虑学生如何学，其主体是学生。学案导学是指以学案为载体，教师充分发挥主

导作用，引导学生自主学习、合作交流，共同完成教学任务。[①]学案导学教学法是贯穿于整个课堂的一种教学方法，并非仅指课前自学的过程，也并非仅指某一个教学环节的教学法。学案导学常延伸至课堂教学之前，以及课堂教学之后。由此可见，学案导学教学法已成为一种使学习超越传统课堂时空的新型教学方式。学案的材料主要是指学习的情境和问题等，这是学案导学教学法的物质基础；学案导学的关键是学生独立思考的自学成果，而这也是决定学案导学教学法实施质量的核心因素。

学案导学教学法的运用，首先要充分激发学生参与学习的积极性和主动性，激励学生主动探索；其次要充分发挥教师的主导作用。学案导学教学法之所以区别于教师讲解、学生听讲、教师布置习题、学生练习的传统教学方式，主要是因为它是以学生自己探索、尝试为主的学习方式。学案导学教学法也区别于一般的预习教学法，因为预习不一定要为学生提供相对完整的材料和方案，学生可以根据自己的情况制订预习方案。

二、小学数学课堂学案导学教学法的理论依据

学案导学教学法是在教学实践过程中逐步形成的教学方法，教师的探索性教学实践为这一教学方法的萌芽和生长提供了肥沃的土壤。事实上，这一教学方法能够取得良好的教学效果，引起广泛关注，与其坚实的理论依据是分不开的。

（1）主体教育理论。主体教育理论提出教育活动中有三个主体，即教育主体、教育者主体和受教育者主体。教育主体是教育活动的前提，教育者主体是教育活动的条件，受教育者主体是教育活动的归宿和核心。教育主体和教育者主体都是为受教育者主体服务并受其制约的，他们的主体作用只有在服务于受教育者主体的过程中才能得到体现。[②]学案导学教学法要求教育者主体充分发挥主导作用，但其主导作用最终要落实到学生身上，为受教育者主体潜能的发挥服务。

（2）掌握学习理论。布卢姆的掌握学习理论认为，教学目标具有连续性和累积性，把学生的认知状态和情感特征作为学习的前提条件。布卢姆认为，"教学质量"的要义是如何向学生提供线索或指导；学生参与（外显地或内隐地）学习活动的程度；如何给予强化以吸引学生学习。教学的四个要素：线索、参与、强化和反馈—纠正。学案导学教学法汲取了掌握学习理论的精髓，学案即给学生提供学习的线索和启发，学案导学既重视学生积极参与学习活动，又重视教师指导、反馈与强化。

（3）建构主义学习理论。建构主义学习理论认为，学生不是简单被动地接收信息，而是主动地建构知识的意义，这种建构无法由他人来代替。学习过程同时包含两个方面的

---

① 张晨阳."学案导学"教学模式中的预设与生成[J].新疆师范大学学报（自然科学版），2008（4）：105-108.
② 杨兆林."学案导学"课堂教学模式的探索[J].教育实践与研究（B），2011（1）：4-6.

建构：对新信息的意义建构，对原有经验的改造和重组。学习是学习者根据自己的经验背景，对外部信息进行主动的选择、加工和处理，从而获得自己的意义。学案导学教学法不仅考虑给学生提供有意义的外部信息材料，更关注如何引导学生对外部信息进行同化、顺应，以实现认知的平衡，实现对原有经验的改造和重组。

（4）有意义学习理论。有意义学习理论强调新学习内容和学生已有认知结构发生实质性的联系。学案导学教学法正是立足促进学生有意义学习，以帮助其实现数学理解。

三、小学数学课堂学案导学教学法的基本原则

在小学数学课堂教学中运用学案导学教学法需要遵循以下两条基本原则。

（一）学为主体，教为主导，思维训练为主线

学生是学习的主体。激发学生主动参与学习的积极性，激活学生的思维和潜能，使教学过程成为学生主体性、独立性、能动性、体验性、合作性不断生成、发展和提升的过程。教师是教学的主导人。教学之前的导是在学生预习学案过程中给予必要指导，让学生能较顺利地预习学案内容，及时发现在预习过程中存在的问题；教学过程中的导是给予学生学习方法或解决问题方法的指导，对所学的内容进行修正和补充，形成正确的认识；教学之后的导是对学案内容进行归纳和提升，帮助学生系统掌握知识，提高学生理解、概括、迁移和转化能力。教师的主导是以发挥学生主体作用为最终目的的，因此导要适时适度，切勿越俎代庖，更不能以导代学。思维训练是数学教学的核心。以学案为载体，以教师的启发指导为抓手，促进学生开展比较、分析、综合、抽象、概括、具体化等思维活动，发展学生的数学思维能力。由此可见，只有学生的思维水平得到了积极有效的提高，才是教师主导和学生主体的最佳结合。

（二）学法指导

教师要相信学生的潜能，激发学生的潜能，促使学生自主开展学习活动，但这并不意味着教师在教学中可以忽视对学生学习方法的指导。学习方法是知识体系中最重要的部分，也是能力结构的重要组成部分。最有价值的知识是关于方法的知识，无论是学案的制定，还是教学过程的展开，都要重视指导学生如何明确学习的目标、如何寻找和发现解决问题的策略、如何归纳和概括数学结论、如何发现和提出有价值的数学问题，等等。学案导学教学法的主要目标是引导学生掌握数学知识和技能，感悟数学思想方法，积累数学活动经验，而掌握学习方法则是数学活动经验的主要构成之一。

学案导学教学法把学生及其学习作为最主要的研究对象，以"学"为中心组织教学，积极改善学生的学习方式，引导学生在自主、合作、探究过程中逐步学会学习。在小

学数学课堂教学中运用学案导学教学法时，就应在遵循上述两条基本原则的基础上，努力做到以下几点：

（1）指向数学核心内容。制订学案时，教师需要认真研究教材，正确理解教材的编写意图，把握教学的重难点和关键点，进而根据教材规定的数学核心内容展开学案的设计和组织。正如教案一样，学案要围绕学习目标，突出学习的重点和难点，使学生在学案引导下能够理解数学核心内容。学案的设计需要能以几个主要活动或关键性问题串联，活动和问题适量，能以关键问题整合过去教师口头提问中零散的问题，使设计的问题"含金量"更高，产生"以一当十"的效果。

（2）具有探究性。学案的价值在于引领学生自主思考、尝试探索。探究性是学案的重要特征。学案主要是以问题启发学生思考的。教师应认真分析学生的已有知识经验，准确把握学生思维发展的现实，设计符合学生认知最近发展区的问题，打开学生思维的闸门。问题的设计要能正确引导学生利用已有图式促进问题解决，并发现已有图式和解决问题所要求的图式之间的差异，从而改造已有图式，发展新的图式。

（3）具有启发性。"案来源于教材而又高于教材"。学案应具有启发性，因为制定学案的目的是导学，启发和引导学生学习。教师制定学案时可精心设计具有连贯性、序列性和关联性的问题链，既能找准新知识的生长点，建立新旧知识的联系，又在学生学习的困惑处、易错处进行点拨、引领和追问，使学生"跳一跳能摘到果子"，并能使思考得到提炼和升华，促进对知识整体性、系统性的建构。

（4）具有差异性和开放性。学案以学生的自主学习为基础和前提，这就对问题设计面向不同层次的学生提出了要求，也提供了可能。教师制订学案时要关注学生数学学习能力、思维水平、学习习惯等方面的差异，努力满足不同层次学生的需要，对学困生宜创设低起点、小坡度的问题情境，层层递进地引导学生逐渐触及问题的实质；对中等生则应采取高台阶、跳跃式的问题情境；对优等生则可以"蜻蜓点水"，在关键处点拨。只有这样，才能真正做到面向全体学生，促进学生的个性化理解。学生学习的差异性同时导致无论是学生群体还是个体对学习的需求是多样化的。教师制定学案时又要通过开放性问题的设计，以努力满足学生多样化的学习需求。

四、小学数学课堂学案导学教学法的呈现形式

学案导学教学法在小学数学课堂教学中的运用一般呈现出以下一些步骤或程序：自主学习—小组交流—学生问题反馈，教师精讲点拨—巩固练习，归纳小结。

（一）自主学习

教师往往在课前给学生呈现设计好的学案，让学生在课前和课堂前面的时间进行自主

学习，这是学案导学教学法能够取得预期效果的重要基础。学生需要在学案引导下，充分利用已有知识经验，结合自主阅读教材，初步学习新知识，发现并提出感到困惑的问题。

（二）小组交流

由于每个学生在学案引导下对学习内容进行了初步思考，不同层次的学生或多或少都会有一些自己的认识和思考，需要在小组里交流自己的想法，互相取长补短。这样可以弥补大班教学的不足，为每个学生提供展示自己思考的机会。

（三）学生反馈问题，教师精讲点拨

在学生交流之后，接下来的教学主要应安排学生反馈自主学习过程中的问题，教师则要结合学生的疑问，围绕教学重难点，精讲点拨，启发学生展开积极的思维活动，解除学生的疑惑，深化学生的认识，充分发挥教师的主导作用，以实现学生主体和教师主导的相互促进、有机融合。

（四）巩固练习，归纳小结

学案导学教学法的巩固练习应区别于学案中的一些尝试练习，通常要比学案中的尝试练习略微提高一些，而且需要针对学生在课堂交流和认知过程中出现的问题加以设计。归纳小结应重点引导学生交流学习的内容和方法，反思学习过程中出现的问题、解决问题的方法、积累有益的学习经验，等等。

五、小学数学课堂学案导学教学法的实效反思

学案导学教学法在实际教学过程中有效地激发了学生学习的积极性，有助于培养学生的探索精神和解决问题的能力。学案设计的科学性和实效性以及教学过程的创新设计和有效组织是学案导学教学法取得理想效果的关键。但是，教师在运用学案导学教学法时，还需要积极主动地关注以下几个问题：

（1）学习时间延长，学习负担可能加重。不少教师在运用学案导学教学法时，往往会在课前让学生自主思考学案中的问题，提前预习课本。这在无形中拉长了学生学习新课的时间。同时，对于全体学生而言，学案导学势必包含一定的问题或尝试练习，而在实际教学过程中巩固练习又必不可少，因此总体来看，练习的量会比一般的教学要多一些。更重要的是，对于学习能力一般、基础薄弱的学生来说，自主探索新课学习内容可能会有较大的难度，即使教师给予一定提示，或许也会导致学生的学习负担加重。精心设计或精简学案可能是需要认真思考的问题，与此同时，精心设计习题、控制习题总量也是需要通盘考虑的问题。

（2）学习内容提前接触，好奇心和求知欲可能减弱。学案导学教学法通常让学生带着问题自学课本，学生在正式学习新课内容之前往往都已接触课本内容，这可能导致学生对新课学习内容不再十分好奇，求知欲也会受到影响。而且，原本在教师引导下需要经历一段曲折的探索过程才能获得的结论，现在唾手可得，会导致学生对结论形成过程的轻视甚至忽略，这对真正培养学生的探索能力和创新意识是不利的。学案导学教学法的选择与运用势必要考虑教学内容的适切度。

（3）对教师的专业素养提出了更高的要求。学生借助学案的启发和搜集资料、自主探索等方面，一定会比传统课堂教学方法产生更多的教学信息和资源，这就需要教师能够恰当地组织学生在小组交流后的全班反馈，根据学生的认知实际和教学重难点，启发、引导学生加深对问题的认识和理解。而这样难以完全预设的过程教学，显然考验着教师的教学经验和实践智慧。同时，学生在学习过程中也会表现出超越教材的认识，提出料想不到的问题，需要教师做出妥善应对。因此教师需要自觉地提升自己的专业素养，不断丰富教学实践经验和智慧。

（4）适宜性问题。由于学案导学教学法对学生的学习自觉性、阅读理解能力、解决问题的知识和方法基础都有一定的要求。因此，这一教学方法可能更适宜在小学高年段的数学教学中运用。但是，这并不意味着小学中低年段的数学教学就无所作为，可以尝试初步、简单的预习或者运用简单的学案进行导学，为高年段更加自主和复杂的学案导学奠定基础。

第四章 小学数学教学设计

第一节 教学设计的主要理论

一、教学设计概述

（一）教学设计的概念

设计是把一种计划、规划、设想通过具体的形式传达出来的活动过程，随着现代科技的发展、知识社会的到来、创新形态的嬗变，设计也正由专业设计师的工作向更广泛的用户参与演变，简单的定义设计就是一种有目的的创作行为。

教学设计是分析学习需要和目标，以形成满足学习需要的传送系统的全过程。在这一定义的基础上，瑞达·瑞奇提出，教学设计是为了便于学习各种大小不同的学科单元，而对学习情境的发展、评价和保持进行详细规划的科学。在它们的定义中，都包含了生成教学资源的活动，以及实验和修改教学的评估活动。可以认为，教学设计是为达到教学目标对教什么、怎样教以及达到什么结果所进行的策划。当今的教学设计要融入行为主义学习理论思想，设计习得的过程，在过程中刺激学生，引导学生积极主动地学习，掌握最基本的知识和技能，了解科学研究的过程和方法，形成积极的情感态度和正确的价值观，以提高科学和人文素养，为学生的终身发展奠定基础。

（二）教学设计的本质

从教学设计的定义上知道，教学设计是一种线性的，公式化的教学方案。教学中的问题和答案都事先设计好，在教师的预定情境中开展教学。但是实际教学的复杂情境，不同学生发散思维会产生诸多不可预计的可能，教学设计实际是个复杂的过程。因此，罗兰德将教学设计分为理性教学设计和创造性教学设计两种。他认为，教学设计应该是根据教学对象和教学内容的变化而进行的；教学设计应该强调教学过程中交互双方的协调，师生的交流是教学设计的重点；教学设计要正确对待教学中的结构问题，把良好结果与不良结果都在教学设计中有所体现，在设计过程中选择与问题匹配的教学方式，在教学设计中体现理性思维与创造思维。

（三）两种教学设计观

教学设计是工作在一线的教师为促进学习者学习和发展的一门科学。由于教师在教学过程中的实际压力，致使教师的教学设计理念与专业的教学设计者的理念发生了分歧。面对教学设计领域的繁荣的理论与模型，教学设计者的设计观在教学设计过程中也起到了向导作用，为实际工作中的教学设置指明了方向。罗兰德（Rowland，G）曾区分了两种教学设计观，即理性的和创造性的教学设计观。

理性教学设计观：教学设计是一种连接科学，按照教学科学的原理，开发、评价和维系有利于学习目标的实现而制定详细的、规范的技术过程。在教学过程中教师从教学情境要素中确定教学要素，进行系统的教学分析，使教学设计最优化，教师就如同技术员和工程师一样，一步一步，按照一定的逻辑顺序系统地进行操作，强调设计过程必须遵循设计的规则和程序，在教学设计过程中预测学习者的反应。创设情境，设计教学。

创造性教学设计观：在很多教育者看来，教学设计是一种创造性的过程。在设计过程中，设计者凭借直觉和已有经验来归纳背景中影响设计的因素，并识别出关键信息，创设教学情境，来满足各种需求。这样的教学设计就与设计者的直觉水平有关。那么教学设计所蕴含的思想的丰富性、问题的解决方案的新颖性和独特性都与设计者的创造性有很大关系。在创造性教学设计的观点中认为：教学设计的实践不仅是一个工艺的问题，更是艺术的创作。

二、行为主义学习理论及其对数学教学设计的启示

（一）行为主义学习理论（代表人物：巴甫洛夫；华生；桑代克；斯金纳；班杜拉）

1.行为主义学习理论概念

行为主义学习理论是20世纪初创立的，理论认为学习是刺激与反应之间的联结，其基本假设是，行为是学习者对环境刺激所做出的反应。把环境看成刺激，把伴而随之的有机体行为看作,反应，认为所有行为都是习得的。行为主义学习理论应用在学校教育实践上，就是要求教师掌握塑造和矫正学生行为的方法，为学生创设一种环境，尽可能在最大

程度上强化学生的合适行为，消除不合适行为。

行为主义学习理论作为一种早期的学习理论，以桑代克（E.L.Thorndike）为先导，以华生（J.B.Watson）为激进的代表，之后斯金纳（B.F.Skinner）又对它做了总结和发展。这一理论的核心观点是：学习是通过强化和反馈建立刺激与反应的联结，从而使学习者产生预期的行为。作为一种早期的学习理论，它的不足之处在于，它所关注的只是学习过程中外部行为的变化，却忽略了学习首先是一个内部建构的过程，忽略了实践与交往对于人类学习的价值，具有明显的机械性、外控性和孤立性三个特征。主要理论观点有以下几点。

（1）桑代克的联结理论。

联结理论认为学习是通过尝试错误或借助选择联结而产生，动物对刺激做出的反应次数越多，该反应与那个刺激间的联结就越牢固。桑代克把联结理论运用到学习里就提出了练习律和效果律。练习律又分为使用率和失用率，强调重复刺激是使刺激与反应联结牢固的重要因素。

（2）斯金纳的操作学习论。

斯金纳认为学习的实质就是操作性条件反射，所谓的操作性条件反射就是在没有已知刺激的条件下，机体自发出现的反应。斯金纳认为，人类的大多数学习都是操作性学习，人不是被动地等待刺激，而是积极主动地对环境进行探索，先有反应，然后才知道结果，再根据结果去调节行为。在学习过程中的强化是形成操作性条件反射的主要手段。而强化物又可以分为正强化物和负强化物，正强化物能够提高刺激反应概率，负强化物则可以降低刺激反应概率。强化的频率和强度都影响刺激反应的联结。

（3）班杜拉的观察学习法。

班杜拉将学习分为直接经验学习和观察学习两种形式。直接经验的学习是个体对刺激做出反应并受到强化而完成的学习过程，其学习模式是刺激—反应—强化，离开学习者本身的经验及其所受到的强化，学习就不能产生。观察学习是指个体通过观察榜样在应对外在刺激时的反应及其受到的强化而完成学习的过程。

2.行为主义学习理论的观点

行为主义学习理论作为早期的学习理论，统治了整个心理学半个世纪之久，行为主义对学习观、教学观、知识观、课程观，以及教学评价等方面也都有不同的阐述。

（1）行为主义学习观。

行为主义认为，学习是某种习得的过程，当一个人稳定地习得某种行为，学习就发生了。人类的学习一般都源于某种刺激特定的反应S—O—R。

人类学习的主要内容是文化继承，不仅限于行为习得，行为主义的最大贡献是行为矫正技术。因为特定行为的习得，无法依靠单纯的说服教育来完成。

（2）行为主义教学观。

行为主义教学理论源于对行为主义心理学的研究，行为主义学习理论的研究成果是行为主义教学理论的重要理论来源，行为主义认为知识独立于学生之外，知识仅仅是通过感官与学习者产生联系，学习就如同一个中转站，当一个人把知识传授给另一个人时便发生了。斯金纳的观点是当刺激与反应间的联结通过强化手段得以加强时便获得了知识，因此教师的主要作用在于将知识技能分解并由少到多，从部分到整体地有组织地加以呈现。教师是知识的传授者、管理者。在教学活动中教师也作为教学的促进者和合作者，在教学过程中教师与学生的交流、合作，促进教学工作的顺利开展，提高学生的学习效率。

（3）行为主义知识观。

行为主义是基于客观主义的学习理论，强调世界是真实存在于学习者之外的。行为主义学习理论认为知识是客观存在于学习者的，知识的确定性不是问题，问题是怎样使学习者获得知识。行为主义认为学习是刺激与反应之间的联结，它的基本假设是：行为是学习者对环境的刺激做出的反应。把环境看成刺激，把机体行为看成反应，在不断的刺激—反应中习得知识。行为主义学习理论在实践上要求教师掌握塑造和矫正学生行为的方法，为学生创设情境，在最大程度上强化学生的合适行为，消除不合适行为。

（4）行为主义课程观。

行为主义学习理论指导课程目标设计时，强调行为目标、行为塑造，在教学过程中培养学生的学习行为、学习习惯，为目标创设情境。行为主义学习理论强调单元教学，要求由易到难，分小步子组成教学单元，促进学生形成系统的知识模块。

（5）行为主义教师观与学生观。

教师作为知识的传授者，独立于现实之外，教师在教学活动中刺激学生感官，促进学生的学习。斯金纳认为当刺激反应间的联结通过强化手段得以加强时便获得了知识。因此，教师在授课时的主要作用在于讲知识，由少到多，由部分到整体地讲知识和技能分解，并且有组织地呈现出来。教师在学生的独立练习活动中，需要奖励那些积极的行为，强化习惯。教的活动从本质上说，是向学生呈现知识。

学生在教学活动中作为知识的接受者，在习得过程中，通过听、读、写、记等方式来强化刺激，从而学习知识。

（二）行为主义学习理论对数学教学设计的启示

在教育领域中，行为主义学习理论一直是一个重要的理论框架，它强调外部刺激、反应和强化在学生学习过程中的重要性。这种理论尤其在数学教学设计中具有深远的影响，因为它关注如何使学生更好地理解和掌握数学概念和技能。本节将探讨行为主义学习理论对数学教学设计的三个主要启示：注重给予学生"刺激"，强化学生的积极反应，以及给予适当的鼓励与批评。

1.注重给予学生"刺激"

在行为主义学习理论中，刺激是学习的基本元素。在数学教学中，教师需要提供适当的"刺激"，即与教学内容相关的问题、案例、活动等，以激发学生的思考和探索。这些刺激应该与学生的现有知识水平相匹配，并能够引发他们的兴趣和好奇心。通过这种方式，学生可以更好地理解和掌握数学概念，并培养他们解决问题的能力。

2.强化学生的积极反应

行为主义学习理论强调，学生的反应是教学的关键。当学生接受到适当的"刺激"时，他们应该能够产生积极的反应，如解答问题、参与讨论、完成作业等。作为教师，我们应该创造一个积极的环境，鼓励学生积极参与教学过程，并对他们的努力和成就给予肯定与赞赏。通过这种方式，我们可以激发学生的自信心和积极性，以提高他们的学习效果。

3.给予适当的鼓励与批评

在数学教学设计中，给予适当的鼓励与批评是非常重要的。当学生表现出积极的反应时，我们应该给予适当的奖励和赞扬，以增强他们的学习动力和自信心。然而，当学生遇到困难或错误时，我们不应过度批评，而应该提供支持和指导，帮助他们克服困难并找到正确的解决方案。通过这种方式，我们可以帮助学生建立正确的学习态度和习惯，同时可以提高他们的自尊心和自我效能感。

综上所述，行为主义学习理论对数学教学设计具有重要的启示。教师需要注重给予学生适当的"刺激"，强化学生的积极反应，并给予适当的鼓励与批评。通过创造一个积极的学习环境，激发学生的兴趣和好奇心，以及提供适当的反馈和支持，我们可以帮助学生更好地理解和掌握数学概念和技能，也可以增强他们的学习效果和自信心。在未来的教学实践中，我们应该不断探索和实践行为主义学习理论的原则，以更好地服务于学生的学习和发展。

三、认知学习理论及其对数学教学的启示

（一）认知学习理论（Cognitive learning theory）

认知学习理论研究的是个体处理环境刺激时的内部过程，而不是外显的刺激与反应。受不同哲学观点的影响，认知学习理论与行为主义学习理论相对立。根据时间、研究对象和研究方法的不同，认知学习理论分为早期认知学习理论和现代认知学习理论。其中，早期认知学习理论是指认知派学习理论的鼻祖——格式塔心理学的学习"顿悟说"和

托尔曼的"认知—期待说";现代认知学习理论包括布鲁纳的"认知—发现说"、奥苏贝尔的有意义言语学习理论和加涅的认知学习理论等。

1.格式塔心理学的学习"顿悟说"

格式塔心理学认为刺激与反应不是机械的、直接的,而是以意识为中介的。认为顿悟的过程就是相应格式塔的组织或形成的主动活动过程,因此他们认为学习是一种积极主动和有目的的过程,而不是盲目的、被动的过程。

格式塔心理学是一种关于认知过程和心理现象的心理学理论,其核心理念是强调整体性、完形性和经验性。学习顿悟说是格式塔心理学的一个重要观点,它强调学习并非对刺激的简单反应,而是学习者通过自己的操作和组织,对环境中的刺激进行理解和塑造的过程。

(1)整体性。

格式塔心理学家认为,我们的大脑会以一种独特的方式组织信息,形成我们对世界的理解。这意味着我们通常会从整体上感知和理解事物,而不是将它们分解为独立的元素。这种整体优先的观点,强调了我们对世界的感知和理解往往超越了表面的物理特性。学习顿悟说进一步支持了这一观点,它告诉我们学习不仅是记忆和复述信息,而是通过整体性的理解来掌握新的概念和技能。

(2)完形追求。

格式塔心理学强调完形追求,即人们倾向于保持事物的完整性,而不是将其分解为碎片。这种倾向在我们的学习过程中起着重要的作用。当我们试图理解和掌握新的概念或技能时,我们倾向于将它们视为一个整体,而不是将其割裂开来。学习顿悟说进一步强调了这一点,它认为学习者通过追求完整的理解来达到顿悟,从而实现对新知识的掌握。

(3)经验性。

格式塔心理学认为,我们的经验是塑造我们感知和理解世界的关键。学习顿悟说进一步强调了这一点,它认为学习是通过经验的积累和重组来实现的。这意味着我们需要将新的经验和已有的经验结合起来,以便更好地理解和掌握新的知识。因此,学习者需要不断地尝试、探索和反思,以便从经验中获得顿悟。

格式塔心理学的学习顿悟说为我们提供了一个全新的视角来看待学习过程,为我们提供了许多有价值的启示和指导。

2.布鲁纳的"认知—发现说"

布鲁纳(Jerome Seymour Bruner)是一位著名的教育心理学家,他的"认知—发现说"对教育理论与实践产生了深远的影响。该理论强调了学习者的主动性和创造性,认为学习是一个发现的过程,学习者应该通过自己的探索和思考来掌握知识。

布鲁纳认为,学习是一个认知过程,学习者通过自己的思考和探索来理解新知识和新概念。他认为，学习不仅是记忆和复述，而是一个发现的过程，学习者应该通过自己的探索和思考来发现新知识和新概念的意义和价值。因此，他提倡学习者应该积极参与学习过程，通过自己的探索和思考来掌握知识。

布鲁纳的"认知—发现说"强调了学习者的创造性。他认为，学习者的创造性不仅是一种天赋，也是一种可以通过教育培养的能力。他认为，教育应该鼓励学习者发挥自己的创造性和想象力，通过自己的探索和思考来发现新知识和新概念，而不是被动地接受现成的知识。因此，他提倡教育应该注重培养学习者的创造力和批判性思维。

在教学方法上，布鲁纳主张采用发现法，即通过引导学习者自己探索和思考来掌握知识。他认为，这种方法能够激发学习者的兴趣和好奇心，培养学习者的创造力和批判性思维，同时能够提高学习者的自我效能感和自信心。

布鲁纳的"认知—发现说"对现代教育具有非常重要的意义和启示。

3.奥苏贝尔的有意义言语学习理论

奥苏贝尔有意义言语学习理论，强调了有意义言语学习的重要性，以及如何通过有效的学习策略来促进学生的学习。

首先，奥苏贝尔认为有意义言语学习的关键是学习者能够理解并掌握新的概念或信息。这意味着学习者需要将新的概念与他们已经知道的知识联系起来，以便更好地理解和记忆。因此，教师需要使用清晰、具体、易于理解的语言来传授知识，以便学生能够理解并吸收新的信息。

其次，奥苏贝尔的理论强调了学习者的主动性。他认为，学习者应该积极参与学习过程，而不是被动地接收信息。这意味着教师需要创造一个积极的学习环境，鼓励学生提问、讨论和探索新的概念。通过这种方式，学生可以更好地理解和掌握新的知识，同时可以培养他们的批判性思维和问题解决能力。

再次，奥苏贝尔的理论还强调了学习者的情感因素。他认为，情感因素如动机、自信和兴趣可以影响学生的学习效果。因此，教师需要关注学生的学习动机和兴趣，以便更好地激发他们的学习热情。教师可以通过有趣的教学活动、鼓励和奖励来增强学生的学习自信心和积极性。

最后，奥苏贝尔的理论强调了有意义言语学习的持久性。他认为，有意义的学习是建立在认知结构的基础上的，这意味着新的知识会被整合到学习者的认知结构中，从而成为他们长期记忆的一部分。因此，有意义的学习不仅有助于学生在当前考试中取得好成绩，还有助于他们在未来的学习和生活中应用所学知识。

4.加涅的认知学习理论

加涅（Robert M.Gagne）是教育心理学领域的杰出代表，他的认知学习理论为我们理解学习过程提供了深刻的洞见。加涅的理论框架主要关注学习的三个主要层次：信息处理

（感觉—知觉）、组织化（概念理解和信息整合）和表现（技能和策略应用）。

首先，加涅强调了信息处理的重要性。他认为，人们首先通过感官获取信息，然后将其转化为有意义的记忆，这些记忆通过联系和比较，被整合到个体的知识结构中。在这个过程中，信息的清晰度、丰富度和持久性对学习效果有着至关重要的影响。清晰度高、丰富度高和持久度高的信息更容易被记忆和理解。

其次，加涅认为组织化是学习的关键。组织化不仅包括将新信息与已有的知识结构整合，也包括对知识的深度理解和应用。这需要学习者具备主动学习的意愿和批判性思考的能力，能够将新旧信息进行比较、分析和整合，形成新的知识体系。

最后，加涅强调表现的重要性。他认为，学习不仅是理解和整合知识，更重要的是能够应用这些知识去解决问题，即表现技能和策略。学习者需要能够将所学知识应用到实际生活中，解决实际问题，这是学习的最高层次。

此外，加涅还提出了学习过程中的四个基本学习类型：言语信息学习、心智技能学习、认知策略学习和态度学习。每种类型的学习都有其独特的学习过程和特点，需要采用不同的教学策略和方法。

认知派学习理论认为学习是有机体通过复杂的认知操作形成或改变认知结构的过程，在已有经验、内部动机的基础上充分把握情境中事物的联系与关系，强调理解、积极思考、学习内容的结构和认知的作用，注重培养学生的学习动机和学习态度。

（二）认知学习理论对数学教学设计的启示

根据认知学习理论的观点，我们可以得到以下启示，并将其应用于数学教学设计中。

1.教学目标的设计

教学目标的设计应基于学生的已有知识结构和认知特点。教师应了解学生的知识水平、思维方式和兴趣爱好，以便设计出符合学生认知特点的教学目标。同时，教学目标的设计应注重培养学生的思维能力、创新能力和解决问题的能力。

2.教学内容的选择

教学内容的选择应注重与现实生活的联系，以便激发学生的学习兴趣和主动性。同时，教学内容应注重知识的内在联系和逻辑结构，以便帮助学生将新知识整合到已有的知识结构中。此外，教学内容还应注重培养学生的思维能力、创新能力和解决问题的能力。

3.教学策略的运用

教学策略的运用应注重学生的主体地位和教师的引导作用。教师应采用多种教学策略，如问题解决、小组讨论、案例分析等，以激发学生的学习兴趣和主动性，促进学生的主动学习和意义建构。同时，教师还应注重培养学生的思维能力和创新精神，鼓励他们积极思考、探究和发现。

4.教学评价的实施

教学评价应注重过程评价和结果评价的相结合，以全面了解学生的学习情况。教师应对学生的学习过程进行观察和记录，以便了解学生的学习特点和认知特点，从而更好地指导学生的学习。同时，教师还应注重评价学生的学习成果，以了解学生的学习效果和存在的问题，从而及时调整教学策略和方法。

总之，认知学习理论对数学教学设计具有重要的启示作用。教师需要了解学生的认知特点和已有知识结构，以此为依据进行教学设计，从而更好地激发学生的学习兴趣和主动性，促进学生的主动学习和意义建构。

第二节 教学设计的基本步骤

在进行数学教学之前，设计一个有效的教案是非常关键的。以下是一般数学教学设计的基本步骤。

一、确定教学目标

在进行数学教学设计时，首先要明确教学目标。教学目标是教学活动的预期结果，是教学活动的导向，也是评价教学活动的重要依据。确定教学目标需要考虑以下三个方面。

（一）依据课程标准

课程标准是数学教学的指导性文件，它规定了数学教学的目标和要求。在确定教学目标时，教师需要仔细研读课程标准，了解数学学科的整体框架和各个年级的教学要求。根据课程标准，教师可以确定每一节课的具体教学目标，从而为教学提供明确的方向。

（二）结合教学内容

教学内容是数学教学的核心，它包括各种数学概念、公式、定理、方法等。教师在确定教学目标时，需要结合教学内容，考虑如何让学生掌握和理解这些知识。教师可以根据教学内容的特点，设计合适的教学活动，激发学生的学习兴趣和动力。

（三）考虑学生特点

学生是数学教学的对象，他们的年龄、认知水平、学习习惯等因素都会影响教学目标的实现。教师在确定教学目标时，需要充分考虑学生的特点，根据学生的实际情况制订合适的教学计划和教学方法。教师可以通过观察学生的表现和交流，了解学生的需求和问题，从而调整教学策略，提高教学效果。

综上所述，数学教学目标的确定需要依据课程标准、结合教学内容、考虑学生特点三个步骤进行。

二、分析教学任务

在确定了教学目标之后，需要对教学任务进行分析。教学任务包括教学内容，教学重点、难点，教学时间等方面的分析。具体来说，需要做到以下几点。

（一）明确教学内容

在数学教学设计中，需要明确教学内容。教学内容通常包括数学概念、公式、定理、方法等。明确教学内容是进行教学设计的基础，教师需要认真研读教材，把握教材的编排意图，以明确教学的主要内容。在明确教学内容的过程中，教师需要结合学生的实际情况，根据学生的认知水平和学习需求，选择合适的教学内容，确保教学内容的针对性和有效性。

（二）确定教学重点和难点

在明确教学内容之后，需要确定教学的重点和难点。教学重点是教师在教学中需要着重讲解和强调的内容，通常是数学中的核心概念、重要方法或关键技能。教学难点则是学生在学习过程中可能遇到的困难和障碍，可能是由于学生的认知水平、思维能力或学习态度等原因造成的。教师需要认真分析学生的实际情况，确定教学的重点和难点，并在教学设计的过程中加以突出和解决。

（三）安排教学时间

教师需要根据教学内容和学生实际情况，合理安排教学时间。数学教学是一个循序渐进的过程，需要充分考虑学生的认知规律和思维特点，合理分配各个教学环节的时间。教师需要在课前进行充分的准备，合理安排各个环节的时间和节奏，确保教学的顺利进行。同时，教师还需要留出足够的时间给学生进行思考、练习和讨论，以提高学生的学习效果和参与度。

三、分析学生

在进行数学教学设计时，我们需要考虑许多因素，其中最重要的一个就是学生。为了设计出符合学生需求的课程，我们需要对学生的学习情况进行深入分析。以下是一篇关于数学教学设计的基本步骤的文章，其中包括对学生原有知识与技能、学习态度以及个性特征的分析。

（一）学生原有知识与技能

在进行教学设计时，要考虑的是学生的原有知识与技能。了解学生的知识水平有助于我们确定教学的起点，选择合适的教学内容和方法。我们需要考虑以下几个方面：

（1）学生的基础知识：学生是否已经掌握了与新内容相关的基本概念和技能？如果没有，我们需要提供必要的预备知识。

（2）学生的技能水平：学生是否已经掌握了相关的数学技能？如果没有，我们需要提供必要的训练和指导。

（3）学生的认知风格：每个学生的学习方式都有所不同，了解学生的认知风格有助于我们选择合适的教学策略和方法。

（二）学生的学习态度

学生的学习态度是影响教学质量的重要因素。我们需要了解学生对数学的态度，包括他们对数学的兴趣、动机、自信和焦虑程度。这些因素将影响学生的学习效果和参与度。了解学生的学习态度后，我们可以有针对性地调整教学策略，以激发他们的学习兴趣和积极性。

（三）学生的个性特征

每个学生的学习风格和习惯都有所不同，这包括他们的学习习惯、注意力集中的时间、对不同教学方法的反应等。了解学生的个性特征有助于我们选择适合他们的教学策略和方法，并调整教学进度以满足不同学生的需求。

总的来说，在进行数学教学设计时，分析学生是非常重要的一步。通过了解学生的原有知识与技能、学习态度和个性特征，我们可以更好地设计出符合学生需求的课程，从而提高教学质量和学习效果。

四、分析教学情境

在数学教学中，教学情境的分析是至关重要的一步。它涉及学生的知识与技能的学习情境以及学生知识与技能的应用情境。以下将详细介绍这两个步骤。

（一）学生知识与技能的学习情境

学习情境是指学生在学习新知识时所处的环境或背景。对于数学学科来说，良好的学习情境能够激发学生的学习兴趣，帮助他们更好地理解和掌握新知识。

首先，教师应该深入理解教材，根据教材的内容和目标来创设适当的学习情境。例如，可以使用生动有趣的例子，引导学生将理论知识与现实生活相结合，使他们能够更直观地理解数学概念和公式。此外，教师还可以利用多媒体工具，展示一些与数学相关的图像、图表和数据，以增强学生的视觉体验，帮助他们更好地理解和记忆数学知识。

其次，教师应该注重学生的个体差异，根据学生的兴趣和学习能力来创设不同的学习情境。例如，对于那些对数学有较强兴趣的学生，教师可以引导他们深入探索数学在现实生活中的应用，以增强他们的实践能力和创新意识。而对于那些对数学不太感兴趣的学生，教师可以提供更多关于数学历史、数学文化等方面的信息，以激发他们对数学的兴趣和好奇心。

（二）学生知识与技能的应用情境

知识与技能的应用情境是指学生在学习完新知识后，将其应用于解决实际问题或完成特定任务的环境。通过创设适当的应用情境，可以帮助学生巩固所学知识，提高他们的实践能力和问题解决能力。

首先，教师应该根据教材的内容和目标，设计一些与现实生活相关的实际问题或任务。这些问题和任务应该具有一定的挑战性和开放性，能够激发学生的学习兴趣和好奇心。例如，教师可以引导学生利用所学的数学知识解决一些实际生活中的问题，如统计调查、预测市场趋势等。这些任务需要学生运用所学的数学知识、技能和方法，从而提高学生的实践能力和问题解决能力。

其次，教师可以在课堂上组织一些实践活动，让学生在实践中应用所学知识。例如，教师可以组织小组讨论、实地考察、数学实验等活动，让学生在实践中探索数学知识在现实生活中的应用，并提高他们的团队协作能力和创新思维能力。

最后，教师还应该注重评价和反馈。通过评价学生的表现和成果，教师可以了解学生的学习情况，及时发现和解决问题。同时，教师还应该给予学生积极的反馈和指导，帮助他们更好地理解和应用所学知识。

总之，数学教学需要注重教学情境的分析，包括学生知识与技能的学习情境和应用情境。通过创设适当的学习情境、设计应用问题和实践活动，以及注重评价和反馈，可以帮助学生更好地理解和应用数学知识，从而提高他们的实践能力和问题解决能力。

五、设计教学过程

数学教学设计是教师教学工作的重要组成部分，它涉及教学目标的制定、教学内容的呈现、教学方法的选择、教学过程的组织等多个方面。本部分将围绕数学教学设计的步骤展开，探讨如何设计教学过程，以达到更好的教学效果。

在确定了教学目标和分析完教学任务之后，需要设计教学过程。教学过程包括导入、呈现、讲解、练习、总结等环节。具体来说，需要做到以下几点。

（一）导入要自然

导入是教学过程的关键环节，它能够激发学生的学习兴趣和好奇心，为后续的教学过程打下基础。在导入环节，教师需要结合教学内容和学生实际情况，选择合适的方式和方法，使导入自然流畅，能够引起学生的兴趣和关注。

（二）呈现要清晰

呈现是教学过程中的重要环节，它能够使学生明确教学内容和目标，为后续的教学过程提供基础。在呈现环节，教师需要将教学内容进行合理的组织、分类和排序，使其清晰明了，易于理解和掌握。同时，教师还需要注意语言的表达和呈现方式的多样性，使学生能够更好地理解和掌握所学内容。

（三）讲解要透彻

讲解是教学过程中的核心环节，它能够使学生深入理解和掌握所学内容，达到教学目标的要求。在讲解过程中，教师需要注重讲解的深度和广度，既要让学生理解基本概念和原理，又要能够运用所学知识解决实际问题。同时，教师还需要注重讲解的方法和技巧，使学生能够更好地理解和掌握所学内容。

（四）练习要有针对性

练习是巩固所学知识的重要手段，它能够使学生通过实际操作和思考，加深对所学内容的理解和掌握。在练习环节，教师需要针对教学内容和目标，设计具有针对性和实用性的练习题目，使学生能够通过练习达到巩固和提高的目的。同时，教师还需要注意练习的难度和数量，避免过度疲劳和无效练习。

（五）总结要全面

总结是教学过程的重要环节，它能够使学生回顾所学内容，加深对所学知识的理解和记忆。在总结环节，教师需要将教学内容进行归纳和总结，使学生能够形成清晰的知识结构和体系。同时，教师还需要注重学生的参与和反馈，了解学生的学习情况和问题，以便更好地调整和改进教学。

1.课前小结

总结是对前一阶段所学的知识进行总结、回忆和再现的过程，可以让学生对本节课的内容有个整体的把握，形成知识网络，也可以暴露出学生自学中的疑难，便于教学。同时可激发学生积极思维，发展学生的自学能力，培养他们的思维深刻性。总结可在新授课堂教学结束时进行，也可在新授教学进行一段时间后与新授教学穿插进行。教师在总结时可让学生提出问题或说出自己认为本节课所学的重点内容是什么等，培养学生善于思考问题、发现问题、提出问题的能力。若有必要，小结部分也可以设计成课堂练习的形式。如讲二元一次方程的概念后可出示这样的问题：请你举出一个满足给定的实际问题（实际背景）的二元一次方程。学生通过思考、讨论、交流，归纳出许多形式不同的方程，如：$x+2y=50$；$x-y=3$；$x+y=37$；$x+y/2=28$等。

2.课堂小结

课堂小结是课堂教学的一个重要组成部分，它不仅可以帮助学生对本节课的教学内容进行回顾与整理，而且可以为学生今后的学习打下良好的基础。因此，课堂小结应由师生共同完成，以教师为主导、学生为主体。教师可引导学生总结本节课的基本内容、重点、关键词、思想方法等；也可通过课堂练习来小结；还可以通过质疑问难的方式进行小结；等等。

3.课后复习巩固

课后复习是课堂教学的延伸和补充，可以巩固课堂中已获得的知识，发展学生的数学能力，也可以促进教师改进教学方法，提高教学质量。因此，课后复习巩固是教学过程中不可缺少的环节。

课后复习巩固包括课后思考、课外作业和单元复习等。课后思考通常是根据课堂所讲内容布置一些比较简单的思考题，用来启发学生的思维、开阔思路、帮助学生理解课堂所讲内容。课外作业通常包括书面作业、阅读教材和收集信息等。通过完成课外作业，学生可以进一步理解和巩固所学的知识，也可以培养他们分析问题和解决问题的能力。单元复习通常是在一章或一个单元教学结束后进行的复习活动。它可以帮助学生对所学知识进行整理和归纳，使之系统化、结构化，也可以帮助学生更好地理解数学知识的本质属性。

在课后复习巩固的过程中，教师应及时发现和纠正学生在学习中存在的问题和错误，以帮助他们更好地掌握数学知识。同时，教师也可以根据学生的学习情况改进教学方法和策略，以提高教学质量和效果。

总结巩固是数学教学过程中的一个重要环节，它不仅可以帮助学生更好地理解和掌握数学知识，也可以促进教师改进教学方法和策略，以提高教学质量和效果。因此，教师应该重视总结巩固的教学环节，积极探索有效的教学方法，以帮助学生更好地发展数学能力。

总之，数学教学设计的基本步骤包括明确教学内容、分析教学对象、选择适当的教学方法、设计教学过程和总结巩固环节等。教师在进行教学设计时，要注重突出学生的主体地位和教师的主导作用，注重培养学生的思维能力和解决问题的能力。同时，要根据不同的教学内容和教学对象，灵活运用不同的教学方法和手段，提高教学效果和质量。

数学教学设计需要注重导入、呈现、讲解、练习和总结等环节的设计。通过合理的教学设计，可以激发学生的学习兴趣和好奇心，提高学生的学习效果和教学质量。同时，教师还需要注重教学方法和技巧的运用，注重学生的参与和反馈，以便更好地调整和改进教学。

六、设计教学方法

教学方法是实现教学目标的手段和工具，选择适当的教学方法对于提高教学效果至关重要。在设计教学方法时，教师应该根据教学目标、教学内容、学生特点等因素进行综合考虑。常用的教学方法包括讲授法、演示法、讨论法、探究法等。教师应该根据不同的教学内容和学生的实际情况，选择合适的教学方法，以达到最佳的教学效果。

（一）针对教学目标

在进行数学教学设计时，先要明确教学目标。教学目标是教学活动的导向，它包括知识目标、技能目标和情感目标。知识目标是指学生需要掌握的数学概念、公式、定理等内容；技能目标是指学生通过教学活动所应具备的解题能力、计算能力、分析问题和解决问题的能力等；情感目标是指培养学生的数学思维、逻辑推理能力，提高学生对数学的兴趣和热爱。根据这些目标，教师需要精心设计教学环节，以便确保学生在教学过程中能够达到这些目标。

（二）针对教学内容

教学内容是数学教学设计的核心。教师需要对教学内容进行深入分析和研究，明确教学重点和难点，并根据学生的实际情况和教学目标，合理安排教学内容。在安排教学内容时，教师需要考虑学生的认知水平、兴趣爱好等因素，选择适合学生的教学方法和手段，以便更好地激发学生的学习兴趣和积极性。此外，教师还需要考虑不同章节之间的联系和区别，合理安排教学内容，以便学生能够更好地理解和掌握数学知识体系。

（三）针对学生特点

在进行数学教学设计时，教师需要考虑学生的特点，包括学生的认知水平、学习风格、兴趣爱好等因素。针对不同年龄段的学生，需要采用不同的教学方法和手段。对于低年级学生，可以采用直观、形象的教学方法，如实物演示、动手操作等；对于高年级学生，可以采用探究式、讨论式的教学方法，以培养学生的独立思考能力和创新能力。此外，教师还需要关注学生的学习风格和兴趣爱好，以便更好地激发学生的学习兴趣和积极性。

总之，数学教学设计是一个系统化的过程，需要教师综合考虑教学目标、教学内容、学生特点等因素，选择适当的教学方法，以提高教学效果和质量。

七、选择教学资源

（一）教材

教材是数学教学的主要资源，在进行数学教学设计时，教材是首先需要认真研究和考虑的重要资源。教材通常包括教科书、参考书、教学大纲、练习册以及相关的辅导材料等。对于教师来说，要熟悉教材，明确教学大纲的要求，掌握教材的逻辑结构，理解教材的重点、难点和关键点。同时，要善于根据实际情况对教材进行适当地调整和补充，使其更加符合学生的学习需要和认知规律。

（二）教具

教具是辅助教学的工具，对于提高教学效果和学生的学习体验有着重要的作用。常见的教具有实物、模型、图表、图片、幻灯片、多媒体课件等。在选择教具时，要考虑其目的性、直观性、准确性、实用性等原则，并根据教学内容和学生的实际情况进行合理选择和组合运用。

（三）网络教学资源

网络教学资源是现代教学中不可或缺的一部分，具有信息量大、更新快、互动性强等优点。教师可以通过网络搜索相关的教学资源，如课件、视频、习题库、论坛等，为课堂教学提供更多的选择和便利。同时，教师还可以通过网络与学生进行互动交流，及时了解学生的学习情况和反馈，从而更好地调整教学策略和方法。

（四）校本化教学资源

校本化教学资源是指学校根据自身实际情况开发的教学资源，包括学校自编的教材、教辅材料、习题集等。这些教学资源通常更具有针对性和适用性，能够更好地满足学生的实际学习需要和学校的教学目标。在进行数学教学设计时，教师需要结合学校的教学资源和学生实际情况，合理安排教学内容和教学方法，以提高教学效果和质量。

选择教学资源是数学教学设计的重要环节之一，教师需要根据教材、教具、网络教学资源以及校本化教学资源等多个方面的因素进行综合考虑和安排。在选择教学资源时，教师要遵循目的性、直观性、准确性、实用性的原则，同时要根据学生的实际情况和教学目标进行适当调整和优化，以提高教学效果和质量。

八、教学设计评价

教学设计评价是确保教学目标达成的重要步骤。通过对照预先设置的教学目标，我们可以确定学生是否通过学习达到了规定的教学目标。评价应包括以下几个方面：

（1）目标达成度。检查学生是否理解和掌握了预期的教学目标。可以通过测试、作业和互动讨论来评估。

（2）学生参与度。观察学生的学习态度和参与度，了解他们是否对教学活动感兴趣并积极参与。

（3）教学方法有效性。评估教学方法是否有助于学生理解和掌握数学概念。

（4）资源适宜性。检查所准备的教学资源是否适合教学目标和学生需求。

根据教学设计评价的结果，我们可以提出一些修改意见。如果发现教学目标未被充分达到，可能需要重新审视教学内容和目标的设定，或者调整教学方法和资源。如果发现学生的学习参与度不高，教师可能需要设计更吸引人的教学活动，或者提供更多的个人和小组的学习机会。

第三节 教学方案的形成

一、教学方案的形式

（一）详案

详案是数学教学方案的一种形式，它详细记录了教学步骤、教学内容和教学方法。这种教学方案通常包括教学目标、教学内容、教学步骤、教学方法、教学评价等环节，旨在确保教学的系统性和完整性。

详案的优点在于能够为教师提供清晰的教学思路，便于教师有条不紊地进行教学，同时方便学生理解和掌握知识。然而，详案需要教师花费更多的时间和精力进行准备，也需要教师具备较高的教学水平和组织能力。

（二）简案

简案是另一种数学教学方案形式，它通常只记录了教学的大致步骤和主要内容，而省略了一些细节和具体的教学方法。这种教学方案适用于一些简单的教学内容，或者在紧急情况下使用。

简案的优点在于能够节省教师的时间和精力，提高教学效率。同时，简案也方便教师根据实际情况进行调整和修改。然而，简案可能无法提供足够的教学深度和广度，不利于学生深入理解和掌握知识。

二、教学方案的编写

教学方案的编写是每位教师在进行正式课堂教学前必须进行的活动之一。编写教学方案不仅是要说明教师的"教"的过程，更要在教学方案中阐明学生的"学"的过程；不仅是说明教师"怎样教"的过程，还要说清楚"为什么这样教"的缘由。因此，这里的教学方案，我们常简称为"教案"，是课时教学设计方案的简称，是正式进行课堂教学之前的具体教学设计方案，是教学设计的成果之一。

教案的撰写往往可以反映出教师所持有的不同的教育思想或教育理念。因此，教师务必清晰地认识到传统的教案撰写与新课程理念下的教案撰写是有区别的。新课程改革理念下的"教案"与传统教学中的"教案"有着截然不同的本质区别。传统的"教案"可以简单地理解为"教学进程方案",在教案中只体现出教学环节的设计,而对教师为什么这样教与学生为什么这样学的理论依据则未能体现出来。

新课程改革理念下的"教案"可以说是一种"课时教学设计方案",是在传统的"教学进程方案"基础上的进一步深化,既指出了"应该怎样教与学",又说明了"为什么这样教与学",是一种融多种教学理论、学习理论、媒体理论、学科教学法等相关理论于一体,以学生的"学"为中心,为促进课堂教学的整体优化而发挥综合效益的一种教学构想与教学指导方案。

三、数学教案的构成——以"长方体和正方体的体积"为例

数学教案由以下几个部分构成:教学目标、教学重点与难点、教学准备、教学过程。本部分以"长方体和正方体的体积"为例,阐释如下。

一、教学目标
（一）知识与技能
通过探索规律,掌握长方体、正方体的特征及体积的计算方法,并能够应用这些知识解决实际问题。
（二）过程与方法
经历观察、比较、动手操作等系列活动,探索长方体、正方体的体积公式的形成过程。
（三）情感态度和价值观
培养学生的观察能力、抽象概括能力、主动探究的能力以及团结协作的精神。
二、教学重点
掌握长方体和正方体的体积公式,会应用这些知识解决实际问题。
三、教学难点
长方体、正方体的体积公式的推导过程。
四、教学准备
每个学生课前准备若干个小正方体学具;教师准备教学演示所需的长方体模型。
五、教学过程
（一）激趣引入
教师:请同学们拿出自己准备的小正方体,在小组内任意拼成各种长方体,看哪个小组能拼出最有创意的长方体。
学生小组合作拼图,教师巡视指导。
教师:哪个小组愿意向大家展示你们的作品?你们是用多少小正方体拼成的?
（学生展示作品并叙述是用几个小正方体拼成的）
教师:通过刚才的展示,同学们还发现了什么?
（学生发现:摆成长方体的体积=正方体的长×小正方体的个数×小正方体的宽）
板书:体积=长×宽×高
教师:你们发现了这么多有价值的信息,让我们用掌声祝贺!那如果要知道一个长方体的体积,只要知道什么就可以求出来了?
（学生:长、宽、高的数据）

说明只要有了这些数据，我们就不再需要用一个个的小正方体摆成一个长方体了，这样的方法方便快捷！

引出课题：长方体的体积，并板书。

学生阅读课本后，得出：物体所占空间的大小叫物体的体积，并举例说明哪些物体的体积比较大或比较小。

（二）探索交流

教师：请同学们拿出课前已准备好的12个小正方体，动手摆出不同大小的长方体，并把你们所摆的长方体的长、宽、高填写在表格中。

然后以小组为单位进行交流讨论，怎样用最简单的方法求出这个长方体的体积？汇报时，让学生说出是怎样推导的？

学生1：我是用边数乘边数的方法算出体积的。

如：我用3个小正方体摆成长为3厘米、宽为2厘米、高为2厘米的长方体，体积就是3×2×2=12立方厘米。

再如：我用4个小正方体摆成长为4厘米、宽和高都是3厘米的长方体，体积就是4×3×3=36立方厘米……所以我认为用长乘宽再乘高就能算出体积。

（有的同学摆出5个小正方体或更多的小正方体时就会用到这样的方法。这种方法体现了面积单位的思想，而且语言精练简洁，是本课的闪光点。）

学生2：我是用加法算出体积的。

如：先看由4个小正方体组成的小长方体，再把它放在由3个小正方体组成的长方体的上面，这样就有7个小正方体组成了更大的长方体了。

同理，由6个小正方体组成的小长方体，也放在由3个小正方体组成的长方体的上面就组成了9个小正方体了……

最后算出所有小正方体的体积之和就是大长方体的体积了。

刚才各小组都用自己的方式推导出了长乘宽乘高算出了体积的方法。

现在请同学们看一看自己的对不对？再想想有没有不同的方法？请同学们用自己喜欢的方式算一算这个长6厘米、宽4厘米、高3厘米的长方体的体积。（汇报时请学生说一说自己的方法）

板书多种方法。请同学们用你们的方法算一算课后练习中相应题目。（完成后集体订正）

通过刚才的学习活动你有什么收获？你觉得自己表现如何？你认为哪些同学表现好？

（三）巩固发展（做一做）课本第57页的做一做题目

集体订正。（可让学生说一说自己的思考过程）

（四）回顾总结（回顾一下本节课的学习内容）

这节课你学到了什么知识？你是用什么方法求长方体的体积？

第五章　数学教学模式探究

在数学教学中，实施新的教学模式是非常有必要的，新的教学模式既符合国家对广大学生的素质教育目标要求，也能够更好地培养学生适应社会的能力。本章重点围绕数学教学模式的认知、数学深度教学模式、数学翻转课堂教学模式、数学双导双学教学模式展开论述。

第一节　数学教学模式的认知

一、数学教学模式的依据

教学模式具有多样性和可操作性，因此，教师对教学模式的选择和运用除了要了解有哪些教学模式、它们的特点等，还要考虑教学模式必须与教学目标相契合，要考虑实际的教学条件针对不同的教学内容来选择教学模式。选择和采用哪种教学模式的主要依据有以下六个方面：

第一，数学课程理念。数学课程的理念是影响数学教学模式选择的重要因素之一。首先，要加强学生双基教学的数学课程理念，通常要求采用讲练结合、复习总结的教学模式，确保数学基础知识的理解和数学基本技能的掌握；其次，培养学生创新意识，提高学生的创新能力的数学课程理念通常要求教师采用引导探究教学模式；最后，为了培养学生的合作精神，形成团队意识，要求学生逐步学会数学的表达方式，如要求数学教学采用合作交流的教学模式。不同的课程理念需要采用相应的数学教学模式。

第二，数学教学目标与任务。数学教学目标是影响教学模式选择的重要因素。每节课都有一定的教学目标和任务,要选择与之相应的能够实现教学目标、完成教学任务的教学模式。如要使学生掌握数学基础知识和基本技能目标,通常要求选择和运用讲练结合的教学模式,要求学生学会学习,提高学生的数学自学能力,数学教学通常可选择自学指导的教学模式,并让学生体验数学发现、创新、火热的数学思考;掌握创新的方法,通常会选择引导探究的教学模式。

第三,数学教学内容。所谓"内容决定形式",数学教学的内容也是影响教学模式选择的重要因素,不同的教学内容的特点要求采用不同的数学教学模式。如果教材内容是程序性的操作技能,如立体几何中直观图的正等侧画法与斜二侧画法教学,就可以采用讲练结合模式,教师先讲解示范,学生模仿练习;如果数学知识是智慧技能,解决问题的过程本身蕴含着丰富的数学思想方法,则可以采用指导探究的教学模式。当然,同一内容也可能根据目标的要求不同而采用不同的教学模式。

第四,学生的年龄特征和认知水平。学生的年龄特征和认知水平也是选择和运用数学教学模式的重要依据。一般而言,小学生数学学习的自觉性不高,注意力易分散,但好奇心强,爱动手,所以数学学习可采用动手操作、游戏、竞赛的方式,多样且新颖。初中生有一定的数学自学能力和数学基础,能够进行独立的数学思考,可以考虑采用自学指导的教学模式。

第五,教师的素养条件。使用某种教学模式需要教师具有相应的素养。引导探究的模式虽好,但是如果教师缺乏必要的素养,引导不了探究过程中学生探究的方向,探究过程就会失去探究的目标。而如果教师普通话特别好,板书也很漂亮,讲解起来非常富有激情,能感染学生,也能随着讲解提出一些富有启发性的问题,帮助学生思考,宜采用讲练结合的数学教学模式。

第六,评价的形式和标准。教学评价的标准也是选择教学模式的重要因素。评价的方式和标准不同,教学模式的运用也不同。如果是定量的终结性评价,评价标准更多指向知识和技能的掌握,则教师可能选择讲练结合的教学模式;如果是定性的过程性的评价,评价标准更多指向学生数学学习过程中数学思维的深度和创新程度,则教师可能选择指导探究教学模式。除了上述影响数学教学模式选择考虑的主要因素,还有其他需要考虑的因素,如学校的设备条件和教学时间等。教师应该综合、充分考虑,选择合适的教学模式,最大限度地实现教学目标。

二、数学教学模式的类型

(一)自学辅导教学模式

"自学"是指学生发挥主观能动性,运用已掌握的知识,自己去独立地获取知识;

"辅导"是指教师将具有逻辑意义的教材与学生已有认识结构联系起来，使其融会贯通，并使学生采取和保持相应的学习心进行学习。"自学辅导教学模式"就是学生在教师的指导和辅导下，进行自学、自练和自改作业，获得书本知识，发展能力（特别是自学能力）的一种新型的教学模式。这种教学模式将学生自学与教师辅导有机结合，是对传统课堂教学的重大改革。它以初中学生为对象，从初一开始，就把传统课堂教学以教师讲授为主变为在教师指导、辅导下以学生自学为主。每节课，教师要保证学生有连续30~35分钟的自学时间。在此时间内，教师不打断学生的思考。所用教材有3个本子：课本，供学生阅读；练习本，印有习题，并留有做题的空白；答案本，供学生核对答案。学生利用这3个本子进行自学、自练和自改作业。

自学辅导教学是在教师的指导和辅导下，以学生自学为主的教学过程。它的优点在于能更多地调动学生学习的主动性，并且能较好地发挥教师的主导作用，从而提高学生的学习成绩和培养学生独立思考、独立学习的能力。

"自学辅导"教学模式的主要特点，是把"学"放在教学过程的中心位置，寓"导"于"学"，教学相长，使学生在获取知识的同时，掌握学习的方法，培养和提高自学能力，其实质就是让学生学会如何学习。

1.自学辅导的教学原则

自学辅导教材不能代替教师指导、辅导的作用，在自学辅导教学中，教师仍然起主导作用。自学辅导教学原则主要包括7个方面：①班集体教学与个别化教学相结合的原则；②启、读、练、知、结相结合的原则；③在教师指导、辅导下，学生自学为主的原则；④利用现代化手段来加强直观性的原则；⑤尽量采取变式复习加深理解与巩固的原则；⑥强动机、浓兴趣的原则；⑦自检与他检相结合的原则。

2.自学辅导的操作程序

自学辅导的课堂教学模式是"启、读、练、知、结"。"启"是启发，启发不是讲课，只是从旧知识中引出新问题，激发学生的求知欲，促使认真阅读教材，以求得问题的解决。启发时，教师不代替学生阅读，也不代替学生思考。"读"是阅读教材。"练"是做练习。"知"是当时知道结果，及时反馈。"结"是小结。小结时，必须有的放矢，纠正错误，解决疑难问题，使学生做题规范化，概括学过的内容，使知识系统化。"启"和"结"是由教师在开始上课和将要下课时面向班集体进行的，共占10~15分钟。中间30~35分钟，让学生自己进行"读""练""知"的学习活动。学生阅读教材，读到指令做练习处时就做练习，并核对答案。在这期间，教师巡视课堂，不打断学生的思维，只对有问题的学生进行个别辅导并发现共性的问题。初中三年按照4个不同梯度的能力培养目标（4个阶段）进行教学。

（1）领读阶段，两周左右。目的在于教会学生阅读课本，使学生初步掌握阅读数学课本的基本方法和基本技能,即能读懂字义、句义、符号义、式义、段义、例题义;能分析关键词句与符号标记;能分段写出标题;能找出教材中重要的句、段、式、例题;能用不同颜色的笔勾画出重点和注意事项。教师可采用领着学生"三读"的做法完成上述要求:粗读,扫清文字、符号障碍,读出问题,读出兴趣(为此,可把教材的某处由叙述体改为问题体);细读,即逐句读,逐句解释,引导学生概括段义、标题;精读,即着重分析关键词句、重点句子和符号标记,引导学生深刻理解和学会使用精确的数学语言。每节都在此基础上,学生做练习,自对答案,自纠错误。领读阶段需要注意3点:①要求学生严格按照老师的要求去做;②运用提问、巡视、抽查等方式检查学生自学和掌握的程度;③时间长短以差生过关为标准。

(2)适应自学阶段,约3个月。目的在于使学生适应自学,适应自学辅导这种模式,同时训练学生阅读、理解和初步的概括能力。具体做法是:教师在深入理解教材和了解学生的基础上,拟定自学提纲和检查总结提纲。上课时,教师先出示自学提纲,然后学生按提纲自学(阅读、练习、纠错)30~35分钟,教师提问检查(训练口语表达能力),小结10~15分钟。适应自学阶段需要注意5点:①教师要不断提高"启发"的艺术和技巧,激发学生的求知欲;②两个提纲先详细而浅显,逐渐概括而深入,以利于鼓励自学,强化自学兴趣,逐步提高独立思考能力;③在自学时间内,教师必须经常巡回、积极指导,因材施教,特别要主动帮助差生,发现的共性问题充实到小结内容中去;④除非出现普遍性的重大问题,教师不要打断全班学生的自学,个别指导也不要包办代替;⑤要重视抓好学生的阅读,这是自辅教学的第一关和长久基础。此阶段也以差生过关为标准。

(3)自学辅导阶段,约一年。目的在于巩固学生的自学习惯,进一步巩固和提高阅读概括能力,培养独立性。具体做法是:首先,教师不再出示提纲,而只指出应注意之处;其次,鼓励和指导学生边自学边注眉批或做主要内容笔记,要求能用自己的语言小结内容,逐步学会写单元小结和写小论文;最后,教师充分地因材施教(继续帮助差生转化,注意一般学生的提高,挖掘优生的潜力,后期允许优生自定进度,使快者快学),达到各自的最优学习效果,教师利用5~10分钟的时间小结,弥补学生理解的不足。自学辅导需要注意三点:①此阶段和上阶段,教师根据需要,可间隔地上辅导课,用于作单元小结,纠正测验反映出的问题(注意培养学生落笔准确的习惯);②若出提纲,要出有思考性,利于学生写总结,利于学生提出问题、发现问题的提纲内容,如本课重点、新旧知识的联系、各节的逻辑联系、质疑与发现等;③应注意纠正学生的重做题、轻阅读、轻总结、轻质疑的旧习惯。

(4)独立自学阶段,一直延续到初中毕业。目的在于最大限度地增强学生的独立性,促使其自学能力、迁移能力有较大提高,自学习惯能更好地形成。具体做法是:将上阶段的做法,逐步转变为学生自觉自动化的学习方式,成为学生的良好习惯;引导学生深刻理解教材及各部分内容之间的逻辑联系，能比较准确地总结单元内容，后期能独立阅读概括水平较高（步子较大）的书籍。独立自学需要注意五点：①教师要面向未来，充分认识本阶段的目的、要求及做法的价值；②鼓励学生一题多解、一题多证并作出最佳选择，鼓励学生写好数学小论文，开发智力；③对各类学生应有不同梯度的指导，但都要进行良好的心理品质，如兴趣、方法、习惯、意志、毅力的培养；④教师自己也要着手各种有价值的总结，借以提高自身素质。

3.自学辅导的教学评价

任何教学改革实验，都应当有与实验目标一致的验收指标。自学辅导教学的验收指标不仅局限于学生的学业成绩，还十分关注学生的全面发展。卢仲衡提出了自学辅导教学实验四项验收指标，即学生的学业成绩、自学能力成长、自学能力迁移与学科全面发展。其中，尤以学科全面发展最为与众不同。自学辅导教学实验从数学学科发端，但很突出的一点是，它十分强调各学科的均衡发展，数学的学习不能挤占其他学科的学习时间。

在自学辅导教学中，备课、上课、课后辅导等各个环节都应注意贯彻学生是学习主体的思想。自学辅导教材适合学生自学，教师再教以正确的自学方法，学生在自学中以视觉为主，多种感官有机结合，手脑并用，随着自学能力的发展，学习不断取得成功，自学数学的兴趣、爱好、积极性和主动性也不断提高了，学生在学习中更好地体现了主体的地位。但自学辅导不是无师自通的，而是名师出高徒。它对教师的要求更高，教师要做好思想动员、启发、小结、辅导、检查、督促、组织管理各项工作，实现因材施教，充分发挥主导作用。为了做好这些工作，教师不仅应具备较高的业务水平、教学艺术，而且要有很强的责任心、丰富而健康的情感，从而对学生产生潜移默化的作用。

（二）尝试教学模式

尝试教学模式是由我国当代教育家邱学华于20世纪90年代创建，并开展实验研究，取得了显著的效果。尝试教学模式提高了学生学习积极性，加强了对教学内容的深刻理解，提升了学习成绩，巩固了知识技能，养成了学习能力。

1.尝试教学的要素

人的尝试活动至少应由三个要素构成：尝试活动的主体，指进行尝试活动的人，这是首要条件；尝试问题，既然尝试是一种针对性的活动，必须明确解决哪些问题；探测活动，是联系主体和问题的纽带，也就是尝试主体解决问题的过程。学校教育中的尝试是一种特殊的尝试活动，它既是尝试活动也是教育教学活动。这种活动具有三个特点：①通过学生的尝试活动达到学校教育的一定目标，尝试问题非常明确；②学生是在班级授课制环境下的尝试，有教师的指导和学生之间的合作交流，它是一种有指导的尝试；③尝试形式主要是解决教师根据教学内容所提出的尝试问题，任务比较明确，又可发挥教科书的示范作用，能够使学生的尝试争取成功。

2.尝试教学的程序

尝试教学的程序主要分为七步：准备练习→出示尝试题→自学课本→尝试练习→学生讨论→教师讲解→第二次尝试练习。每一步的作用和操作方法分析如下。

（1）准备练习：这一步是学生尝试活动的准备阶段。对解决尝试问题所需的基础知识先进行准备练习，然后采用"以旧引新"的办法，从准备题过渡到尝试题，发挥旧知识的迁移作用，为学生解决尝试题铺路架桥。

（2）出示尝试题：这一步是提出问题，也就是给学生的尝试活动提出任务，让学生进入问题情境之中。尝试题出示后，必须激发学生尝试的兴趣，激活学生的思维。

（3）自学课本：这一步是为学生在尝试活动中自己解决问题提供信息。出示尝试题后，学生产生了好奇心，同时产生解决问题的愿望，这时引导学生自学课本就成为学生切身的需要。

（4）尝试练习：这一步是学生尝试活动的主要环节。尝试练习根据内容的特点有多种形式。教师要巡视，以便及时了解学生的困难在哪里，为后面的讲解提供信息。学生尝试中遇到困难时，可以继续阅读课本，同桌学生之间也可以互相帮助。尝试练习结束后，就转入下一步。

（5）学生讨论：尝试练习中会出现不同答案，学生会产生疑问，这时教师引导学生讨论，不同看法可以争论。其实，在对尝试题评议议论的过程中，学生已经在尝试讲道理了。学生互相讨论后迫切需要知道自己尝试的结果是否正确，那么听教师讲解成为学生的迫切要求。

（6）教师讲解：这一步是帮助学生系统掌握知识。有些学生会做尝试题，但可能是按照例题依样画葫芦，并没有真正懂得道理。因此，在学生尝试练习以后，教师还需进行讲解。教师要针对学生感到困难的地方、教材关键的地方进行重点讲解。

（7）第二次尝试练习：这一步是给学生"再射一箭"的机会。在第一次尝试练习中，有的学生可能会做错，有的学生虽然做对了但没有弄懂道理。经过学生讨论和教师讲解后，得到了反馈矫正，其中大部分人会有所领悟。为了再试探一下学生掌握新知识的情况以及把学生的认识水平再提高一步，应该进行第二次尝试练习，再一次进行信息反馈。这一步对中差生特别有利。

第二次尝试题不能同第一次相似，否则就失去了意义。它一般同例题稍有变化或采用题组形式。第二次尝试练习后，教师可进行补充讲解。

三、现行的数学教学模式

（一）杜郎口教学模式

杜郎口教学模式是杜郎口中学课堂教学模式的简称，具体指山东省聊城市茌平县杜郎口镇的杜郎口中学，自1998年以来不断尝试推行课改、践行学生主体地位而摸索创新的"三三六"自主学习模式。

"三三六"自主学习模式中的第一个"三"是指三特点：立体式、大容量、快节奏；第二个"三"是自主学习三模块：预习、展示、反馈；"六"是课堂展示六环节：预习交流、明确目标、分组合作、展现提升、穿插巩固、达标测评。

第一，所谓立体式就是，教学目标、任务是新课程要求的三维立体式，将学习任务分配给每个学生、每个小组来完成，充分调动每个学生的主体性，发挥每个小组的集体智慧，展示模块就会有不同层次、不同角度的思考与交流。

第二，所谓大容量就是，以教材为基础，拓展、演绎、提升，通过各种课堂活动形式展现，如辩论、小品、课本剧、诗歌、快板、歌曲、绘画等。

第三，所谓快节奏就是，在单位时间内，紧扣学习目标和任务，通过周密安排和师生互动、生生互动，达到预期的效果。

第四，预习模块主要任务是，明确学习目标，生成本课题的重点、难点，并初步达成学习目标。

第五，展示模块的主要任务是，展示、交流预习模块的学习成果，并进行知识的迁移运用和对感悟进行提炼、提升。

第六，反馈模块的主要任务是，对前面的课进行反思和总结，对预设的目标进行回归性的检测。本环节尤其突出"弱势群体"，让学生说、谈、演、写，进一步检查落实情况，达到三维目标。

（二）洋思中学教学模式

洋思中学"先学后教，当堂训练"的教学模式是以学生自主学习为中心的课堂教学模式。

1.课堂教学程序

（1）介绍学习目标（1分钟左右）。上课一开始就告知学生，主要通过投影等多媒体教学的方式，简明扼要地明确本堂课的学习方向和目标，教师不做任何说明和讲解。

（2）自学指导（2分钟左右）。通过投影明确告知学生：①明确自学内容，具体到第几页、第几行，哪些内容和范围。②明确自学方法，告知学生怎么自学，引导学生抓住旧知向新知转换的环节，学生重点思考关键环节，把主要精力放在旧知向新知转换的环节上。各学科有不同的方法，要具体情况具体分析，采用符合学生实际，符合学科实际相应的方法，这种自学方法的日积月累可以潜移默化地提高学生的自学能力。③明确自学要求，也就是要达到的具体目标。

（3）学生自学。学生自学环节很重要，教师要特别注意每个学生的自学状况，确保每个学生都紧张、高效地实施自学，对学生自学中的问题要及时用各种方法去引导、纠正。

（4）学生练习。自学后，为检测学生自学的效果，用练习题来测试，主要采用选择题的形式，练习题必须精心设计。①检测的学生对象主要是中差生，在黑板上做题或抽问回答，同时允许尖子生在掌握本课内容的前提下超前学，尖子生在后教部分可以照顾中差生。②检测的内容必须紧紧围绕自学的目标出题，可以是例题的类似题，切忌离题万里，注意跨度不要太大，难度不要太大，主要是掌握和运用好自学方法，解决问题就行。类似题的检测可以增强学生的自信心。

以上4个环节18分钟左右完成，第一、二环节是先学的辅助环节，第三、四环节是学、练。

（5）引导学生更正，指导学生运用。要注意3个明确：明确教学内容，明确如何教学，明确学要求。

第一，明确教学内容。教的内容必须是学生存在的问题，凡是学生会的问题不再教，教师教的一定是学生在学的环节存在的问题。这里要注意一个原则：让学生回答问题后，把评判的权利还给学生，教的过程学生始终处于主体地位，学生要明确判断有无错误，有错误错在哪里，为何错；无错误有没有更好的方法，一直到学生找完问题、更正完问题，找完方法，学好了思维和解题的方法为止。教师不要轻易把问题和方法主动讲出来，都是学生在主动地思考，这样能够充分调动每个学生学习的积极性，学生找问题、找方法的过程，就是运用的过程。

第二，明确如何教学。"兵教兵"是一个较好的教的方法，注意只要有学生会，就要让会的学生教，如果实在没有学生会，教师再教。会的学生可能教得不完善，方法不一定是最优的，所以教师可加以补充归纳。同学帮助解决的问题记忆是最深的，这个环节既是培优，又是补差。

第三，明确教学要求。要特别注意不能就题论题，必须教出方法，教出规律，错一题会一类，要让学生能举一反三（大容量、多媒体更能有效地解决适应高考应试的需要）。这个环节不是教师完全教，要尽可能让学生自主思考问题。

（6）当堂完成作业（不少于15分钟）。第一，作业要典型，要围绕课堂教学目标出题，要分层次出题，让不同类型的学生都有所提高，可以有必做题、选做题，但并不是将学生人为地划分层次，选择的权利在学生。第二，当堂必须完成，分层次地完成。当堂完成的好处：一是学生自己做题是将知识与技能转化为能力的必然过程；二是可以直接反馈信息；三是可以有效地减轻课后学生的负担；四是可以提高学生的综合素质，学生有更多的精力和时间去从事课后许多其他活动课的内容。

2.教学实施的方法

（1）在"先学"这一环节，教师注意3点：①要激发学生的动机，提出明确的先学要求，如看书、练习要用多长时间，要达到怎样的目标，自学后如何检测。②要指导先学的方法。例如，如何看书、怎样练习、注意哪些事项。③在学生自学时，教师要广泛调查，尤其是摸清学习基础差的学生的疑难问题。

（2）在"后教"这一环节，也要做到3点：①明确教学内容，即教的内容绝不是依教材照本宣科，而是教学生自学后还不会的地方；②明确教的要求，教师不能就问题讲问题，要由个别到一般，上升到理论，让学生知其然，也知其所以然；③明确教学方式，"后教"是先让会讲的学生教，学生不会讲时，教师才开始讲。

3.教学的策略

（1）每堂课规定，教师讲课时间最多不超过10分钟，一般在7分钟左右，有的课4分钟即可。保证学生每节课有30分钟连续自学时间。

（2）灵活运用"先学后教，当堂训练"的教学模式。根据不同年级、不同学科、不同内容、不同基础，适当调整。

（3）学生自谋自学策略。教师给学生自学的锦囊妙计，为学生谋划自学策略，每个学生要有自己的自学方略，开始是自控的，逐渐地形成了习惯。养成良好的自学习惯是教学成功的主要因素之一。

（4）合作精神与合作能力是自学的力量源泉。"兵教兵"，精诚合作。在"兵教兵"中，差生理清教学内容的疑难，优生增强了对知识理解的能力，互相提高。

（5）教师精心备课。教师的形象、气质、基本功、教学艺术潜移默化地影响着学生。

文化课是以理解知识、培养能力为主要目标，其他的情感、态度、价值观在教学中渗透实施。

（三）"学案"导学教学模式设计

"学案"导学教学实验是新一轮的基础教育课程改革中，实践者凭借自己的教育智慧研发的一种"草根式"的教改实验。这种实验始于何时、何地，我们无法考证，只能说这是一种自发的却又集体无意识的改革行为。

"学案"也称为"导学案"，目前进行"学案"导学的地区比较多，有些学校虽然没有"学案"这一说法，但实际操作形式与"学案导学"类似，只是把"学案"叫"预习提纲"或"助学方案"。由"学案"引出了"学案导教""学案导学"和"导学案教学"之类的名词或说法，这些都被上升为"模式"或"教学法"的层次。

所谓"学案"是教师在学习理论、教学理论的指导之下，在授课前依据教学目标和学生认知结构的特点，以课时或课题为单位，把课本中相应的内容及预备知识，按照学生的认知水平，模拟问题的发现过程，精心设计递进性问题系列，以引导学生沿着问题的台阶，完成自主探索真知的学习程序。"学案"是指导学生学习本课时或本课题内容的学习方案：一是学生课前预习、课堂自学、课后复习所使用的主动学习的工具与方案；二是教师启发讲解的工具与方案。

运用"学案"指导学生学习，优化教师课堂教学，是广大中小学教师在教育教学实践过程中摸索出的行之有效的教学模式之一，是经过实践检验了的能够提高学生学习效率与学习质量，从而提高教学效率与教学质量的有效措施与方法。

1."学案"的组成要素

"学案"的编写一般包括学习目标、学前测评（预习作业）、学法指导、达标检测（课堂检测）、推荐作业（复习巩固）等几个部分。当然，不同知识点的特点不一样，不同年龄阶段学生的认知结构也不一样，在同一个班级内学生之间对某一学科学习能力的差异有时也很显著，这些都应该是教师在"学案"编制过程中必须考虑的因素。但在诸多的因素当中，对学生的学法指导和达标检测应该是"学案"编写的着力点。只有这样，才能显示出"学案"注重考虑学生如何"学"的问题，同时能够及时把握学习目标、教学目标、学生的学习效率与教师教学质量的信息反馈。在"学案"设计与编制时，要充分体现"以学定教、先学后教，以学评教、问题导学"的教学思想。在"学案"编写时，教师要注重对知识规律的总结；在课堂运用"学案"时，教师要注重对学生学习思路的点拨，切不可把"学案"编制成知识点的简单罗列，抑或将"学案"设计成为"题案"。在"学案"设计与编写时还应该强调指出的是，同年级同学科的教师应该在集体备课的基础上设计与编制"学案"，使"学案"成为学科备课组全体教师集体智慧的结晶，成为教师共同努力的结果，这样才能保证"学案"的质量。备课组教师切不可进行"任务分解"，个别教师单枪匹马设计与编制"学案"。

对于学习目标，教师应该将课程标准中相应课时或课题的教学目标用明确、简练、具体的语言描述，转化为"学案"中学生的学习目标，以给学生在自学教材时指明方向和重点，激发学生的学习兴趣，同时可以避免学生学习的盲目性和片面性。对于学前测评（预习作业），这是学生学习新知识所必须的预备性、基础性和相关性的知识与技能，教师应该通过学前测评（预习作业），及时了解与诊断学情，把握学生的学习情况，帮助学生扫清学习障碍，使绝大多数学生能够快速地进入学习新内容的最佳状态。学法指导部分是"学案"的核心部分，是指导学生学习教材内容的主要依据。在编写过程中，教师应该以学习目标为纲，以教材内容为基点，抓住教材中的知识系列，并根据教材的章节、单元或年级特点，明确培养学生怎样的学习方法，形成怎样的学习习惯。通过课堂上系列化的训练进行培养与强化，使学生掌握合适的学习方法，养成良好的学习习惯，充分发挥"学案"传授知识、揭示规律、提供学法、拓展思路、发展思维、提高能力的作用。

达标检测是"学案"的关键部分。教师应该设计编制有代表性、针对性的达标检测项目，并做到由浅入深、层次分明，通过对学生进行系统而严格的达标检测训练，努力使学生的知识转化为能力，达到举一反三的效果。这实际上也是对教师教学效果与"学案"导学效果的检测。

对于推荐作业，教师应该根据学生的具体情况和教学目标的要求，并针对学习水平不同的学生，编写不同层次的作业，以满足不同层次学生的学习需要，并达到巩固与提高、迁移与拓展的功能。

2. "学案"导学教学模式的操作程序

"学案"导学教学模式是指在教学过程中，让"学案"代替教师在课堂上发挥主导作用，由教师提供必须的学法指导，根据学生学习的反馈信息，辅助学生根据"学案"和教材进行自主创新学习的一种教学模式。

"学案"导学教学模式的总体思路是：以"学案"为载体，以"三个结合"（"学案"与教案相结合，学生的学习与教师指导相结合，学生的主体地位与教师的主导作用相结合）为原则，以教师为主导，学生为主体，学习为主线，使学生学会学习、学会创新。"学案"导学教学模式的操作程序如下：

（1）目标指引，问题导学。在"学案"中要明确学习目标，使学生能知道学习的内容和方向。围绕学习重点和难点，设计一些有一定层次和梯度的问题，或编写一些联系实际的数学问题，让学生在阅读教材、查阅参考书及网络资源来思考、分析及解决问题的过程中，自主建立数学概念，发现定理和公式，完成数学知识的建构，使学生始终处在"问题提出→问题求解→问题解决"的过程中，变"被动"为"主动"，培养学生获取知识的能力。

（2）探究交流，点拨指导。师生之间，教师可以根据学生对问题探究的信息反馈，适时参与讨论，或设问释疑，或反问启示，有目的地进行点拨指导，通过师生之间的沟通和交流，使学生在学会的过程中实现会学。教师一方面了解学生的自学情况；另一方面调控课堂讨论的进程。生生之间，让学生在与同学的合作交流、互帮互学中，通过对疑难问题各抒己见、大胆质疑、充分暴露数学思维过程，从而发展学生的独立评判能力和协作精神。

（3）精讲提炼，突破难点。教师根据学生反馈的疑难信息及学习难点，完成两个方面的工作：①点拨。在学生相互讨论解决疑点时教师参与其中，适时点拨，或是对某个问题，某些学生已经解决，其他学生仍有疑点，教师可让这些学生做"教师"，面向全体学生讲解，教师补充点拨。②精讲。对于难度较大的问题，在学生渴望释疑的心理状态下，教师针对其疑点，厘清思路，揭示本质，把问题解决的来龙去脉解释清楚，让学生知其然亦知其所以然。把思维过程暴露出来，使学生从中领悟学习数学的方法，并以问题为案例，由个别问题上升到一般规律，以起到触类旁通的教学效果，使学生在教师指导下对知识进行整理，找到新旧知识点之间的内在联系，构建知识网络，突破学习难点，从而培养学生的分析能力和综合能力。

（4）练习反馈，总结拓展。根据"学案"中紧扣目标设置的巩固练习，限时限量让学生独立完成。教师巡视，检查答题情况，出示参考答案，小组讨论，教师讲评，重点展开解题的思维过程。针对学生达标训练中出现的问题，补充练习，及时纠正、反馈和评价，并归纳总结所学的内容、规律、方法和技巧，对所学数学知识进行梳理，让学生的知识结构能够连点成线，连线成面，形成知识网络结构。"学生通过反思整理，把新知识纳入自己的认知结构中，从而构建新知结构，形成个体的创新能力。"

第二节　数学深度教学模式

一、深度教学模式概述

深度教学是一种触及知识本质、结构，能引发学生深度思考、质疑、创新的教学方式。深度教学不仅注重学科的科学价值，更注重学科的育人价值。数学的深度教学能够发展学生的高阶思维，进而提升学生的数学学习力，发展学生的数学学科素养。

（一）深度教学的基本性质

揭示深度教学的基本性质，在方法论上需要明确两点：首先，事物的性质与事物的结构密切相关。换言之，深度教学的结构在很大程度上决定着它的基本性质。其次，事物的性质是事物本质的具体表现。对于深度教学基本性质的揭示，其实质是对深度教学本质内涵的进一步认识。根据深度教学的本质内涵与基本结构，深度教学具有四个基本性质：深刻性、交融性、层次性、意义性。

第一，深刻性。深刻性是深度教学的第一个基本性质。深度反映的是触及事物本质的程度。具体而言，深度教学就是要触及学生的本质，触及学科的本质，触及学习的本质，触及发展的本质,这"四个触及"决定了深度教学具有深刻性。相应地,深度教学的深刻性集中表现在四个方面:①触及学生心灵的深处;②深入学科教材的本质;③引导学生持续的建构;④对学生产生深远的影响。深度教学的深刻性决定了深度教学应当实施反思性教学。

第二,交融性。交融性是深度教学的第二个基本性质。从某种程度上讲,深度教学是要沟通和融合教学内部的各个要素、各种关系和各个环节,以充分发挥教学对于学生学习与发展的整体效应。这就决定了深度教学具有交融性。一般而言,深度教学的交融性表现在四个方面:①学生与学科的交互融合,即学生深层的兴趣、情感、思维与学科教材本质的交互融合;②学生与学习的相互支持,即学生深层的兴趣、情感、思维与学生持续建构过程的相互支持;③学科与学习的相互依存,即学科教材本质与学生持续建构的相互依存;④师生之间的心灵融通,即师生之间在兴趣、情感和思维上面的心灵融通。深度教学的交融性决定了深度教学应当实施对话式教学。

第三,层次性。层次性是深度教学的第三个基本性质。深度教学重在引导学生通过深切的体验和深入的思考,帮助学生达到对学科本质的深层理解,进而理解自然、理解社会、理解他人,最终理解自我、实现自我。这里的关键之一是根据学生学习与发展的水平序列,为学生打开不断向纵深推进的学习过程。深度教学的层次性集中表现于学习活动及其过程的阶梯性。深度教学的层次性决定了深度教学应当实施阶梯式教学。

第四,意义性。意义性是深度教学的第四个基本性质。如果教学没能进入学生的精神世界和意义领域,这样的教学是没有深度的教学。从根本上讲,深度教学就是引导学生建构知识意义,提升自我生命意义的教学。这里的"意义"涉及两个方面的内涵:①学生对知识意义本身的建构;②学生通过知识建构丰富和提升自我的生命意义与精神意义。这就是深度教学的意义性。

深度教学的意义性集中表现在三个方面:①教学目的,即不仅引导学生获得知识,而且获得意义;②教学内容,即在学科教学内容之间以及学科教学内容与学生心灵深处之间建立其非人为的实质性关联;③教学过程,即促进学生的兴趣、情感和思维在学生持续建构过程中的深度参与。深度教学的意义性决定了深度教学应当实施理解性教学。

(二)深度教学的实践样态

根据深度教学的程度、条件和范围,深度教学的实践样态存在以下四种类型:

第一,完全缺失的深度教学。目前初中普遍存在的一种教学情况是,教师不能全面、准确地把握学科教材的本质,不能依托学科教材找到学生兴趣的引发处、情感的共鸣处和思维的迸发处。如此一来,教师自然难以设计出既能触及学生兴趣、情感和思维深处,又能体现学科教材本质,并且能够有效沟通这两者联系的学科问题;难以设计出既能促进学生持续建构学科教材本质，又能激发学生兴趣、情感和思维的活动序列。其结果是，学生难以达到对学科本质意义的深层建构和真正理解。

第二，点上突破的深度教学。教师虽然没能建立起学生兴趣、情感、思维与学科教材本质的交互融合关系、学生持续建构与学科教材本质的相互依存关系以及学生兴趣、情感、思维与学生持续建构的相互支持关系，但是在把握学科教材本质、依托学科教材定位学生兴趣的引发处、情感的共鸣处和思维的迸发处以及设计持续建构的学习活动三个点位上，实现了某个（些）点位的突破，此时的教学就是点上突破的深度教学。这种情况的深度教学在初中并不少见：教师能够在某个孤立的点位上为深度教学创造条件，但又没有能够真正沟通学生、学科与学习之间的实质性联系。

第三，局部突破的深度教学。教师不仅在把握学科教材本质、依托学科教材定位学生兴趣的引发处、情感的共鸣处和思维的迸发处以及设计持续建构的学习活动三个点位上，实现了某个（些）点位的突破，而且在学生心灵深处（兴趣、情感、思维）与学科教材本质的交互融合关系、学生持续建构与学科教材本质的相互依存关系以及学生兴趣、情感、思维与学生持续建构的相互支持关系三个方面，实现了某个（些）方面的突破，此时的教学就是局部突破的深度教学。

第四，完整鲜明的深度教学。某些特级教师和教学名师的教学就是这种情况：教师能够在深入把握学科教材本质和学生兴趣、情感、思维深处的基础上，通过学科问题设计和基于学科问题的学习活动设计，沟通学生、学科与学习之间的多向交互关系，引导学生持续建构学科教材本质，促进学生意义理解和持续发展。

二、数学深度教学模式的创新

深入学科教材的本质、触及学生的心灵深处、促进学生的持续建构和引导学生的意义建构乃是深度教学实践的四个基本方向；深入学科教材本质的反思性教学、触及学生心灵深处的对话式教学、促进学生持续建构的阶梯式教学和引导学生建构意义的理解性教学则是深度教学的四个基本模式。

（一）数学反思性教学模式创新

深度教学是引导学生深度建构学科教材的本质，唯有通过反思，学生才能真正把握学科教材的本质，这就是深度教学的第一个教学模式：深入学科教材本质的反思性教学。

1.反思性教学要素

在学校，虽然教师主要承担的是某一个学科的教学，但很多教师又常常将自己的任务理解为教材，其结果是学生只是学了几本教材，却没能真正认识这门学科；学生只是学到了某些粗浅的教材知识，却很少把握该门学科的精髓。长期以来，学生自然难以发展出良好的学科核心素养。改变这种状况的前提就是转变我们的教材观念：教师的教学任务不是教材，而是用教材教，教师用教材来教学生学习学科。鉴于学生学习时间和精力的有限性，教师的任务主要是用教材来引导学生把握学科的本质，其原因就是为了更好地解决当下人们普遍关注的话题——培育学生的学科核心素养。不管是引导学生把握学科的本质，还是培育学生的学科核心素养，首先是引导学生借助教材来学习学科。简单而言，就是要引导学生着重从学科的以下五个要素来展开学习：

（1）对象—问题。所有学科都有自己特定的研究对象和研究问题。例如，物理学主要研究物质世界最基本的结构、最普遍的相互作用和最一般的运动规律；数学主要研究现实世界的数量关系和空间形式。而在各门学科内部的不同领域，又涉及具体的研究对象和研究问题。

（2）经验—话语。所有学科都有自己特定的经验形式与话语体系。对于初中学生而言，就是要掌握不同学科的基本活动经验、问题表达方式和语言表达特点。

（3）概念—理论。所有学科都有自己特定的概念系统与理论体系，具体表现为学科中的概念、原理、结构和模型等概念性知识。

（4）方法—思想。所有学科都蕴含经典的思想方法，包括哲理性的思想方法、一般性的思想方法与具体性的思想方法。

（5）意义—价值。所有学科都有自己独特的意义与价值，具体表现为学科知识的作用与价值以及学科知识所蕴含的情感、态度与价值观。

2.反思性教学目标

从教学目标而言，深入学科教材本质的反思性教学旨在培育学生的学科核心素养。学科核心素养特指那些具有奠基性、普遍性与整合性的学科素养。其中，具有奠基性的学科素养是指那些不可替代和不可缺失，甚至是不可弥补的学科素养，如学科学习兴趣、学科思想方法等。具有普遍性的学科素养是指超越各个学科并贯穿于各个学科的学科素养，如思维品质、知识建构能力等。具有整合性的学科素养是指对那些更为具体的学科素养起着统摄和凝聚作用的学科素养，如语文学科中的审美鉴赏与创造力素养就统整了审美意识、审美情趣、鉴赏能力和创意表达等语文学科素养。

从分析的意义上讲，学科核心素养的基本结构可以归纳为"四个层面"与"一个核心"。"四个层面"分别是：①本源层，即对学生的学科学习最具有本源和发起意义的那些素养，主要表现为学科学习兴趣；②建构层，即学生在学科学习中所具有的知识建构能力，主要表现为发现知识、理解知识和构造知识的能力；③运用层，即学生运用学科知识解决问题的能力，集中表现为实践能力与创新能力；④整合层，即学生在长期的学科学习中通过领悟、反思和总结，逐渐形成起来的具有广泛迁移作用的思想方法与价值精神。"一个核心"是指学科思维。正是依靠学科思维的统摄和整合，学科核心素养的所有四个层面及其各个要素才形成了有机的整体。

3.反思性教学模式

引导学生把握学科本质的教学模式是反思性教学。这里的反思性教学不是教师发展意义上的反思性教学，而是学生发展意义上的反思性教学。简单地讲，学生发展意义上的反思性教学是指学生在教师的引导下，通过反思思维把握学科教材本质进而优化和改造自身知识结构、思维模式与经验体系的教学形态。教师要从目标、内容、过程、方式与水平五个维度，确立反思性教学的基本实践框架。

（1）反思性教学的目标：把握学科本质。反思性教学的目标是引导学生透过现象把握本质，透过局部把握整体，透过事实把握意义。换言之，就是引导学生把握学科教材的本质和学科知识的意义。

（2）反思性教学的内容：知识的过程、方法与结果。这种教学模式是让学生学会对自己的知识进行理解和不断反思。反思性教学涵盖了三个方面内容：一是把学到的知识看作一种过程进行反思，主要是学生要学会在获取知识的过程中进行反思；二是将所学的知识看作一种结论进行反思，其中包括逻辑思维和行为方法、价值观念等方面；三是将所学的知识看作一个问题进行反思，让学生学会质疑和批判。

（3）反思性教学的过程：从矛盾到重建。在实践中，反思性教学会创造问题的环境，从而给学生造成疑惑，这样会有认知的矛盾，所以学生就会努力去做到知识平衡，最后回归教材，重建自己的知识结构。

（4）反思性教学的方式包括了四个不同的思维方式：反省思维、本质思维、批评思维和辩证思维。这四种思维模式循序渐进地引导学生，从而达到反思性教学的目的。反省思维其实就是让学生在学习的过程中找到一些办法，并对这些方法进行反省，从而得出一些心得体会，最终提高学习效率。本质思维就是教会学生通过现象看清事物的本质。在实践中，教师应该首先将知识的缘由作为重点；其次就是事物的本质、学习学科的方法、各学科之间的知识联系等，让学生看到学科的本质和知识核心；最终能让学生真正地掌握知识。

（5）反思性教学的水平：从回顾到批判，根据学生反思的水平，可以将反思性教学区分为回顾、归纳、追究与批判四个层次。其中，在回顾水平上，反思性教学只是引导学生对自己知识的过程、方法与结果进行回忆。这种水平的反思性教学在实践中比较多见，一个典型的表现就是教师只是让学生对自己学习的得失进行反思。在归纳水平上，反思性教学引导学生对先前知识的过程、方法与结果进行梳理与归纳，但此时的知识还主要停留于经验水平和概念水平。在追究水平上，反思性教学引导学生对知识的产生与来源、事物的本质与规律、科学的方法与思想、知识的作用与价值等方面进行反复的探求与追寻。在批判水平上，反思性教学引导学生将自己已获得的知识作为问题加以质疑和考问，其着眼点在于提升学生的问题意识、批判精神与创新能力。

（二）数学对话式教学模式创新

现行教学专注于知识的堆积而远离学生的心灵，学生因此缺乏情感的体验、智慧的刺激和生活的感悟而没有灵性，课堂缺乏生命的活力和意义的显现。在这种情况下，教学毫无深度可言。换言之，深度教学不是远离学生心灵的教学，而一定是触及学生心灵深处的教学。因此，对话式教学才能触及学生心灵的深处，这就是深度教学的第二个教学模式：触及学生心灵深处的对话式教学。

1.对话式教学的根源

"教育是心灵的艺术，教学是心灵的启迪，教师是人类灵魂的工程师"，凡是与教育有缘的人都熟悉这些名言和说法。在实际的教学中，大致有以下几种表现：

（1）"无心"现象。教师的教学与学生的心灵世界少有联系，就会难以引起学生心灵的共鸣与回应，致使教师的教学与学生的心灵处于两相平行而很少相交。

（2）"走心"现象。教师的教学与学生的心灵世界有些关联，偶尔会引起学生心灵的共鸣与回应，但终究未能走进学生心灵的深处，此时的课堂止步于学生心灵的表层，很少触及学生深层的需要、兴趣、情感和思维，自然就会产生学生一笑而过、一时兴起而难以持续投入等现象。

（3）"偏心"现象。教师的教学单纯强调学生心灵的理性部分，很少关注学生心灵的情感、精神部分，教师的教学单纯强调学生的逻辑思维，很少关注学生的感知与体验、直觉与领悟。在这种情况下，课堂将学生心灵的理性部分放置在课堂的绝对统治地位，学生心灵世界中更具有生命本源意义的部分却被放逐在课堂之外。

2.对话式教学的问题情境

设计问题的情境主要涵盖了触发问题、唤醒问题和建构问题。从事物发生的状态来看，问题情境的产生能触发学生、唤醒学生，并且让学生内心世界不断地得到建构和充实。在问题情境设计的基础上，和学生及时沟通能建立起教师和学生之间的心理桥梁，这种教学也被称为对话式教学。通过这种方式，不仅可以让两者的思维不断地碰撞，也在构建着学生的内心世界。总之，对话式教学能在问题情境创立的基础上，达到很好的效果。

（1）学生心灵的触发器：问题情境。怎样的问题情境才能触及学生心灵的深处？基于大量的课堂范例，能够触及学生心灵深处的问题情境通常都能够引起和激发学生的注意力、好奇心、求知欲、探究欲和共鸣感等。具体而言，教师可以采用五个方法来创设尽量精妙精当的问题情境。

第一，以真实生意义。问题情境的创设需要从学生的生活实际出发，尽可能让学生在真实的问题情境中展开学习，使学生真正感受到自己是在学习有实际意义的知识，真正体会到知识与生活的密切联系。

第二，以新奇激兴趣。但凡新奇的事物都能激发人们的兴趣，容易引起学生的好奇与思考。教师要善于捕捉课程教材中的新奇处，进而创设出尽量新奇的问题情境。

第三，以真切动真情。生动形象的场景和真情实感容易引发学生的情感体验和情感共鸣，产生以情动情的效果。教师在创设问题情境时要善于做到情真意切，用情感架起沟通交流的桥梁，从而促进学生的主动参与和情感投入。

第四，以困惑启思维。当学生遭遇困惑时，内心就会产生一种不平衡的心理状态。为了解除和恢复心理上的平衡，学生便会产生深入探究的欲望和冲动。教师要善于通过问题情境创造困惑，使学生产生认知冲突。

第五，以追问促深究。但凡善于引导的教师，都善于在学生已有思考的基础上，借助巧妙的追问，促使学生循序渐进、由浅入深地建构和理解知识。

（2）触及学生心灵深处的教学途径：对话式教学。借助问题情境，教师可以采用对话式教学，不断地触发、唤醒和建构学生的心灵世界。从操作上讲，教师可以根据教学实际，分别采取问题讨论、论题争辩、成果分享、角色扮演和随机访问五种对话教学方式。

第一，问题沟通式。这种教学模式是让学生在课堂上发现问题，并且根据这个问题进行沟通讨论，商讨出最后的解决办法。

第二，论题争论式。这种对话教学一般都要形成正反两个论题，由此让学生自己分为正反两方，让学生通过辩论赛的形式真正地理解知识。

第三，结果分享式。这种教学模式主要在于让学生在完成课后作业的基础上，敢于分享自己的学习结果，达到分享的目的，让学生学会自我反思和团队协作。

第四，角色互换式。这种教学模式重视学生对相应角色的互换，而体验不同角色可以让学生体验到沟通的重要性，最后学会相应的知识。

第五，随机抽查式。这种教学模式能够让学生自发地、主动地从不同的角度发现更多的问题，从而形成多种的学习方法，培养学生的合作交流能力，使其能够对学习的知识有深刻的印象。

第三节　数学翻转课堂教学模式

翻转课堂教学模式有效衔接了课堂内外，对于增强学生学习能动性，提升学生学习兴趣，促进学生自主学习，发展学生核心素养具有重要推的动作用。在翻转课堂教学落实的过程中，对教师的教学能力提出了更高的要求，教师必须探索数学与信息技术的深层整合，并落实以生为本，完善课堂互动，依托翻转课堂推进学生创新性学习。

一、翻转课堂的认知

（一）翻转课堂的核心理念

翻转课堂的核心理念是：先将新知识的基础打牢，再锻炼加强知识的运用能力；课堂外进行知识教学，课堂内进行知识内化与运用。只有深刻认识和理解该教学模式的核心运行理念，才能在不同地区、年级、学科的课堂上充分发挥翻转课堂教学模式的功效。

第一，布鲁姆掌握学习理论。本杰明·布鲁姆（Benjamin Bloom）是美国当代著名的心理学家、教育家，他曾提出过"教育目标分类理论""掌握学习理论"等一系列教育理论。1981年，布鲁姆通过实验发现，经过一对一的针对性教学后，班级里多位中下水平学生的成绩超过了多位中上水平学生的成绩，由此他认为，在恰当的条件下，每一位学生都有成为优等生的可能。对此，他提出了掌握学习理论，即在"所有学生都能学好"的思想指导下，在经过班级授课学习的基础上，教师给予学生针对性的、及时的帮助，针对反馈信息调整教学计划和教学方法，从而使每一位学生都达到教师在授课前制定的教学目标。因此，布鲁姆"掌握学习理论"不仅是翻转课堂理论的重要组成部分，还对翻转课堂的实践教学过程和我国的教育发展有着重要的指导意义。首先，该理论要求教师树立每位学生都能成功的乐观教学理念，平等看待学生，一视同仁；其次，这一理论还强调教师关注每位学生人格心理，推动学生主动学习，充分调动学生深度学习的积极性。

第二，建构主义学习理论。建构主义学习理论的核心观点是：学习是人在已经获得知识的基础上，结合时代背景、所处的社会文化背景、个人成长经历，主动地对知识重新进行加工和组合，重新建构知识体系的过程。因此，建构主义学习理论在翻转课堂的应用体现在：①教学活动是以学生为主导进行的，教师只是学生主动进行知识建构的帮助者和促进者；②教学活动不局限于书本知识，还需要尝试在实际情境中运用知识，解决实际问题；③强调协作学习的重要性。由于学习过程是每个人主动以自己的方式形成对不同事物的认识和见解，所以每个人对同一个事物的认知是不同的，因此互相交流各自的观点，能够使最终建构的知识丰富、全面，且印象深刻。

第三，自组织学习理论。翻转课堂得以推行的核心在于学生通过电脑网络技术的支持，主动地进行自我学习和互助学习活动。这一观点与印度教育家苏伽特·米特拉于1999年在启动的"墙中洞"（Hole in the Wall）项目总结出的自组织学习理论不谋而合。苏伽特·米特拉在印度一处偏远的贫民窟的墙体里嵌入了一台联网的电脑，并告诉这里的孩子们可以自由使用这台电脑，整个实验的过程没有出现任何类似教师角色的干预行为，但是这些孩子们竟然自发地组织成互助小组，通过网络学习各科知识。由此可见，建立起引发学生好奇心的学习环境，能够有效提升学生参与学习活动的动机程度，而与同伴形成学习互助小组也会进一步激发学生不断探索学习的动力，从而最终形成一个自组织学习的良性循环机制。随着信息技术、多媒体技术的进步，以及不同学科的教育资源依托互联网逐步开放，作为主张"自组织学习"的翻转课堂教学模式，必将对我国的教育变革产生深远的意义。

（二）翻转课堂的教学内容

目前很多学校的主要教学模式依然是课堂由教师主导对知识进行讲解，学生被动学习，其学习的积极性和互动性普遍不高。而翻转课堂则是将传统课堂里的教师和学生的角色进行了互换，学生先在上课前通过教师录制好的课程讲解视频进行自学，随后课堂转变为教师组织学生交流学习进度和成果，针对性地对学生各自的问题和困难提供有效的解决方案，引导学生自发地对知识进行思考和实践运用，学生从被动学习转变为主动学习。同时，一方面，这一模式为评估教师的教学成果增加了新的评价指标，即课程讲解视频的关注度、播放量，以及学生进行评论、转发的数据；另一方面，翻转课堂让学生的学习效果评估不再由简单的阶段性考试成绩所决定，而学生的自主学习能力、创新能力、表达能力、领导能力等是否在学习过程中得到提升也被纳入评价指标中。因此，可以从以下方面来理解翻转课堂的具体内容。

第一，翻转教师角色：教师由"知识传授者、课堂管理者"翻转为"学习的指导者、促进者"。

第二，翻转学生角色：学生由"被动接受者"翻转为"主动研究者"。

第三，翻转教学形式：教学形式由"课堂讲解+课后作业"翻转为"课前学习+课堂研究"。

第四，翻转教学内容：教学内容由"传授知识"翻转为"问题探究"。

第五，翻转技术应用：教学中应用的技术由"展示内容"的工具翻转为"自主学习、交流反思、协作讨论"的工具。

第六，翻转教学评价：教学评价由"传统纸质测试"评价方式翻转为"多角度、多方式"的评价方式。

当前，传统的课堂教学模式和现存的教育方式，已经呈现出其在培养适合推动现代发展人才方面存在的不足，而翻转课堂能够在短时间内就受到多个国家、地区的教师和学生群体的认可，就可以看出这一课堂模式是时代发展的要求，也是教育行业转型升级的体现。目前不同阶段的学校针对翻转课堂进行了多方面的考察和实践研究，认为这一模式相比于传统课堂，能够有效地激发学生的学习动力和兴趣，加深了学生对学科知识的理解，学生的综合素质、创新能力、思考能力和自学能力等都得到了不同程度的提升。随着我国基础教育的全面普及，以及教育理念随着时代发展不断创新，翻转课堂在帮助学生全面发展方面的价值和实践意义逐渐凸显，未来的发展空间巨大。

二、翻转课堂模式优化数学教学活动设计

近年来，中国的教育一直处于改革阶段，翻转课堂是教育改革的实践产物。数学在加入翻转课堂之后，教学模式也产生了变化。在数学学习之前，学生需要根据导学案开展自主学习，然后教师和学生会积极讨论本节数学课的相关内容。而且，上课环节也发生了变化，课堂上更加注重师生之间的交流、展示、讨论与探究，数学教学模式的变化使课堂中出现了很多微课视频、音频、图片以及其他的网络链接。

翻转课堂教学模式要求学生利用导学案展开自主学习，然后进行小组内部讨论，学生可以在讨论中解决疑问，如果讨论之后还存在困惑，学生可以在课堂上向教师询问，也可以和同学展开深入的交流，分析问题，解决问题。建构主义思想指出，学生和环境之间存在的相互作用能够为学生学习提供源源不断的动力，而且作用力能够让学生在认知方面和情感方面发生态度转变。对于学生而言，自身和环境之间的相互作用就是学习活动，在翻转课堂教学模式中，微课具有非常重要的作用。但是，微课的使用需要辅助课上的探究活动，只有这样才能发挥出翻转课堂教学模式的最大作用。

开展学习活动是为了达到预期的学习目标，在学习活动中，学生会和学习环境产生交互作用。学习环境包含很多内容，如学习资源、学习工具、学习策略以及其他支持学习行为的服务。学习目标的实现需要依赖于学习活动的内容、学习活动的设计以及学习活动的具体操作步骤。在传统课堂中，学习活动的开展主要包括学习目标任务、学习交互形式、学习角色、学习职责、规划、学习成果、评价规则以及监管规则等。翻转课堂加入学习活动之后也要涉及学习要素，如学习资源、学习环境、学习主体与评价规则等，这些要素会直接影响翻转课堂学习活动的开展，也会影响学习活动能够获得的学习效果。

（一）翻转课堂数学教学活动设计的要求

第一，正视不同学生之间的差异。翻转课堂学习活动需要有针对性地为学生提供服务，针对性服务的提供需要教师提前掌握学生的个人情况，并且做出针对性的指导，在数学课程中也要对个别学生进行专门辅导，为学生提供个性化的学习服务，在课程结束之后，也要及时更新学生的能力发展状况，为学生知识的学习提供相应的巩固和强化措施。

第二，让活动设计得具体细致。教师需要在学习活动之前、活动当中、活动之后的各个阶段为学生设立明确的目标，做出详细的活动安排，让学生按照活动安排展开活动，发挥自己的主体性来完成活动目标。

第三，为学生学习提供有效的支持服务。教师要保证学生学习环境的合理、科学建设，要探究不同的学习方式，培养学生的自主性合作能力、探究能力、自我管理能力，为学生知识的建构提供服务支持。

第四，要在活动中始终进行监督和管理。在教学活动开始之前、过程当中、过程结束之后，教师都要进行有效的监管，检验学生的学习效果、学习任务的完成情况，评价学生的协作能力、交流能力、学生的学习成果、参与意识等，还要督促学生进行自我反思与评价。

（二）翻转课堂数学教学活动设计的要素

1.学习主体

在翻转课堂数学学习活动中，学生是执行者，学生在活动中扮演的角色、展开活动的方式、活动中的互动等都会影响到翻转课堂的学习效果。在设计翻转课堂学习活动的过程时，必须尊重学生之间的差异性，也要注重学生个性的发展，为学生的发展创造合适的情境，保证学生能够有完整的认知结构，能够构建自我知识系统。在上课之前，教师需要了解学生的兴趣、学习能力、学习活动的经验以及对学习的需求，在此基础上设计学习内容，选择符合学生要求的学习视频，设置学生需要的学习任务，布置适合学生能力的学习作业；在课堂中，教师要兼顾不同学生的认知差异，设置讨论、合作研究的环节，充分尊重学生的学习主体性，让学生作为学习的中心；在课后，教师要对学生的学习过程做出总结和反思，对学生进行多方面、多角度的评价，让学生认识到自己的不足，实现学生的持续发展。在教学过程中使用的方法和手段需要为学生的个性化发展服务。

2.学习资源

学生学习活动的实现需要学习资源作为支持，数学学习资源包括各种各样的资源，如文本资源、音频资源、视频资源、动画和图表资源等。翻转课堂学习活动为学生学习提供了多种多样的资源，而且资源是开放的，教师可以根据教学内容选择合适的学习资源，也可以对学习资源进行二次加工和设计，让资源更加符合教学需要。例如，教师在处理陈述性的知识时可以设置热区导航，在其中加入具有说明性的内容，如文本知识、图表知识；教师在处理程序性的知识时，可以分层次地将知识陈列出来，帮助学生建立清晰的概念认知，构建完善的知识结构，如认知策略的学习、动作技能的学习等；教师在处理学习资源的过程中，需要注意体现学生的个性自由，让学生的思维在活动中得到发散，让学生有自主的思考、深刻的认知。特别是微视频，学生会依靠微视频进行大量的自主学习，所以微视频的设计一定要注重学习自主性的体现。要让微视频发挥出互动功能，帮助学生了解新知识、建构新知识。在微视频中应该体现本视频要学习的内容和要解决的学习问题，帮助学生了解和明确视频学习的具体目标。

3.教学方式

翻转课堂和传统的课堂有所不同，教师的角色、学生的角色都发生了转变。翻转课堂使面对面学习和网络学习产生了紧密的连接，除此之外，它还实现了知识和技能、应用和迁移的结合。在翻转课堂中，教师既是学习资源的开发者、设计者，也是学习目标的制定者、学习活动的组织者，教师要陪伴学生学习，管理、设计、考评学生的活动；学生需要积极发挥自己的学习主动性，建构自己的知识体系。

4.学习环境

数学的学习环境主要指支持学习过程、促进学生发展的各要素的有机组合，对学生学习过程中的认知、情感和行为以及学习活动效果有着重要的影响。翻转课堂学习环境具有的特点是：①融合新的学习策略，即讨论交流、合作研究、主动的学习、探究协作的学习等；②能够把传统的教学方式与翻转课堂模式结合起来，满足学生的个性化学习需求，实现课堂学习的真正高效化；③促进学生发展的所有支持性力量的有机组合，包括学习资源的呈现、学习活动策略、评价反馈等。

翻转课堂的数学学习环境有四个：一是家庭学习环境。家庭学习环境是学生自主学习的保障，家庭需要为学生的学习提供物质条件，安静的学习氛围，能够指导学生学习、督促学生学习的家庭成员等，家庭学习要求学生自我约束力较强，需要家长和学校配合，形成教育合力；二是课堂教学环境。课堂教学的中心是学生学习内容，主要是思维练习，注重培养学生的选择能力、决策能力，让学生能够全面发展，课堂环境能够为学生提供真实的学习情境，课堂教学环境传递信息的渠道也非常多、非常丰富；三是网络学习平台。网络学习平台提供的课程活动蕴含建构主义教学理念，能够帮助教师更好地设计教学活动；四是学习支持服务。该服务目的是全方位地为学生学习提供支持，帮助学生解决学习困难，具体而言，主要涉及动机激励、任务指导等内容。

翻转课堂学习活动对学生的自我管理能力提出了较高的要求，同时对教师的工作能力也提出了较高要求，教师要为学生创造出良好的环境，为学生提供他们需要的信息和资源，促进学生的个性化学习以及合作学习。为了让学生保持学习积极性，可以设置积分奖励，通过量化的数据来反映学生的学习成果，还可以使用量化的形式评价学生的学习过程。除此之外，还可以设置精神方面的奖励，如颁发荣誉奖章、评选光荣称号等，如果有特别出色的学生，可以同时奖励积分和荣誉称号。这些奖励形式能够激发学生的学习主动性，让学生更愿意参与学习活动。任务指导能够帮助学生形成清晰的学习步骤，让学生明确学习目标。

5.评价规则

翻转课堂学习活动必须注重学习过程。活动是动态的、整体的、复杂的，并不是线性的，活动过程需要教师监督和掌控，并且对某些环节做出适当的引导，还要对学习过程做出有效的评价和反馈，确保学生的发展符合预期目标的设定轨迹。例如，如果学习过程中出现了意外因素，那么教师必须认真对待和处理，保证学生的学习能够重新回归到稳定状态。除此之外，还可以通过学生和环境之间的交互建立反馈机制，保证学生的知识建构始终处于稳定状态。最后，教学评价方式需要做出改变与创新。教学评价方式应该既适合于翻转课堂学习活动，又能够促进学习过程的推进和学习效果的提升，教师要充分发挥评价对学生的反思作用和学习督促作用。

对学生的活动过程的评价、自主管理能力的评价、合作组织能力的评价、语言表达能力的评价应该从问题出发，关注过程，力求形成真实有效的评价，发挥评价的作用。评价需要从多种角度展开，整体地评价学生的学习过程、学习态度、学习结果。例如，在课程开始之前，教师应该自主评价并总结学生在网络学习平台上的视频观看记录，查看学生的学习进度以及学习安排，清楚地了解学生的准备状况；在课程当中，教师要关注学生知识的构建情况，指导和督促学生的学习行为，督促学生参与讨论、参与合作，解决课前存在的疑难问题；在课程结束之后，教师应该为学生布置学习任务，并且要求学生在规定的时间内递交反思报告、评价报告。

（三）翻转课堂数学教学活动设计的模式

学生的学习本质是学生的认知心理活动过程，是有一定的心理学规律的，只有按照规律设计学的活动，才能实现学的过程，达到学的结果。因此，活动设计应避免简单的知识复述和空泛的语言讨论，而是注重直观感受，让学生亲手操作、亲身体验、形象感知，经历知识的发现、概念的形成、规则的应用等学习过程。因此，教师在教学设计中应当充分考虑学生的认知过程及需要，设计相对完整、连续的学习活动。

第一，操作感知学习活动。让学生借助动手操作活动感知事物、形成概念、学习规则，由此引发的感知、思维活动过程，是语言表述所无法取代的。

第二，事例感知学习活动。在教学中，为了让学生理解较为抽象的概念和规则，可以设计活动让学生感知具体的事例，需要学习的概念和规则就蕴含在事例中，学生可以通过对多个事例的归纳掌握概念、理解规则。

第三，体验感悟学习活动。在教学中，通过活动让学生自己去体验、去感受，并把自己已有的经验和当前学习活动结合起来，从而产生对知识更深刻的理解，对技能更切实的掌握。

第四，能力训练学习活动。在教学中，学生的朗读、识记、计算等能力发展任务还是要通过扎扎实实的训练活动来实现。能力训练活动设计要求教师依据学生的年龄、认知特点创设生动有趣的课堂情境，吸引学生积极参与训练活动，让学生在积极、愉快的情感体验中达成学习目标。

学习活动还有许多，根据不同学科、不同课型、不同年级的教学目标、重难点的异同，教师可以根据自己所选择的授课内容及数学教学经验，恰当设计其他学习活动。在设计学习活动的过程中，要注意学习活动的设计关键在于活动能引起学生对学习材料的深入加工。例如，朗读、背诵、读出公式规则和定理，属于学习材料的原样呈现，应该是较低水平的加工，而解释、举例、运用公式解题、运用规则动手操作，则是较高水平的深入加工。研究表明，那些经过比较精细复杂的或较深层次的分析加工的材料，才容易得到储存，学习效果也更为理想。

第四节 数学双导双学教学模式

双导双学教学模式，其含义为教师"双导"，学生"双学"，且注重发挥数学教学活动中教师、学生两个方面的积极性，即通过"教师主导，学生主体"的教与学相互作用的过程，从而获得最大效益。

一、双导双学教学模式的认知

（一）双导双学教学模式的目标分析

教学，要先解决方向，即教学目标问题，方向不对，越是努力，则与目标背离更远，所以，方向比努力更重要。瞄准教学目标，开启我们的教学之旅，是教学的起点；通过实施教学的各个环节，达成教学目标，是教学的归宿。教学目标的重要性不言而喻。教学目标有以下四个作用：

第一，"指挥棒"作用。教学目标是教学活动的"第一要素"，对教学有"指挥棒"作用,指导和支配整个教学活动。教学活动追求怎样的目的,要达到怎样的结果,都会受到教学目标的指导和制约,教学过程也是围绕教学目标而展开。如果教学目标正确、合理,就会实施有效的教学,否则就会导致无效的教学。

第二,"控制器"作用。教学目标一经确定,就对教学活动起着"控制器"作用:一是表现为约束教师和学生,让教和学凝聚在一起,完成共同的教学目标;二是表现为总体目标制约各个子目标,如高层次教学目标制约低层次教学目标,低层次教学目标必须与高层次教学目标一致。

第三,"催化剂"作用。现在提倡三维教学目标的整合,其中情感态度价值观目标可以激发学生的学习动力,对学习起"催化"作用。教师制定教学目标时,一定要研究学生的兴趣、动机、意志,在分析非智力因素上努力,这样制定教学目标才会对学生产生激励作用,让学生产生要达到学习目标的强烈愿望。

第四,"标杆尺"作用。教学目标作为预先规定的教学结果,自然是测量、检查、评价教学活动的"标杆尺"。教学是包括钻研教材、设计教学、组织实施、反馈评价等环节的系列活动,而评价则是其中重要的教学环节,它既是教学活动一个周期的终结,又是下一个周期的开始。教学评价主要是检测教学设计时预定的结果是否实现以及实现的程度如何,以便获得调整教学的反馈信息。教学目标的"标杆尺"作用相当重要,必须用好。

(二)双导双学教学模式的主要内容

教学模式,就是从教学的整体出发,根据教学的规律、原则而归纳提炼出的,包括教学形式和方法在内的,具有典型性、稳定性、易学性的教学样式。从静态看,教学模式是一种教学结构;从动态看,它是一种教学程序。教学模式反映教学的共性、规范性,是教学实践的提炼与固化。

1.双导双学的内容

"双导",即教师在课堂教学中充分发挥主导作用,引导学生明确学习目标,在学习目标的引领下,指导学生掌握一定的学习方法,达到教学的有效直至高效。在本教学模式的实施中,教师需要做两件事:第一,"双导"。导标:指导学生明确学习目标;导法:指导学生掌握学习方法。第二,加强良好习惯的培养,建设优良的班风、学风,对学生进行"核心素养"中"必备品格"的培育。

"双学",即学生在教师"双导"(导标、导法)的引领下,在课堂中运用相应的学习方法,直指目标,充分自主学习,达成目标,学会学习,形成良好的学习习惯。在双导双学教学模式的实施中,学生也需要做两件事:第一,"双学"。自主学习:直指目标,自主学习,达成目标;学会学习:运用方法,掌握方法,学会学习。第二,形成良好习惯、良好品格,助推学习成功。适度的小组合作学习训练渗透其中。

2.双导双学课堂模式的内容

双导双学课堂教学模式是基于教师"双导"、学生"双学"的课堂教学模式，在课堂教学中充分发挥学生的主动性，通过教师的"导标""导法"，学生通过直指目标的"自主学习"，达到学会；通过掌握学习方法，达到"会学"，从而达到培养学生"学会学习"的学科核心素养的课堂教学模式。

双导双学教学模式以教学目标的达成为主线，以教师引导学生实践为过程，以学生达成学习目标和学会学习为取向，从而增强课堂教学的针对性，实现学生学习的自主性，落实教师的主导性，提高课堂教学的实效性，保证学生学习能力的培育，使之在未来学习、终身学习中的可持续发展。教师"双导"与学生"双学"在教学过程中紧密交融，构成"师—生""生—师""生—生"多元互动的开放系统，形成一个完整的学习网状结构，师生成为一个有效互动的学习共同体。

教师在课堂教学中实施"双导"，学生在课堂学习中实践"双学"，学生充分地自主学习、适当地探究学习和有效地合作学习，不仅要达成学习目标，做到"学会"，更要掌握方法，达到"会学"。这就是"双导""双学"教学模式的基本内容。

二、数学双导双学教学模式的对策

（一）制定学习目标

第一，教师活动。教师引入学习，引导目标：①或创设情境，或开门见山引入新课；②引导学生明确本课时学习目标。

第二，学生活动。学生进入学习，明确目标：①齐读课题；②在教师引导下主动明确学习目标。

第三，环节用时与操作策略。教学时间为5分钟左右，明确目标由"扶"到"放"：模式实施起始阶段教师充分主导，甚至可以讲，逐步过渡到由学生自主确定目标，教师协助、把关。

（二）寻找学习方法

第一，教师活动。教师督促学生自学，点拨方法：①教师点拨主要学习方法；②教师巡视指导。

第二，学生活动。学生运用方法，自主学习：①学生运用方法，自主学习；②小组内合作交流，并推荐学生准备全班交流。

第三，环节用时与操作策略。教学时间为15分钟左右，教师点拨学习方法，让学生自主学习的过程更富有实效性。

（三）巩固学习知识

第一，教师活动。教师检测学习目标，总结方法：①教师组织学生在全班交流，在交流中点拨、完善；②检测达标（各学科根据学科特点，分口头和书面两种检测形式）；③针对检测中出现的问题及时反馈、矫正或补救；④引导学生总结学习方法。

第二，学生活动。学生达成目标，掌握方法：①学生代表在全班交流；②全班学生接受达标检测；③及时反馈检测情况，及时纠正错误；④在教师引导下逐渐掌握学习方法。

第三，环节用时与操作策略。教学时间20分钟左右，做到当堂完成作业。总结方法由"扶"到"放"：模式实施起始阶段教师引导学生总结，逐步过渡到由学生自主总结，一节课时中有几个教学目标的，低年级可以一个目标达成后再进行第二个目标；而高年级则可以在学生扣住目标自学后，再集中检测达标情况。

第六章　学生数学思维能力培养路径

第一节　学生数学思维能力培养概述

一、相关概念界定

（一）数学思维

思维指的是大脑所特有的一种高级认知活动。具体而言就是大脑通过运用分析、对比与归纳等对概念进行判断与推理等，揭示客观事物的本质特点及内部联系，客观规律被认识掌握的心理活动[1]。数学思维是数学学习中一种特定的思维，它要求学生在面对数学的时候能够将数字形象化，从而形成数学运算。也有学者从思维主体、思维客体和思维过程三个方面界定了思维的概念，认为数学思维是一种一般思维，是人脑对数学对象进行理性认识的过程中所体现出的数学对象与数学学科特点的关系[2]。数学思维指的是人脑对数字进行理性认识的过程，包括进行实际问题解决时的思维过程[3]。数学思维以数学问题为基础，通过发现问题、分析问题与解决问题，一般性认识现实世界的空间形式与数量关系本质的思维过程[4]。

依据上述研究基础，笔者认为数学思维是学生通过运用分析、对比与归纳等方法对数学的特点及运算规则等进行自我感知、探索和建构的思维过程。数学思维也是人们在对世间万物理性认知的过程中，通过数学简约的、特有的符号和语言，运用相关的数学思想，

---

[1] 任樟辉.数学思维论[M].南宁：广西教育出版社,1996.
[2] 叶立军.数学课程与教学论[M].浙江：浙江大学出版社,2011.
[3] 马启健.浅谈小学数学直觉思维能力培养[J].考试周刊,2018(13):77-77.
[4] 张乃达.数学思维教育学[M].南京：江苏教育出版社,1990.

进而理解掌握数学规律的一种思维。

（二）数学思维能力

所谓数学思维能力是指用数学的观点进行问题思考与解决的能力[①]。我国数学界普遍认为数学思维能力共分为三类：逻辑思维能力、数学运算能力和空间想象能力，其中的核心能力就是逻辑思维能力。随着数学学科的发展与进步，又进一步细化了数学思维能力。笔者认为，数学思维能力则是指学生能够在数学学习的过程中运用数学思维，展开丰富的空间想象，能够归纳总结、推理出一些数学问题，并且具备发现各种数学问题、解决问题的一种思维能力。

（三）小学生数学思维能力

本部分没有检索到关于小学生数学思维能力概念界定的文献。借鉴上述研究成果，结合小学生特点，依据研究者对数学及其教学的理解，本部分将小学生数学思维能力概念界定为：小学生的数学思维能力是指小学生运用已有的数学直觉思维、数学形象思维和数学逻辑思维等发现学习和生活中的数学问题，以自己独特的创新性的方式进行探索以及解决的能力。

正如世界上没有两片相同的叶子，本部分认为世界上也不存在相同的数学思维，更不存在相同的思维能力。所以，小学生的数学思维是个性化的，是独特的，而每个小学生对数学问题的探索与认知，对于人类而言是一种重复，但是对于小学生个体而言却是一种创新。心理学研究成果表明：直觉思维是人脑对于突然出现在面前的事物、新现象、新问题及其关系的一种迅速识别、敏锐而深入洞察，直接的本质理解和整体判断的一种思维方式。直觉思维是凭借已有知识和经验对事物直接领悟的思维活动，是靠直接的判断解决问题的能力。它没有推理过程，能在瞬间做出理智而非冲动的判别。人类大脑处于最佳状态时有这种功能。直觉思维的过程非常短暂，常常在一念之间完成。它在创造性思维活动的关键阶段起着重要的作用。

形象思维是以直观形象和表象为支柱的思维过程。形象思维的基本形式包括表象、联想和想象。形象思维的基本特点是：形象性；非逻辑性；粗略性；想象性。形象性是形象思维最基本的特点。形象思维所反映的对象是事物的形象，思维形式是意象、直感、想象等形象性的观念，其表达的工具和手段是能为感官所感知的图形、图像、图式和形象性的符号。形象思维的形象性使它具有生动性、直观性和整体性的优点。形象思维不像抽象（逻辑）思维那样，对信息的加工一步一步首尾相接地、线性地进行，而是可以调用许多

---

① 董艳.小学数学教学中学生数学思维能力的培养[J].新校园（中旬）,2018,(3):111-111.

形象性材料，一下子合在一起形成新的形象，或由一个形象跳跃到另一个形象。它对信息的加工过程不是系列加工，而是平行加工，是面性的或立体性的。它可以使思维主体迅速从整体上把握住问题。形象思维是或然性或似真性的思维，思维的结果有待于逻辑的证明或实践的检验。形象思维对问题的反映是粗线条的反映，对问题的把握是大体上的把握，对问题的分析是定性的或半定量的分析，所以，形象思维通常用于问题的定性分析。抽象思维可以给出精确的数量关系，所以，在实际的思维活动中，往往需要将抽象思维与形象思维巧妙结合，协同使用。想象是思维主体运用已有的形象形成新形象的过程。形象思维并不满足于对已有形象的再现，它更致力于追求对已有形象的加工，而获得新形象的输出，所以，形象性使形象思维具有创造性的优点，富有创造力的人通常都具有极强的想象力。

逻辑思维又称为抽象思维，是指将思维内容联结、组织在一起的方式或形式。思维是以概念、范畴为工具去反映认识对象的。这些概念和范畴是以某种框架形式存在于人的大脑之中，即思维结构。思维结构既是人的一种认知结构，又是人运用范畴、概念去把握客体的能力结构。逻辑思维是一种确定的、前后一贯的、有条有理有根有据的思维。通俗地说逻辑思维在主观上就是想一件事的思维的逻辑性，在客观上就是一个人做事的条理性。逻辑思维是思维的一种高级形式。其特点是以抽象的概念、判断和推理作为思维的基本形式，以分析、综合、比较、抽象、概括和具体化作为思维的基本过程，从而揭露事物的本质特征和规律性联系。培养学生的初步逻辑思维能力，是小学数学教学的重要目标，是小学数学素质教育的重要内容。

二、数学思维能力培养在小学数学教育中的地位与作用

（一）数学思维能力培养在小学数学教育中的地位

学生的良好思维能力是他们获取新知识、进行创造性学习和发展智力的核心。新课程标准确立了知识与技能、过程与方法、情感态度与价值观三位一体的课程目标。在数学课程总目标"数学思考"这一方面尤其体现了数学思维培养这一目标。"建立数感、符号意识和空间观念，初步形成几何直观和运算能力，发展形象思维与抽象思维。"这一课程目标阐明了学生在数学学习中要发展形象思维和抽象思维。江苏教育出版社义务教育数学教科书五年级、六年级教科书中设有《长方体和正方体》《表面涂色的正方体》《扇形统计图》《圆柱和圆锥》《多边形的面积》《校园的绿地面积》《统计表和条形统计图》《钉子板上的多边形》等这些单元，都可以使学生在借助图形、模型或实物来发展空间观念，从而提高学生的数学思维能力。比如，《圆》《圆柱和圆锥》《长方体和正方体》等这些单元涉及的公式的推导以及相关公式形式上的记忆，《百分数》《用字母表示数》等单元

的学习可以帮助学生建立符号意识,这些均能提高学生的数学思维能力。"学会独立思考,体会数学的基本思想和思维方式"这一课程目标要求学生通过数学学习能体会基本的思维方式。比如在实践活动课《树叶中的比》中,学生在动手实践的过程中通过观察、测量、计算、比较、归纳、分析等活动,发展合情推理探索数学结论、证明规律等能力,从而在这些数学活动中体会数学的基本思维方式。21世纪的教育将素质教育的理念体现在课程标准之中,通过引导学生主动参与、亲身实践、独立思考、合作探究,从而实现向学习方式的转变,发展学生收集和处理信息、获取新知、分析解决问题和交流与合作的能力。

本部分中,对小学数学思维能力培养的界定为:"通过思维对象间接和概括的反映,以及对数学载体形成概念、进行判断、推理、检验的心理过程。"通过培养学生的数学学习兴趣能够很好地发展小学生的数学思维。在小学中特别是高年级,正是发展学生数学思维的有利时期,因为这一时期学生有了一定的数学基础而且又是身心发展迅猛的时期。课程标准中把培养初步的数学思维能力作为一项数学教学目标,既符合数学的学科特点,又符合小学生的思维特点,在小学数学教育中具有重要地位。

(二)数学思维能力培养在小学数学教育中的作用

1.数学思维培养有利于完善学生的知识系统

数学思维的培养是小学数学教育中不可或缺的一部分。通过培养数学思维,学生能够更好地理解和掌握数学知识,从而形成一个更加完善的知识系统。首先,数学思维有助于学生从不同的角度看待问题,发现和理解隐藏在问题背后的关系和模式。这种思维方式不仅可以帮助学生在数学学习中取得进步,还能在其他学科中得到应用,从而提高学生的综合素质。

其次,数学思维的培养有助于学生将所学知识进行整合和迁移。通过分析、比较、归纳和推理等数学方法,学生可以更好地理解新旧知识之间的联系,从而将所学知识系统化,形成一个完整的知识网络。这种思维方式不仅有助于学生掌握数学知识,还能帮助学生更好地应对生活中的各种问题。

数学知识之间有着紧密的联系,是环环相扣的,缺少了其中的任何一环,都无法连成一个整体。比如,在进行整数加减法竖式计算教学时,先要让学生理解算理,然后再让学生掌握计算时的形式方法。学生在进行各类算理的理解时,肯定会利用已有的经验、已习得的知识与新知识的学习架起桥梁,实现知识体系的完善。所以,教师在向学生传授数学知识时,应注重学生数学思维能力的培养,使学生所学的知识成为一个有机的整体。

2.数学思维培养有助于构建清晰的知识结构

数学思维的培养有助于学生构建清晰的知识结构。在小学数学教育中,学生需要掌握大量的概念、公式和定理。通过培养数学思维,学生可以更好地理解这些知识的本质和相互关系，从而形成一个清晰的知识结构。首先，数学思维有助于学生将所学知识进行分类和归纳，找出其中的共性和差异，从而形成一个有条理的知识体系。

其次，数学思维还有助于学生将所学知识应用到实际问题中。通过将数学知识与实际生活联系起来，学生可以更好地理解知识的应用场景和价值，从而形成一个完整的知识网络。这种思维方式有助于学生在日常生活中应用数学知识解决问题，从而提高自己的实践能力。

3.数学思维培养有利于提高学生的思维能力

数学是一门需要严密的逻辑思维和问题解决能力的学科。在小学数学教育中，通过培养学生的数学思维，可以有效地提高学生的思维能力。数学思维的培养，不仅包括对数字、图形、运算等基础知识的掌握，还包括对问题的分析、推理、判断、抽象和概括等高级思维技巧的训练。通过数学思维的培养，学生可以在面对问题时，运用逻辑思维和推理能力，找到问题的本质和解决方法，从而提高学生的思维能力。

数学学科具有很强的形象性。比如，在教学平面图形和立体图形时，可以利用直观的数学教具，这样学生就可以更为直观地记住不同图形的特点了，在脑中积累图形的表象，为图形周长、面积与体积等知识的学习做好铺垫。在进行分数和小数的教学时，数形结合的方式可以多加利用，通过图形与分数、小数的对应引导学生理解分数、小数的含义。数学学科具有较强的逻辑性，推理是数学预算与发现活动的基础与前提。数学知识体系其实就是用逻辑推理的方式实现命题系统的构建[1]。所以，可以这么认为，数学与推理两者之间有着更为密切的关系，数学思维能力的提高有利于学生思维能力的整体提升。

数学学科又具有很强的抽象性，在数学教学过程中，不仅要提供感性材料，还应该让学生从感性提升到理性的抽象概括。在抽象概括之后，还要注意由一般到特殊的应用。教师引导学生感受知识的内在逻辑关系，从而将所学都贯穿起来，发展学生的逻辑思维能力，最终实现学生思维能力的提升。

4.数学思维培养有助于提升学生的创新能力

数学思维不仅是逻辑思维，还包括创新思维。数学思维是一种能够发现和解决问题的能力，它不仅需要理解和掌握已有的知识，还需要运用这些知识去发现新的知识。在小学数学教育中，通过培养学生的数学思维，可以提高学生的创新能力。学生在解决问题的过程中，会不断尝试新的方法和思路，不断开拓自己的思路和视野，从而激发自己的创新思维，培养出良好的创新能力。

5.数学思维培养有利于提高学生的思维品质

"思维品质"指的是个体在思维活动中的智力表现，是一个人在心理过程和个性心理

---

[1] 李扬娥.促进小学高年级数学思维发展"四法"[J].福建教育学院学报,2015,(5):53-54.

特征等方面所表现出来的本质特征，是一个人智力水平的重要表现[①]。思维品质具有灵活性、批判性、广阔性、深刻性与创造性。数学思维的发展可以提高数学思维品质。

数学思维的培养能够提高学生的思维品质，主要体现在以下几个方面：

（1）逻辑思维能力。数学是一门逻辑性极强的学科，通过学习数学，学生可以锻炼自身的逻辑思维能力，使思考问题更具条理性和严密性。

（2）抽象思维能力。数学学习需要学生具备一定的抽象思维能力，通过数学思维的培养，学生可以更好地理解和掌握抽象的概念和原理，提高自身的抽象思维能力。

（3）创新思维能力。数学思维的培养可以激发学生的创新思维，使学生在面对问题时能够从多个角度思考，寻找新的解决方案。

6. 数学思维培养有助于提升学生的思维定式

思维定式是指人们在面对问题时所形成的固定思维方式。在小学数学教育中，通过数学思维的培养，可以帮助学生打破思维定式，提高思维的灵活性和变通性。

（1）打破单一的思维方式。传统的教育方式容易使学生形成单一的思维方式，而数学思维的培养可以引导学生从多个角度思考问题，打破单一的思维方式，使学生的思维更加灵活。

（2）增强思维的变通性。数学思维的培养可以帮助学生更好地理解和掌握数学知识，提高他们运用数学知识解决实际问题的能力，从而提高思维的变通性。

综上所述，数学思维培养在小学数学教育中具有重要作用。它不仅有助于提高学生的思维品质，提升学生的思维定式，还能帮助学生更好地理解和掌握数学知识。因此，在小学数学教育中，我们应该注重培养学生的数学思维，通过多种方式提高学生的数学素养。

思维定式不仅具有积极的影响，还有消极的影响。如面对一题多解的问题时，学生习惯采用常规的思路进行解题。如果教师能够进行适时的引导与启发，鼓励学生进行创新，展开想象，往往会有新的解题方法出现。通过一题多解，可以让学生用不同的思路解决同一问题，用不同的思维看同一问题，使学生在不同的解法中更为快速地找到解题的简便方法，学生的数学思维能力得到了发展，同时思维的灵活性、广阔性、深刻性、创造性等品质也得到了增强。

---

① 朴秀万. 浅谈小学高年级数学思维能力培养 [J]. 时代教育, 2017, (8):177.

第二节 学生数学思维能力培养内容

一、数学直觉思维

在数学的世界里，我们常被一种神秘的力量所吸引，那就是直觉思维。这是一种无形的翅膀，它让我们在数字的海洋中自由翱翔，发现隐藏在公式和定理背后的美丽和奥秘。本节将深入探讨数学直觉思维的定义、重要性以及形成过程。

（一）数学直觉思维的定义

数学直觉思维是一种独特的思考方式，它基于个体对数学问题的直接洞察和理解，无须经过详尽的逻辑推理过程。这种思维模式在面临复杂的数学问题时，能提供一种直观的解决方案，使我们在困惑中看到出路，在复杂中看到简单。数学直觉思维是一种非逻辑的思维方式，对数学问题或现象进行快速而直观的判断和感知。这种思维过程往往在潜意识中进行，不受严格的逻辑规则的束缚。

数学直觉思维是一种非逻辑思维，由思维主体自觉领悟思维活动，是以已有的大量知识经验和解决问题的经验为基础，在遇到数学问题之初通过整体感知后、不经过仔细的思考，也没有对问题进行仔细的分析，一瞬间能自觉领悟出数学问题的本质以及解题方法。

（二）数学直觉思维的重要性

1.启发式工具

数学直觉思维是解决数学问题的关键工具之一。它像一把钥匙，能够打开逻辑推理无法触及的领域。通过直觉，我们可以预见结果，识别出问题的关键部分，从而找到正确的解决方案。这种思维方式使我们能够迅速找到问题的核心，进而进行有效的解决。

例如，当我们面对一个复杂的代数方程时，直觉可能会引导我们观察到方程中的特殊模式，从而找到一种简便的解法。这种能力使直觉思维成为解决数学问题的宝贵工具。

2.创新源泉

数学直觉思维是创新的重要源泉。通过直接洞察和理解数学问题，我们可以发现新的解决方法，提出新的理论，甚至发现新的数学结构。这种思维方式鼓励我们跳出传统思维的框架，以全新的视角看待问题，从而产生具有突破性的创新。

例如，伟大的数学家高斯在对数分布函数进行创新性研究时，就是通过直觉思维发现了对数曲线的特殊性质，从而开创了新的数学领域。

3.增强自信心

数学直觉思维还能增强我们的自信心。当我们面对复杂的数学问题时，直觉可能会提供一种确定的答案，使我们更有信心去解决它。这种思维方式使我们能够看到问题的本质，从而在解决问题的过程中保持冷静和自信。

例如，在解决复杂的几何问题时，直觉可能会帮助我们迅速找到问题的关键点，从而迅速找到解决方案。这种成功的体验会增强我们的自信心，激励我们在未来的数学学习中更加自信。

总的来说，数学直觉思维是一种强大的思维方式，它不仅是一种启发式工具，能够引导我们找到问题的解决方案；它也是创新的源泉，能够激发我们发现新的数学理论和结构；同时，它还能增强我们的自信心，使我们更有信心面对复杂的数学问题。因此，培养和发展数学直觉思维对于提高我们的数学素养和思维能力具有重要意义。

（三）数学直觉思维的形成过程

直觉思维形成的过程有以下几个阶段：准备阶段、酝酿阶段、潜伏阶段、顿悟阶段、形成理论阶段及检验阶段。

1.准备阶段

数学直觉思维的形成，首先需要一个充分的准备阶段。在这个阶段，我们需要对数学基础知识有深入的理解，掌握基本的数学概念和公式，了解各种数学方法的应用。同时，我们还需要积累一定的数学经验，通过不断地练习和实践，提高自己的数学素养和思维能力。

2.酝酿阶段

在酝酿阶段，我们需要将所学的数学知识进行内化，将它们与自己的思维方式和认知结构相结合，形成一种潜在的直觉思维模式。这个阶段需要我们不断地思考、反思和总结，不断地尝试和探索，以便更好地理解和掌握数学知识。

3.潜伏阶段

在数学直觉思维的形成过程中，潜伏阶段是一个关键时期。在这个阶段，我们的思维可能会受到各种因素的影响，如情绪、环境、时间等，而变得模糊不清。但是，正是这种模糊不清的思维，才有可能孕育出新的灵感和想法。因此，我们需要保持耐心和冷静，不断地尝试和探索，以便更好地发掘出潜在的直觉思维。

4.顿悟阶段

在顿悟阶段，我们的思维突然变得清晰和明确，能够迅速地找到问题的解决方案。

这个阶段需要我们放松心态,不要过于紧张和焦虑,要放松身心,让思维自由地飞翔。同时,我们还需要善于观察和思考,善于捕捉那些一闪而过的灵感和想法,以便更好地发掘出潜在的直觉思维。

5.形成理论阶段

在形成理论阶段,我们需要将所得到的灵感和想法进行整理和归纳,形成一套完整的数学理论。这个阶段需要我们不断地思考、分析和总结,以便更好地完善和发展自己的数学理论。同时,我们还需要与其他数学家进行交流和讨论,以便更好地丰富和完善自己的理论体系。

6.检验阶段

在检验阶段,我们需要对自己的数学理论进行验证和检验,以确保它的正确性和可靠性。在这个阶段需要我们运用各种数学方法和工具,如数学模型、计算机软件等,对数学理论进行实证分析和验证。如果发现错误或不足之处,需要及时进行修正和补充。

总之,数学直觉思维的形成过程是一个复杂而漫长的过程。它需要我们有充分的准备、不断地思考和探索、保持耐心和冷静、善于捕捉灵感和想法、形成完整的理论体系并对其进行验证和检验。只有这样,我们才能更好地发掘出潜在的直觉思维,并将其应用于解决实际问题中。

相比于数学形象思维和逻辑思维,直觉思维的重要特征是不受逻辑规则约束的,是一种潜意识的思维活动;逻辑思维是一种用以论证的思维,是把一个已经明确的问题用清晰的思路告诉别人,而直觉思维是一种创新的思维。数学直觉思维,能够以数学内容作为对象的一种直觉思维形式,也可以理解成直觉思维在数学学科上的一种应用,直觉思维在数学问题的最初感悟和最后解决的关键时刻,都起到了非常重要的作用,扮演了不可替代的角色。比如,在学完正反比例的意义后增设实践活动课《大树有多高》,教材围绕"大树有多高"这一问题,引导学生亲历"提出问题—实验操作—解决问题—延伸思考"的过程,使学生在测量、比较、计算等活动中,初步发现在同一时间、同一地点,物体的高度与影长成正比例关系,并运用这一规律解决提出的问题。

在日常教学中,教师要重视数学直觉思维能力的培养,发展学生的数学直觉思维能力有利于激发学生的创新能力,有利于优化学生的数学思维品质,还有利于提高学生的数学素养,所以数学直觉思维能力的培养不容忽视。

二、数学形象思维

(一)数学形象思维的定义

形象思维指的是依靠形象材料的意识领会得到理解的思维。数学形象思维的载体是客观事物的原型或模型，以及各种几何图形、代数图形，包括数学符号、图像、图表与公式等形象性的外部材料，它们在人脑中内化为表象时可分为两种基本类型：图形表象与图式表象。数学形象思维方式注重直观感受，强调形象记忆，是数学学习过程中的重要一环。例如，在进行圆柱的表面积和体积教学时，就需要借助圆柱这一教具，进而帮助学生更好地建立数学形象思维。这个圆柱教具是沿着圆柱底面的扇形和圆柱的高把圆柱切开，把它分成16等份，教学时只要把它拆开拼成一个近似长方体的立体图形，形状改变了，但体积没变，那么学生就可以发现拼成的这个近似长方体的底面积与圆柱的底面积是相等的，近似长方体的高也与圆柱的高相等，而长方体的体积=底面积×高，也就等于圆柱的体积，由此得出：圆柱的体积=圆柱底面积×圆柱的高，这就是图式表象。

（二）数学形象思维的重要性

1.增强理解力

数学形象思维有助于增强学生对数学知识的理解。通过直观的视觉和触觉体验，学生能够更好地理解抽象的数学概念和公式，从而降低学习难度，提高学习效率。

2.激发创造力

数学形象思维鼓励学生在解决问题时发挥想象力，寻找不同的解题思路和方法。这种思维方式能够培养学生的创新思维和创新能力，帮助他们更好地应对各种数学问题。

3.提高学习兴趣

与枯燥乏味的抽象数学相比，形象、生动的数学形象更容易吸引学生的注意力。通过数学形象思维，学生能够更轻松地理解和掌握数学知识，从而增强他们对数学学习的兴趣和信心。

4.培养思维能力

数学形象思维有助于培养学生的观察力、想象力和判断力。通过观察具体的数学对象，学生能够发现事物的本质特征，进而进行合理的想象和判断，为未来的学习和工作打下坚实的基础。

数学形象思维在数学学习中扮演着至关重要的角色。学生头脑中要有正确、丰富的表象，才有利于学生获取数学知识。表象是头脑中储存的感知过的对象和现象，它既具有直观形象性，又具有概括性。通过培养数学形象思维，学生能够更好地理解和掌握数学知识，从而提高学习兴趣和创造力，为未来的学习和工作奠定坚实的基础。因此，教师在教学过程中应该注重培养学生的数学形象思维，帮助他们更好地应对各种数学问题。数学知识都很抽象，在教学时，老师要组织学生去亲眼看、亲手摸，一定要动手操作，对其有感觉，在头脑中建立表象，这样才易于学生学习。

三、数学逻辑思维

（一）数学逻辑思维的定义

数学逻辑思维的基本形式是概念、判断、推理和证明。从数学思维方法角度讲是属于整理数学知识和证明数学结论的方法。思维的基本单位是概念，促进学生思维的发展，必须首先强化数学概念教学。数学学科逻辑思维性很强，更要根据数学概念的特点，让学生牢固掌握概念的本质属性，激发其解决问题的积极性，增强其解决问题的灵活性。数学逻辑思维方式不仅局限于数学领域，它也广泛应用于科学、工程、商业和日常生活中。

（二）数学逻辑思维的重要性

1.解决问题

数学逻辑思维在解决各种问题中发挥着关键作用。无论是简单的算术问题，还是复杂的统计或概率问题，它都能提供有效的解决方案。

2.评估和预测

通过数学逻辑思维，我们可以评估数值关系，预测结果，并了解事物的发展趋势。这在商业决策、科研预测和社会发展等领域都非常重要。

3.教育基础

数学逻辑思维是所有教育和职业领域的基础。在数学课程中，它为学生提供了解决问题和进行推理的工具。此外，它也为学生提供了逻辑思考和批判性思维的基础。

4.创新和创造力

数学逻辑思维不仅是解决问题的工具，它也是创新和创造力的源泉。通过逻辑推理和证明，人们可以发现新的数学概念和方法，以推动科学的进步。

5.培养理性思考

数学逻辑思维有助于培养人们的理性思考能力。通过逻辑推理和证明，人们可以更好地理解事物的本质，做出明智的决策，并应对复杂的现实问题。

总的来说，数学逻辑思维是一种关键的思维能力，它在各个领域都发挥着重要的作用。通过理解和培养这种能力，我们可以更好地解决问题、评估预测、教育自己、创新和培养理性思考。因此，我们应该鼓励和支持学生与成年人发展他们的数学逻辑思维技能。

在课程标准中要求教师培养学生的初步逻辑思维能力，在教学过程中，教师要有意识地培养学生的思维品质，逐步提高学生的逻辑思维能力。比如，义务教育教科书苏教版数学六年级下册第四单元《比例》，学完以后，增加了数学实践活动课程《面积的变化（探索规律）》。在这一活动课之前，学生已经认识了图形放大和缩小的含义，能按一定的比例放大和缩小简单的图形，学生在教师引导下先提出问题，平面图形按比例放大后，面积的比会怎样变化呢？再通过操作发现规律，即把一个平面图形按n∶1的比例放大，放大后与放大前图形面积的比是n^2∶1。最后回顾反思，学生之间互相说一说根据自己已有的经验探索规律的过程，通过推理体会所发现规律的普适性。这样的探究过程使学生在利用已学知识的情况下探索规律，得出结论，这样的学习过程就是学生发展数学逻辑思维能力的过程。

思维的逻辑性与小学生的认知有着重要的关系，逻辑性在很大程度上决定认知的深度和广度，关系到形成概念、构成判断、进行推理。思维的逻辑性与小学生的学业也有密切联系，逻辑思维能力与小学生的学业成绩是正相关的，一些小学生的学习障碍，就是卡在思维逻辑性上，所以，发展小学生思维逻辑性是促进智慧发展的关键。

第三节　学生数学思维能力培养的优化路径

一、寻本扩源，促进小学高年级学生数学直觉思维能力发展

（一）情境创设，提升数学直觉思维培养效率

在提升小学高年级学生直觉思维培养时，要加强直觉思维情境创设，开阔学生的眼界，提高学生的数学学习兴趣，展示数学问题让学生进行思考，从而实现学生数学直觉思维能力的培养。比如，在教学《用转化的策略解决问题》时，可以先播放曹冲称象的小故事，曹冲将大象转化成石头来称重这一策略的使用让学生充分体会转化策略的绝妙之处。有了曹冲称象的小故事，学生对于转化这一策略的学习兴趣大增，对于学习新知识的渴求大大提高。又如在教学《认识百分数》一课时，先播放一段我国NBA球星姚明的篮球奋斗历程、整个篮球生涯中各个阶段的命中率。这样一来，不仅给学生理解百分数的含义做好了铺垫，而且充分激发了学生的学习兴趣，信心满满地投入新课的学习当中，此时学生的学习是主动的，这时学生数学思维能力的培养也就顺理成章了。再如，smart电子白板在教学中的功能非常多，可以播放数学教学课件PPT，教师可以将需要教学的数学知识放于课件中展示。smart电子白板还可以播放视频，在网络通畅的情况下可以随时网上搜索视频播放，或教师提前搜索好视频保存后播放。smart电子白板还可以供学生和教师随意书写。smart电子白板在小学数学教学中最突出的功能是随时导出虚拟数学教学工具，像直

尺、量角器、三角尺、圆规等虚拟数学教学工具随时都可以导出使用。smart电子白板是如此丰富有趣，它的使用可以辅助数学教学，形象的图形或视频、条理清晰的动画、真实感很强的虚拟数学工具等都是培养学生数学直觉思维能力的基本保证。

（二）家校联动，拓宽数学直觉思维培养渠道

针对小学生数学直觉思维能力培养中家庭教育这一块的薄弱，学校要组织建立起家庭和学校联动的运作机制，经常组织学生家长或监护人进行学习交流，特别是要邀请培养学生数学思维方面的专家学者，给家长做讲座，对家长如何培养学生的数学思维能力进行系统性指导，使这些家长和监护人通过学习和交流认识到家庭教育对学生数学思维能力培养的作用，在平时的沟通中亦可用QQ、微信等通信软件与家长做一些沟通与指导，让家长一起参与到学生的数学思维能力培养中来。

比如，在教学《负数的初步认识》时，教师可以让学生回家在家长的帮助下网上查找关于正数和负数在实际生活中的应用，如海拔以海平面为标准，海拔在海平面以上的就用正数来表示，海拔在海平面以下的就用负数来表示。在标记温度时，零上温度就用正数表示，零下温度就用负数表示。通过家长帮助孩子在课前了解一些生活常识，为学生初步了解正数和负数表示的都是具有相反意义的量提供了直观形象的模型，这一过程培养了学生的数学直觉思维能力。

（三）生活教育，激发数学直觉思维培养兴趣

学习数学是为了更好地服务于我们的生活，如果学生能将数学知识与他们的生活实际充分联系起来，把学到的数学知识用于实际生活或者在生活中发现一些数学知识，那么学生会对这样的学习感兴趣，便会自觉投入数学学习中去了。兴趣虽然是一种非智力因素，但是其对直觉思维的发展却非常重要。在小学高年级数学教学中，已经开始注重培养学生的自主学习兴趣，学生对数学学习的兴趣越浓，就会自觉地进行数学直觉思维能力发展。所以说，教师应该根据小学高年级学生的特点，精心设计教学内容，善于利用各种教学方法，将数学知识与学生的实际生活联系在一起，使数学课堂生动有趣，让学生对与生活联系的数学充满兴趣。将数学学习与学生的生活联系起来，指导学生将数学知识运用到生活之中，让学生主动进行思考，在掌握知识的同时，还能实现数学思维能力的发展。

比如，在小学每周四的中午每位学生都要参加自己喜欢的一项社团活动，在教学百分数时，教师可以设置这样的一个联系学生实际生活的题目：已知我们班有50人，一共开设3个社团活动，每位学生参加一项社团活动。参加绘本演绎社团的学生占班级总人数的36%，参加趣味读写社团的占班级总人数的42%，剩下的学生参加故事大王社团，问参加故事大王社团的有多少人？（可根据实际教学班级总人数来设计）这个题目较为简单，涉

及关于百分数的知识，而且完全贴近于学生的生活，使学生在解题的过程中明白数学学习离不开生活，自觉将数学学习与生活实际相联系，从而潜移默化地培养了学生的数学直觉思维力。

二、万法归一，提升小学高年级学生数学形象思维能力

（一）目标审视，凸显学生主体

数学形象思维能力的培养是一个师生共同参与、学生自主进行思维发展的过程。教师要注重对形象思维课程目标审视，明确学生主体观。在学生数学形象思维能力培养的过程中，教师是学生数学形象思维能力培养的指导者，充分发挥学生的主观能动性，确立学生数学学习的主体地位，让学生明白自己为什么要进行数学学习，数学学习对自身的发展有什么作用，自己该如何进行数学形象思维能力的发展等，在这种情况下，教师对学生进行积极的引导，帮助学生找到自己数学思维发展的强项与弱项，学生依据自己的兴趣与实际，自主选择数学形象思维能力发展的方向。

比如，在教学3位小数的意义和性质的时候，教师可以向学生提问：1毫米等于几分之几米？40毫米、105毫米呢？你是怎样想的？数学形象思维思维能力好的学生会立即反应出1米等于1000毫米，1毫米就等于1/1000米，教师引导告知1/1000米可以写成0.001米。同理，40毫米等于40/1000米，可以写成0.040米，105毫米等于105/1000米，可以写成0.105米，引出千分之几就用3位小数来表示。学生在这样自觉的思考中很好地发展了自己的数学形象思维能力。数学形象思维能力发展较差的学生，可以用一米尺这一形象的教具，看一看1米里面包含多少厘米，再分析老师提出的问题。所以，在教学过程中明确学生数学学习的主体地位，在教师引导下激发学生数学学习的兴趣，提高数学形象思维能力培养的效果。

（二）校本教研，优化培养设计

落实校本教研是教师培养学生形象思维能力的前提，教师应在认真研读本学科知识的基础上，对课程标准与课改进行研究，并阅读与本专业相关的各类文献资料，多阅读教育和心理方面的相关书籍。另外，在重视校本教研方面，教师更要注重教育教学规律，学会开放式学习，有机会就多参加各类教研活动。教师应认识到，发展学生数学语言有利于培养学生数学形象思维，所以应转变课堂观念，不能过于强调课堂纪律、过于追求标准统一的答案和教师的主导地位，只有做到了心中有学生，课中有学生，就可以构建民主和谐互动的课堂。只有教师的教育观念转变了，那么学生数学思维的提升就成为可能。

比如，在高年级的校本教研中涉及"奥数"课程设置，教师可以根据教科书上五、

六年级的相关知识来设计相关内容。《数阵问题》《圆和扇形》《格点与面积》《时钟问题》《列表法和图解法》等内容的教学可以使学生对数阵、各种图形、时钟、表格等直观事物的观察，可以提高学生敏锐的观察力，可以着重培养学生的形象思维能力，注重教学中的直观性也是培养数学直觉思维能力的基础。

（三）遵循规律，构建资源共享

在日常教学活动中，教师应加强数学形象思维学法研究，研究如何培养学生形象思维能力。但是在实际教学中，学生在对具体事物（图形）直观感知以后，教师没有引导学生对直观感知的材料进行概括，这些具体事物（图形）没有在学生头脑中形成鲜明的形象，因此学生并不能运用这种形象进行思维，使学生对所学的知识一知半解，影响学生对知识的理解和掌握。比如在对学生进行长度方面的课程教学时，要使学生获得长度单位1厘米长短的表象，学生要先用直尺量图钉、手指，1厘米大约是1只图钉长，食指的宽大约是1厘米；要使学生获得面积单位1平方厘米大小的表象，就让学生先用边长是1厘米的小正方形量一量大拇指的指面，大拇指的指面大小大约是1平方厘米。通过这样在实际中量一量，比一比，1厘米的长短，1平方厘米的大小就在学生头脑中留下了表象，形成了空间观念。由此可见，培养和发展学生空间观念的过程，也是培养和发展学生形象思维能力的过程。另外，教师在学法研究中，也可以借助多媒体技术。而且，在日常教学工作中，学校教技部门经常性开展相关电脑信息技术培训，指导数学教师在短期内熟悉多媒体网络和计算机各种软件，这样教师即使不出门，也能尽知天下事。在新的教育理念指导下，教师可以将形象思维教学内容制作成多媒体课件，将稀松平常的一节数学课上得生动丰富。同时可以开展农村小学与城市小学的合作，结成对子帮助农村小学。在结成对子的小学教学软件升级时及时为农村小学提供一些力所能及的帮助，从而不断改善农村小学的软件设施，保障农村学生数学思维能力的培养。

三、海阔天空，发展小学高年级学生数学逻辑思维能力

（一）继续教育，确保数学逻辑思维能力培养研究空间

数学家波利亚说过："学习任何知识的最佳途径是由自己去发现，因为这种发现理解最深也最容易掌握其中的规律、性质和联系。"学校在对教师开展的继续教育培训中，可以以"学生数学逻辑思维能力培养"为主题设计培训内容，为教师提供发展学生数学逻辑思维能力的研究空间。

（二）激发兴趣，提供数学逻辑思维能力发展空间

兴趣是学习的驱动力。在小学高年级学生数学逻辑思维能力发展中，教师要依据高年级学生身心发展的特点，高年级学生的数学知识基础，高年级学生的生活经验设计出发展数学逻辑思维能力的问题情境，激发学生的探究欲望，让学生愿意主动地深入学习、探索，为发展学生的思维能力提供开阔的空间。

在数学教学中，教师要充分利用学生的已有知识和经验展开教学，但不是每个新知识点学生都能快速容易理解，如果新授知识与学生的已有经验产生了冲突，那么教师要抓住这样的冲突，提出让学生感到冲突和疑惑的问题，激发学生的好奇心，从而让学生对新知有探究的欲望。比如，在教授《圆柱的侧面积和表面积》时，学生已经学过圆的周长、长方形的面积计算方法，但对于圆柱侧面这一曲面的面积计算却无从下手，之前我们学习过的都是平面图形的面积计算方法，此时教师便要抓住这样的冲突对学生设下疑问，这个曲面的面积该怎么求呢？教师拿出课前准备好的整个侧面贴好商标纸的圆柱形容器，如奶粉桶、橘子罐头等，把商标纸沿着圆柱的高剪下来，学生立即反应过来原来侧面这个曲面这样剪开以后是一个长方形。这个长方形的长和宽与圆柱有什么关系？怎样计算圆柱的侧面积呢？通过教师这两个问题的追问，侧面的面积计算方法显而易见，便是圆柱底面圆的周长乘圆柱的高。教师要在课前认真备课，寻找整节课中各种细节创设情境，如果有便要合理利用，让学生对此产生兴趣，从而对于新知识学习的渴求提升，为数学逻辑思维能力的培养做好铺垫。

（三）因材施教，促进数学逻辑思维能力个性发展

在小学高年级数学学习阶段，学优生和学困生的知识基础和能力差距已经比较明显了，如果教师对每位学生的教学都一样，那么这样的教学就没有针对性。比如高年级的学生已经对三角形、四边形的内角和有了初步的了解，也积累了许多关于找数学规律的经验，但每位学生的知识基础和能力不同，那么在这样的基础上让高年级学生在教师的指导下尝试一下下面这个求多边形内角和公式的题目，部分孩子是能够自主探索到结论的。譬如求十边形的内角和，以下是分析与解的过程：三角形的内角和是等于180°的，这个知识学生已经明确知道，可是十边形的内角和与三角形的内角和一样也是固定的吗？怎样求呢？可以把十个角的度数量出来，再加起来。教师也可以引导学生把问题简化一下，先求四边形、五边形、六边形……的内角和，找一找其中的规律。引导学生从四边形任意一个角的顶点出发向与它相对不相邻的顶点连线，分成两个三角形，每个三角形的内角和等于180°，所以四边形的内角和等于180°×2=360°；用同样的方法，将五边形分成三个三角形，得到五边形的内角和等于180°×3=540°；将六边形分成四个三角形，

得到六边形的内角和等于180°×4=720°。通过分析可以发现，多边形被分成的三角形个数，等于边数减2，由此得出多边形的内角和公式：n边形的内角和=180°×（n–2）（n≥3），有了这个公式，再求十边形的内角和就太容易了，十边形的内角和=180°×（10–2）=1440°。

像教学这一知识，就要做到因材施教，学有困难的学生只要让他们巩固三角形、四边形的内角和知识即可；对基础知识掌握尚可的学生，在掌握三角形、四边形内角和知识的基础上，了解多边形内角和计算的思路；对于学优生不仅要掌握基础知识，而且要理解求解多边形内角和的公式及发现过程。这一教学过程充分体现了因材施教地发展全体学生。教师在进行小学数学教学目标的制定时，必须结合学生的最近发展区和学生的现有认知水平，遵从循序渐进、逐渐提高的原则，保证知识的层层递进，环环相扣。这样做能够使学生的数学思维不至于跳跃过大，保证全体学生的数学逻辑思维能力都在发展。在让学生回答问题时，要结合学生现有的数学逻辑思维水平，让数学逻辑思维能力较差的学生回答简单的问题，而数学逻辑思维能力较强的学生回答复杂的问题。在这种情况下，既能发挥数学逻辑思维能力强的学生的榜样作用，还能使数学逻辑思维能力薄弱的学生有充足的时间去质疑，这样所有学生的积极性都调动起来了，也充分发挥了学生的潜在能力。

第七章　基于数学思维课堂培养的教学改进
——以"积的变化规律"为例

第一节　教学内容与教学目标

一、教学内容

教材中积的变化规律只存在一个因数不变另一个因数变化的情况，但配套练习册中的拓展提升涉及积不变的内容。教材中商的变化规律包含两个基本知识点：被除数变化或除数变化时商是如何变化的；商不变的性质。数学知识间往往是具有一定的内在关系，教师们在研究和分析一个单独的课时内容时，通过这种回溯，不仅使我们可以充分了解这个单独知识点和基本知识，还使我们可以进一步地对其原有的知识点和基本知识点进行分析、提炼，真正地做到"温故而知新"；同时，还可以与学生交流后续数学学习的内容，适时地给学生渗透数学的思想和方法，积累自己参加数学实践的经验，因此我们将这两个内容在教材的基础上进行相应拓展和提升，同时少量加入和、差的变化规律的探究，让学生对和差积商的变化规律有个系统的认识，并发现其中的关联。在这个过程中，逐步提升学生探究规律的能力，进而培养和提升学生的数学思维层次。具体教学内容的调整在前面已经提到过，在此，我们用思维导图来更加清晰地进行呈现。

二、教学目标

（1）使学生充分体验探索此类规律的方法和过程，让学生在这个过程中体会并享受努力思考之后解决问题的成就感。

（2）引导学生用简洁的数学语言表达规律，初步培养学生的概括能力和表达能力。

（3）使学生掌握探索规律的模式，培养和提升学生的解决问题能力和思维水平。

第二节　教学过程

小学的数学教学不仅要站在数学的角度，更要站在儿童的角度。特级教师吴正宪老师提倡教师在课堂上要读懂儿童困惑、读懂儿童思维、读懂儿童经验。因此，在我们的课堂上，教师要站在儿童的角度去引导学生分析、思考、操作、交流、小结。教师在教学过程中一方面要注重以问题为引领，鼓励和引导学生提出不同的问题，毕竟提出问题的能力比解决问题的能力更加重要；另一方面，教师要注重学生在学习的过程中数学方法和数学思想的理解与应用，进而将数学课真正"教活""教懂""教深"。

一、积的变化规律

（一）积的变化规律（一个因数不变，另一个因数扩大或缩小）

这一层次的教学内容相对简单易理解，有的教师将这部分内容和下一部分两个因数同时变化的内容进行了组合（减少教学浪费），并用数据告诉我们花更少的时间可以得到差不多的教学效果。从其数据来看教学效果差不多，确实做到了减少了"教学浪费"。但笔者认为"磨刀不误砍柴工"，一是在课程的开始，我们要把重点放在"授之以渔"上，教会学生探究的方法、思考的方法、验证的方法，而后学生便能利用这些方法逐步提高解决类似问题的能力；二是过于充盈的课堂对于那些后进生来说无疑是雪上加霜，因此，放慢脚步也是我们对后进生的一个关照。我们采用纯算式的情境教学，但对教材中的算式稍做改动，得到如下两组算式：

$6 \times 2 = 12$

$6 \times 20 = 120$

$6 \times 200 = 1200$

$80 \times 4 = 320$

$40 \times 4 = 160$

$20 \times 4 = 80$

在课堂教学中，教师要着眼于对探索的全过程进行梳理，让学生亲身经历到规律性探索的根据和基本途径：研究具体的问题—归纳和发现规律（或者是模型）—解释阐述和说明规律—通过实践来验证。

在研究具体问题时，教师一方面引导学生由上到下、由下到上两个方向进行观察；另一方面也要放手让学生大胆表达。在课堂上，我们从学生那里得到的规律基本有两点：①一个因数不变，另一个因数变大，积也变大，另一个因数变小，积也变小；②一个因数不变，另一个因数乘或除以几，积也乘或除以几。在学生表达的过程中出现一些问题教师需要引导和强调，主要有以下两点：

①因数乘几也可说是扩大几倍，但是因数除以几并不能说是缩小几倍，而应该是说缩小到了原来的几分之一；

②因数可以乘0，但不能除以0，因为0不能做除数，所以在说除以几的时候一定要括弧注明"0除外"，体现出数学的严谨性。

通过观察、探究、归纳等方式得到的猜想仅是数学推理的开始，教师要在这里高度关注和引导学生进一步验证、给予说明或举出反例，指导学生进行科学的数学验证，从而培养学生严谨的数学逻辑思维和思考习惯。在验证阶段，我们分为两步，首先以最开始的两组算式为例，让学生根据规律接着写下去。经过课堂巡视，我们发现大约92%的学生已经能够写出正确的算式，剩下没有写对的学生经过教师和同学的提示也将自己的算式改对。其次再让学生根据规律自由举例，通过计算进行验证，看是否存在同样的变化规律进而确认规律的成立。通过教学实践中的验证，教师们不仅可以充分培养和突出学生的不同类别逻辑分析的思维能力、归纳能力和逻辑反思的思维能力，这些重要知识点的基础培养与能力提升都对于我们如何培养和提高发展学生的综合数学逻辑思考能力具有重要的推动作用。完成验证后及时对规律进行应用，以达到巩固的目的。最后，教师引导学生对自己所有解决这些问题的实践过程进行回顾和小结，将其中一些解决这种类型问题的途径模式化。具体教学过程记录如下。

（一）积的变化规律

1.导入

（1）课前，我们完成了两组口算，通过观察每组算式，你有什么发现吗？同桌交流，指明学生汇报。

看来，每个学生都已经有了自己的初步发现。这些发现正确吗？科学吗？严谨吗？这节课我们就一起来研究吧。

【设计意图：通过课前复习，部分学生已经初步感知到变化的规律，但是还没有形成完整的规律，利用简单的谈话，激发学生想要进一步研究的兴趣，提高学生的学习积极性。】

2.问题探究

（1）探索积随因数扩大而扩大的规律。

6×2=12

6×20=120

6×200=1200

①小组讨论，观察3个算式的因数变化和积的变化，发现了什么？

②展示交流发现的规律。

③师生总结：两数相乘，当一个因数不变，另一个因数乘10、100时，积也要乘10、100。

④学生接着例题写出两个算式并验证。

⑤学生举例说明和验证发现的规律。

⑥结合丰富的例子，从乘10、100推广到乘几。引导学生得出规律：当一个因数不变，另一个因数乘几，积也要乘几。

⑦及时练习。

18×4=72

15×5=75

18×8=

18×12=

15×15=

15×50=

【设计意图：使学生充分体验探索问题的过程，学会研究问题的一般方法：解决具体问题—抽象出数学模型—解释并说明模型—用模型解决问题，建立初步的模型化数学思想。】

（2）探索积随因数缩小而缩小的规律。

80×4=320

40×4=160

20×4=80

①你能根据刚才探索规律的过程，自主发现并归纳其中的变化规律吗？

②交流汇报，得出结论。

【设计意图：实现方法的迁移运用。】

（3）整体概括规律。

师：谁可以用一句话将我们所发现的两个规律总结成一条？

引导学生总结规律：一个因数不变，另一个因数乘（或除以）几（0除外），积也乘（或除以）几。

（4）进一步验证规律。

①先用积的变化规律填空，再笔算验证。

34×64=

26×16=

34×32=

26×32=

34×16=

26×48=

②自己举例说明积的变化规律。

3.巩固练习

先算出每组题中第1题的积,再直接写出下面两题的得数。

45×10=

45×5=
45×15=

18×35=
18×70=
9×70=

4.课堂总结

这堂课我们通过计算观察、归纳总结、举例验证,发现了积的变化规律。学习了积的变化规律,可以促使我们在解题时采取的策略更加多元。

(二)课时作业

1.根据每组题中第1题的积,再写出下面两题的得数。

78×3=
78×30=
78×300=

26×4=
260×4=
160×7=

160×21=
260×8=
80×21=

解析:此题是积的变化规律基本的题型。

这节课中,有的学生思维灵敏,能对课堂主要的任务和问题进行快速的思考和反应,课堂参与度较高;但也有部分学生,从表面来看似乎参与度较低,但其实不然,教师充分调动了学生们的眼、脑、嘴、耳、手多重感官;有的学生性格较为内向,但多样化的操作和体验,可以使学生找到传递自身想法的方式,教师不强迫每个孩子一定要会写或会画或会说,而是积极引导学生以适合自己的方式观察、思考、表达、倾听、验证、应用,以学生为主体,把时间和空间都留给学生,教师逐步引导,在一次次互动中激发学生思维、捕捉学生的思维、提升学生思维。在课后作业中,精心设计每一题,层次分明。第一题属于基础题检测学生基础知识的掌握,第二题稍有提升,第三题属于探究题,也是下节课的教学重难点,给予学生独立思考的时间和发展的空间。

（二）积的变化规律（两个因数同时同方向变化）

上节课的内容是一个因数不变，另一个因数扩大或缩小积也跟着扩大或缩小相同的倍数，这节课的内容是两个因数做同方向的变化，又可以细分为两个层次，一个是两个因数同时扩大或缩小相同的倍数，即（A×C）×（B×C）或（A÷C）×（B÷C）；另一个是两个因数同时扩大或缩小不同的倍数，即（A×C）×（B×D）或（A÷C）×（B÷D）。无论是哪种模式，都是在第一节课的基础上进行的提升，规律是一样的，也就是积随着因数的变化做相同的变化。在教学的过程中，学生基本有这个意识。比如两个因数同时扩大2倍，学生基本知道积应该扩大4倍，但如果问的是两个因数同时扩大3倍，积应该扩大几倍？学生很容易误认为是6倍。这时候，教师采取的做法不是直接告诉学生正确答案，而是让学生自己举例验证，通过动手、动脑、动嘴之后，学生发现积应该扩大3×3倍，也就是扩大9倍。这一难点的突破我们还可以借助几何图形：一个正方形的边长扩大3倍后，面积扩大几倍？通过假设、画图、计算等过程，学生也可以清晰地知道正方形的面积到底是扩大了3倍还是6倍或是9倍。两个因数同时缩小相同的倍数积的变化规律同理。学生就此可以触类旁通。

第一个类型学生探究之后，采用游戏互动练习及时巩固，增强学生的趣味性和参与度，提升课堂效率：两个因数同时扩大4倍，积扩大几倍。两个因数同时缩小5倍，积缩小到原来的几分之一。

基于前一个类型的探索方式，教师出题算式A×B→（A×2）×（B×3），先由学生进行猜想积应该扩大几倍，有的学生认为是5倍也有学生认为是6倍，教师都不予置评，由学生根据先前习得的此类问题的解决方式自行验证其猜想结果是否正确，经巡视我们发现学生已经基本掌握其探究方式。有的学生采用举例的办法：

令A等于1，B等于2，则原来的算式是1×2=2，当A扩大2倍，B扩大3倍后，算式就变为了2×6=12，进而发现原来的积扩大了6（2×3）倍得到现在的积。也有学生采用画图的方式，有画正方形的，也有画长方形的。大部分学生都在这个过程中做到了动脑想、动手做、动嘴说。

（三）积的变化规律（两个因数同时反方向变化）

这一内容相对要难一些，但其实研究方法和之前一样。我们首先从积不变的规律入手，出示算式A×B→（A÷2）×（B×2），让学生自己先独立思考，再小组合作交流，最后集体分享。学生通过小组合作探究很快可以得出积不变的结论，教师接着追问"为什么"，引导学生回顾和反思积不变的规律特征：一个因数扩大，另一个因数缩小相同（强调）的倍数，相互抵消，所以积不变。接着让学生举例验证规律，在此基础上，教师再引导学生回顾关于积的变化规律已经探究了哪些类型，边回顾，一边画出思维导图，同时让学生猜想还有什么类型的变化规律没有探究到。大部分学生自然而然会想到还有一个因数扩大，另一个因数缩小。于是教师顺势出题考考大家：A×B→（A×4）×（B÷2）。有学生很快说出答案"积应该扩大2倍"，也有学生一脸迷茫。教师给予学生一定的交流时间后，有更多学生明白了其中的道理：一个因数扩大得多，另一个因数缩小得少，相互抵消之后就应该是扩大2倍。接着教师追问：我们知道积最终为什么会扩大，那你们知道为什么抵消以后是扩大2倍吗？这个"2"是怎么来的，你们能用算式表示吗？这时候，就有两种说法了，有的认为是4-2，有的认为是4÷2。两个算式好像都有道理，教师首先肯定学生们爱动脑筋，但不直接评判，而是引导学生思考有什么办法来验证到底是用减法还是除法或是两种都可以？很快就有学生想到更换数据来进行验证，于是在学生的指导下，教师更换了数据：A×B→（A×6）×（B÷2）：根据刚才的思路我们首先可以确定这道题是一个因数扩大得多，另一个因数缩小得少，因此结果一定是扩大，可以猜测其结果可能为：①扩大4倍（6-2=4），②扩大3倍（6÷23），那么究竟是扩大4倍还是扩大3倍，学生通过前面习得方式进行举例就可得到正确答案。

我们发现这样的教学方式可以促进中上学生和尖子生的表达能力和思维能力的提升，但是对于中等生和中下的学生来说，课堂参与度相对较低。于是，在集体交流环节，教师提出让大家想一个办法帮助那些还不理解的同学。通过引导，教师和学生一起总结出此类题型的解题步骤：一看符号，怎么看？跟着"老大"走。比如一个因数扩大6倍（乘6），另一个因数缩小到原来的1/2（除以2），那么这里的"老大"是"扩大6倍"，积跟着"老大"走，也一定是扩大；二写除法算式："老大"÷"老二"。将解题过程模式化、趣味化，有助于中下学生和后进生对知识的熟练掌握。教师引导学生智慧加工，将难点知识创编成口诀。学生在吟诵口诀的过程中，快速地记忆了所学知识，提升了思维的灵活性和创造性。让学生在完成"思维体操"的过程中掌握知识的本质，避免在后续的学习中出现类似的错误，使课堂教学更有针对性和实效性。

在新知学习环节中，及时插入对应练习进行巩固，以学习小组为单位，安排"小老师"对学习吃力的学生进行帮助，课后进行测试，效果较好。

二、商的变化规律

商的变化规律是一个极其重要的知识点，在教学中，教师们要引导和帮助学生把握住"变"与"不变"，引导学生通过"变"的规律来探索"不变"的原理，渗透函数思想，为今后简单计算、小数乘除法、分数、比的基本性质等知识的学习奠定扎实的基础。

据调查，以往的教学过程存在教师教、学生学两个方面的问题。首先教师在教学中存在的问题和疑惑有三点：

（1）课堂容量的设置是难题，这类知识的学习对于学生的思维要求较高，如果学生课堂上精力不够集中，很容易出现混淆。如果课堂容量大，学生的思维负担重，不易消化；如果课堂容量小，学生又容易精神涣散，出现教学浪费。

（2）教材中的例题只有算式，没有情境。如果教师按照例题的方式进行教学，很难充分激发学生的学习兴趣，如果要教师自己创设情境，应该创设什么样的情境？

（3）如何在该内容中给学生渗透函数思想。

而学生在学习这部分知识时存在的问题也主要有以下三点：

（1）课堂上都能听懂，也能较好地完成基础题型，但是遇到灵活多变的题型学生的思维就显得捉襟见肘。

（2）学生的学习过程更像是"机械学习"，对知识的理解只停留在表面，没有深度的思维过程，同类知识之间时常出现混淆。

（3）学生的学习态度和学习情感较为被动，对于知识的好奇心及习得之后的成就感都很微弱，对知识的理解和应用都不足。

（一）商的变化规律（除数不变，被除数变）

被除数不变，除数变根据教师和学生两个方面存在的问题，我们结合教材内容将知识与实际生活联系起来稍做调整，引入情境进行教学。具体教学过程如下。

商的变化规律

一、引入

师：在乘法中，因数和积的变化有一定的规律。那么在除法中，被除数、除数和商的变化有规律吗？有什么样的规律呢？今天，我们就一起来探究商的变化规律。（板书：商的变化规律）

师：首先，我们在学积的变化规律时知道积的变化是由什么变化引起的？

生：两个因数。

师：那么商的变化你认为应该是由什么引起的？

生：被除数和除数。

师：它们三者之间存在什么关系？

生：被除数÷除数=商。（板书"被除数÷除数=商"）

二、创设情境探究规律

1.探究除数不变，被除数变化时，商的变化规律（课件出示情境题）

（1）李老师买了8支铅笔，平均分给4名学生，每人分几支？列式：（　　）。

（2）李老师买了16支铅笔，平均分给4名学生，每人分几支？列式：（　　）。

（3）李老师买了32支铅笔，平均分给4名学生，每人分几支？列式：（　　）。

师：接下来，请同学们看着老师课前发的题单第一部分，上面有和老师课件上一样的情境题，请同学们前后每4人为一个小组一起来完成第一个部分，包括列式计算、填表，再观察算式或者表格小组讨论找规律，填写你们小组的发现并做好分享准备。请你想一想，要怎样才能说得简洁又有条理，让大家一听就懂。现在讨论开始。

（学生以小组为单位对算式进行观察、思考、分析、交流。教师在教室巡视，对有困难的学生进行恰当的指导）

师：同学们已经在小组内做了探索、思考、交流，现在请一些小组代表来向大家分享一下你们的探索过程以及你们发现了什么？

（在学生汇报的过程中用课件逐步完善情境题的列示以及表格的填写）

师：表格里面的铅笔总数相当于这（指着黑板上"被除数÷除数=商"）里面的什么？

生：被除数。

师：同样的，人数相当于——除数，每人分得铅笔支数相当于——商。（一问一答的同时用课件动画将表格中的三项换成被除数、除数、商）

师：你们还发现了什么？

生：除数不变，被除数依次变大，商也依次变大，被除数变小商也变小。

师：为什么会这样呢，能不能试着结合我们的题目来说一说？

生：因为被除数代表铅笔总数，除数代表人数，商代表每人分得的支数，人数不变，铅笔总数增加，所以每人分得的支数就增加了。铅笔总数减少，每人分得的支数也就减少了。

师：说得非常好。谁还有补充，说说你的发现。

引导学生得到结论：①除数不变，被除数乘几，商也乘相同的数。（强调是相同的数）；

②除数不变，被除数除以几，商也除以相同的数。一边总结一边在黑板上贴出这两句话。

师：（指着第二个规律）这里的除以几可以是0吗，为什么？

生：不能，因为除数不能为0。

师：非常好。（用彩色字体贴上"0除外"）

师：这就是商的变化规律中的其中两个规律。同学们再观察一下这两个规律，它们有什么共同点吗？

生1：它们都是除数不变，被除数变化。

生2：被除数怎么变商就怎么变。

师：同学们观察非常仔细。所以我们可以说商和被除数的变化方向相同。（标方向相同的箭头）

师：接下来，给同学们一分钟好好体会这两个规律，用自己的话与同桌之间互相说一说。

师：好，下面我们来一起运用一下这两个规律。请同学们拿出我们的小题单，完成练习一。

完成后让学生回答订正，如果有问题，让其他同学解答，老师只起辅助作用。

师：这就是除数不变被除数变化的两种规律，这两种规律的共同点是什么？（反复巩固商的变化方向和被除数的变化方向相同）

3.探究被除数不变，除数变化时，商的变化规律课件呈现。

（1）学校有200本图书，要平均分给2个班，每个班分多少本书？列式：

（2）学校有200本图书，要平均分给20个班，每个班分多少本书？列式：

（3）学校有200本图书，要平均分给40个班，每个班分多少本书？列式：

师：接下来我们来探索一下其他的规律。请同学们拿出刚才的导学单继续以小组的形式完成第二部分，要求和前面一样。

（学生以小组为单位对算式进行观察、思考、分析、交流。教师在教室巡视，对有困难的学生进行恰当的指导。）

师：下面请同学们来汇报一下你们的探究过程和发现。（在学生汇报的过程中用课件逐步完善情境题的列示以及表格的填写）

师：同样的，表格里面的图书总数相当于这（指着黑板上"被除数÷除数=商"）里面的——被除数，班级数相当于——除数，每班分得的图书本数相当于——商。（一问一答的同时用课件动画将表格中的三项换成被除数、除数、商）。

师：你们发现了什么？

生：被除数不变，除数乘几，商反而除以相同的数；除数除以几，商反而乘以相同的数。

师：谁还有补充？

……

师：能不能结合题目说一说为什么被除数不变，除数变大了，商反而变小了？除数变小了，商却反而变大了？

生：因为除数是班级数，图书总数不变，班级数越多，每班分得的图书本数就越少；班级越少，每班分得的图书本数就越多。（加强意义的理解）

师：同学们都说得非常好。这就是商的另外两个变化规律。

引导学生得到结论：①被除数不变，除数乘几，商反而除以相同的数（0除外）。（强调"反而""相同的数""0除外"）；②被除数不变，除数除以几（0除外），商反而乘以相同的数。一边总结一边在黑板上贴出这两句话。

师：同学们观察一下，这两个规律有什么共同点吗？

生：都是被除数不变，除数在变。

生：都有"反而"两个字。

师：非常聪明。也就是商的变化方向和除数的变化方向相——反。（标方向相反的箭头）

师：给同学们一分钟好好体会这两条规律，同时和前面两条规律对比一下，然后用自己的话与同桌互相说一说。（设计意图：给每个学生锻炼数学表达能力的机会，培养学生的数学语言表达有助于厘清思路，内化所学知识，提升思维的逻辑性和条理性。）

师：请同学们拿出小题单，完成练习二。完成后让学生回答订正，如果有问题，让其他同学解答，老师只起辅助作用。

三、课堂小结

师：今天我们学的是什么？

生：商的变化规律。

师：今天学的商的变化规律有哪些？"学生说，不完整的其他学生补充。"

师：商的变化方向和谁相同和谁相反？

生：商的变化方向和被除数的变化方向相同和除数的变化方向相反。

师：商除了有变化规律还有没有不变的规律呢？下节课我们再来探究。

四、教学反思

"商的变化规律"教材内容分两部分呈现：第一部分是商的变化规律，第二部分是商不变的规律。这节课是第一部分内容。做得比较好的有如下几个方面：

①教材的例题只是单调的算式，我们结合实际融入情境，通过分苹果和分香蕉使例题更加贴近生活，使得知识点更具有可理解性。

②对内容的划分比较合理，让学生对知识的吸收和理解更加彻底。

③课堂上基本做到以学生为中心，学生的课堂参与度较高，积极性较强。以书上的例题中的除法算式为原型，创设恰当的情境，引导学生探究商的变化规律，较好地给予学生展示和交流的机会。

当然，这节课也有一些不足的地方，主要体现如下几个方面：

①由于时间关系，对知识的运用不够，因此学生对规律的理解可能不够牢固，课后需要及时巩固。

②没有完全放手，参与交流与汇报的学生仅仅是少数，尽管如此，学生还是给了教师意想不到的良好表现，在今后的课堂上，教师可以再大胆一点，再适当放手让学生更充分地展现自己的思维能力、表达能力等。

（二）商的变化规律（除数和被除数同时变化）

被除数和除数同时变化的类型多而复杂，相比于积的变化规律掌握起来要难一些，再加上之前学习的积的变化规律对于商的变化规律的学习存在负迁移。因此，在学习除数和被除数同时变化的规律之前，教师一定要确定学生已经扎实掌握上一节课学习的内容：商的变化方向和被除数的变化方向相同，和除数的变化方向相反。由于商不变的性质是其中最为重要的知识点，无论是在数学今后的学习中还是在生活中的应用都非常广泛。因此，我们把这一内容放在最前面来进行。这里我们的教学引入"猴子分桃"的情境，激发学生的学习兴趣。具体教学过程如下。

一、激趣引思，导入新课
商不变的规律教学设计
1.创设情境
一天，兔妈妈在胡萝卜地里为小兔分胡萝卜。兔妈妈说："我把6个胡萝卜平均分给3只小兔。"小兔们听了嚷嚷着："太少了，太少了。"兔妈妈又说："我把60个胡萝卜平均分给30只小兔。"小兔们听了试探着问："可不可以再多分一点呀？"兔妈妈又说："我拿600个胡萝卜平均分给300只小兔，这下行了吧？"这时小兔们笑了，兔妈妈也跟着笑了。
2.启发提问，小组讨论
为什么小兔们和兔妈妈都笑了？谁是聪明的一笑？
二、探讨新知
1.全班交流写出每一次分胡萝卜的算式
板书：6÷3=2
60÷30=2
600÷300=2
师：在这些算式里，前面的6、60、600这些数我们称作什么？（被除数）
除号后边的3、30、300这些数我们称作什么？（除数）等号后面的2我们又称作什么？（商）
师：如果以第一个等式为标准，下面两个等式中的被除数、除数和商，什么变了，什么不变？（被除数、除数变了，商不变）
师：这节课我们就来讨论"商不变的规律"。（板书课题：商不变的规律）
师：仔细观察黑板上的3个算式，你能说说被除数和除数都是怎样变化的吗？先独立思考，再在小组内交流。
2.汇报
师：我们先从上往下看，被除数和除数发生了什么变化？（被除数从6到60，乘10，除数从3到30，也是乘10；被除数从60到600，乘10，除数从30到300，也是乘10。）再从下往上看，被除数和除数又是怎么变的？（被除数和除数同时除以同一个不为0的数。）

师：你能像兔妈妈一样分胡萝卜吗？试试看，写一些你的算式：
（ ）÷（ ）=（ ） （ ）÷（ ）=（ ） （ ）÷（ ）=（ ）
师：你能从我们黑板上的一组算式以及你写的算式中发现什么规律吗？（独立思考，再让学生在小组内相互交流彼此的发现。）

3.全班汇报。
师：谁能用一句话概括这两个规律？

三、巩固练习，深入讨论
师：刚才我们发现当被除数和除数同时像这样变化时（手指板书）商竟然可以不变。现在老师要考考大家是否真的理解这个神奇的规律。
判断题：
（1）90÷15=（90÷5）÷（15÷5）
（2）120÷40=（120×0）÷（40×0）
师：乘以0可以吗？为什么？（因为0不能作为除数，没有意义）看来我们要把0特殊对待，写上"0除外"。
（3）25×5=（25×4）×（5×4）
师：这样对吗？口算左边125，右边2000，为什么会出现这样的问题？商不变的规律适合在什么运算中？（除法中）
（设计意图：强化商不变的规律和积不变的规律之间的区别。）
（4）80÷15=（80÷4）÷15
（5）45÷15=（45+5）÷（15+5）
（6）120÷3=（120×6）÷（3×2）
师：同学们今天表现得真棒。在我们一致的努力下发现了商不变的规律。那你觉得运用这个规律时应该注意些什么？
（除法，同时，相同的数，0除外，教师标出重点符号）

四、规律应用和巩固
1.第一关
例：960÷60=（960÷10）÷（60÷10）=96÷6
计算：480÷30=（480÷10）÷（30÷10）=48÷3
8700÷30=（8700÷10）÷（30÷10）=870÷3
（运用商不变规律将末尾有0的除法简化为数字比较小的除法进行口算。）

2.第二关
例：550÷25=（550×4）÷（25×4）=2200÷100=22
计算：600÷25
2000÷125（运用商不变规律把除数转化成整十整百的，进行简便计算。）

3.第三关
（640…0）÷（320…0）（999个0）

五、课堂小结
板书设计：商不变的规律
6÷3=2
60÷30=2
600÷300=2
被除数和除数同时乘或除以相同的数（0除外），商不变。

经过教师对教学内容和教学过程的精心设计和准备，学生对于商的变化规律的基本类型和商不变的性质已经扎实掌握，接下来，我们再开始最难的两个类型的教学：被除数和除数同时扩大或缩小不同的倍数、被除数和除数一个扩大一个缩小。这部分的内容是教材上没有但在实际练习和考试中时常考查到的规律，我们将其挖掘出来带领学生进行系统地探究，也将其作为提升学生数学思维的一个机会。当学生已经熟练掌握商的基本变化规律后，教师放手让学生自行探索：A÷B→（A×C）÷（B÷C）（C不为0）。在一开始的时候，学生会将其和积的变化规律混淆，认为商不变。教师通过引导学生举例让学生发现商的变化规律只需要一个一个地观察：被除数扩大C倍，商也应该扩大C倍，除数缩小到原来的1/C，商反而扩大C倍。因此商应该是先随着被除数的扩大而扩大，又随着除数的缩小又扩大。此类题型很多，但解决的方法都是一致的。在教师的引导下，部分学生可以不重复、不遗漏地总结出所有的类型和规律：

①A÷B→（A×C）÷（B÷C）（C不为0）商×C×C（商扩大）

②A÷B→（A÷C）÷（B×C）（C不为0）商÷C÷C（商缩小）

③A÷B→（A÷C）÷（B÷C）（C不为0）商÷C×C（商不变）

④A÷B→（A×C）÷（B×C）（C不为0）商×C÷C（商不变）

⑤A÷B→（A×C）÷（B×D）（C、D不为0）商×C÷D（商可能扩大，可能缩小）

⑥A÷B→（A÷C）÷（B÷D）（C、D不为0）商÷C×D（商可能扩大，可能缩小）

教师通过引导学生用含有字母的式子来表示规律，可以使规律简单明了的同时培养了学生的抽象、推理、模型思想，将学生的数学思维从具象上升到抽象。

三、对照练习，区分积不变与商不变

在笔者以往的教学经验中存在这样一个问题：积不变的规律和商不变的性质这两个知识点学生在分开学习的过程中都比较顺畅，但在期末复习阶段各种知识点都混杂在一起时，我们发现有不少学生时常混淆两个规律，这种混淆甚至会持续到后面高年级相关联的知识的学习中去，对新知识的学习产生较大的阻碍。比如，判断题"被除数扩大2倍，除数缩小到原来的1/2，商不变"，填空题"一个因数缩小到原来的1/3，要是积不变，另一个因数应该（ ）"。因此，我们在学习完商不变的规律后，要将积不变的规律及时回顾和对比，将两个知识点同时巩固、对照练习。在教学的过程中，教师总结出一个口诀：同乘同除商不变，一乘一除积不变。口诀不同于教材中的概念和结语，其目标是以最简洁的语言来帮助学生区分和记忆。在教学过程中我们注重学生对知识探究的过程，注重学生思维的提升，但在其后的练习和巩固中，我们也要重视回顾和总结。

四、回顾、反思、发散

积的变化规律与商的变化规律虽然位于两个不同的单元,却属于同一类型的知识体系,其探究学习方式也是差不多的,在学完商的变化规律后,教师引导学生进行回顾与反思,整理出积商变化规律结构图的同时提问学生:"乘法和除法都有这样的规律,那你还有其他的猜想吗?"学生自然而然想到加法和减法。运用所学探究方法,大部分学生都非常轻松地整理出和、差的变化规律,再通过和积、商的变化规律进行对比研究,有约1/3的学生发现和的变化规律和积的变化规律其实是类似的,差的变化规律其实和商的变化规律是类似的。和的变化方向和加数的变化方向相同,正如积的变化方向和因数的变化方向相同;差的变化方向和被减数的变化方向相同,和减数的变化方向相反,正如商和被除数的变化方向相同,和除数的变化方向相反。简而言之,我们可以将和、差、积、商的变化规律异同总结为两点:

(1)加数、被减数、因数、被除数的变化引起和、差、积、商做相同的变化;

(2)减数和除数的变化则引起差、商做反方向的变化。

以上两点是从变化方向来看,同时我们还要引导学生注意的是,和、差的变化规律是"增加""减少",而积、商的变化规律是"扩大""缩小"。有时我们会遇到这样的题型:乘法算式40×6,一个因数40增加80,要使积不变,另一个因数应该( )。这里有很多学生会认为另一个因数应该减少80。教师要引导学生将"增加80"转化为"扩大3倍",所以根据积不变的规律另一个因数应该缩小到原来的1/3。

通过这样的回顾、整理、反思、发散,教师充分发挥学生的能力,使得学生随时准备着调动自己的各个感官,由学生自主发现数学规律的神奇,发现知识之间其实是存在紧密联系的,很多时候我们只要掌握探究问题的方法,就可以迁移解决更多类似的问题,让学生体会到这种感觉就像手握"秘密武器",无往不胜。

第三节 教学评价

一、五、六年级测试结果及分析

同样的4次测试题,我们同时抽取六年级4个班共184人、五年级4个班203人进行测试,将测试结果与四年级实验组进行了对比。

从测试结果来看,四年级实验组较于五、六年级仍然具有较为明显的优势。六年级测试成绩较五年级有明显的优势,我们分析其原因应该是六年级后期处于小学阶段的总复习,对相关知识进行了复习和练习。

通过实验组与对照组之间的对比和分析,我们基本可以发现其知识层面、能力层面和情感态度三个层面的差别,主要有以下几点:

(1)同一知识点,实验组掌握的扎实度、广度和深度更优。在面对变化多端的题型时,实验组解决问题的方式更多,比如画图、举例、归纳、演绎、类比等,学生能将复杂问题简单化,也能由简单的问题解决策略联系到复杂问题的解决策略等,思维相对活跃。

(2)在学习其他知识点时,实验组总体更能够适当迁移之前习得的解决问题的方法和思路,并能从不同角度去分析和验证。

(3)实验组的数学语言的表达得到更多的训练,表达能力较强,清晰的表达有助于培养学生严谨的逻辑思维。

(4)通过与部分学生的访谈,我们可以明显感受到学生对于数学课的兴趣和信心是不同的。实验组的学生总体来说对实践中的数学课模式产生了较为浓厚的兴趣,并从中感受到数学的魅力,体验到探索数学规律的乐趣和成就感。

当然,我们此次数学课的实践所产生的积极效应不会仅限于数学课、数学知识、数学能力,也能够在学生学习其他课程时乃至生活中的其他方面产生深远的影响。但研究的内容以及时间是有限的,效果目前来看也是相对短暂的,要使学生的数学思维取得长远的发展和影响,也需要教师和学生长久地探索和坚持。

二、教学优化建议

通过教学实践,我们得到本节中采用的教学改进措施可以较为有效地培养学生的数学思维能力,其体现主要有三个方面:

（1）在教学过程中学生的参与度较高，思维活跃；

（2）教学效果较好，学生灵活解决问题的能力明显有所提升；

（3）学生对数学的学习兴趣得到有效激发，在数学的学习过程中体验到了数学思维能力提升所带来的成就感。

现就如何在日常课堂上培养小学生的数学思维能力给出些许建议，不足之处望指正：

（1）建议学校定期组织数学教师凝聚团队力量对教学内容进行顺应儿童智力发展的拓展与整合。

（2）数学教师要优化教学方式，教学中不仅以知识的掌握为最终目的，还要注重学生在学习过程中的思维痕迹，通过动手、动脑、动嘴等方式将学生思维"可视化"。将学生的思维水平由具象逐步引导至抽象，在日常课堂教学中逐步渗透用图形、图式、模型等多种方式表征数学问题和数学规律的思想方法。

（3）强化学生探究问题的策略意识，让学生学会从不同的角度用不同的方法进行探究和验证，培养学生客观、科学、严谨的数学思维。

（4）学校加强对教师的培训，充分利用智能互联环境提高课堂教学效率，为数学思维能力的培养提供强有力的硬件、软件。

最后，数学思维能力的课堂培养需要更多的课堂时间，才能保证学生充分地思考、表达，有交流的时间和空间。但当下教育大环境竞争激烈，这样的时间是很稀缺的，这也是本节的不足之处，其可行的解决方式是适当利用学生的课下时间乃至校外时间给学生提前布置探究性问题和实践性作业，让学生在上课前就对相应问题有足够的了解和思考，进而提高课堂思维的碰撞、交流效率。另外一种解决方式是改善当下的教育环境、教育理念和教育方式，可这常常不是我们一线教师所能左右的，但随着教育中存在的各种矛盾和弊端日益突出，国家和社会都在关注并着力解决，教育改革任重而道远，但未来可期。

第八章　低段学生数学思维创新与能力培养

第一节　智慧学习环境下小学低段学生数学思维培养策略

一、智慧学习环境对小学低段数学思维培养的支持

通过智慧学习环境的构建和要素分析可知，智慧学习环境对小学低段数学思维的培养提供支持。

（一）学习资源对数学思维培养的支持

智慧学习环境中海量的、适配的、半结构化的、形式多样的学习资源，不仅为教师设计教学活动流程提供了支持，还为学生个性化学习的实现提供了援助。在传统的教学环境中，教师需要花很长的时间写教案、制作微课及课件、设计教学流程、制定教学模式等，这些资源的准备让教师耗费了大量的精力，导致教师没有充足的时间和精力再去思考学生数学思维发展中存在的问题，以及如何去解决这些问题。而在智慧学习环境下，云备授课系统为教师提供了形式多样的适配性备课资源，有文本、图片、动画、音频、视频等多种形式，这些资源以微课、课件、电子课本、教案、习题、教学模式、教学流程等类型呈现，教师可以根据需要自主选择调用，节省了教师大量的时间和精力，让教师把更多的精力放在学生身上，关注每个学生数学思维的特征，并根据学生思维发展的不同特点，设计不同的教学目标，根据这些教学目标，选择合适的资源，并根据教学设计，对这些资源进行二次编辑，让这些资源更好地为学生数学思维的发展服务。

过去学习资源类型单一，一般都是教材加配套练习册，学习资源的数量有限、来源

渠道有限，而且练习题基本都以没有色彩的纸质形态呈现，这很难吸引小学低段学生的注意力。根据儿童的认知特点，对于小学低段的学生，色彩鲜明的事物才能吸引他们的注意力，引起他们的兴趣。少量的学习资源很难给不同思维品质的学生提供匹配的资源，无法支持个性化学习的开展。在智慧学习环境下，学生可以选择不同的学习资源，例如，对于同一个知识点，基础薄弱的学生，可以选择微课来巩固知识点；对于学习能力较强的学生，可以选择拓展知识学习。作业盒子提供的AI交互式作业、视频精练、智能练习等学习资源，把知识的巩固练习与游戏、故事、生活情境等连接在一起，不仅提高了学生学习的趣味性，还让学生的学习变得精准。

（二）学习工具对数学思维培养的支持

学习工具优化了课堂教学，为学生的自主建构提供了援助。智慧学习环境的学习工具有标注工具、学科工具、交流工具、认知工具及录制工具等，这些工具为数学思维的培养提供了支持。教师在云备授课系统提供的授课平台上，使用标注工具，对教学内容进行批注、聚焦、截屏等操作，聚焦学生的注意力，引发学生思考。学科工具为问题的解决提供支持，让学生找到解决问题的途径，从而提高问题解决的能力，发展学生的数学思维。

交流互动是发展数学语言，提高数学思维很好的路径。智慧学习环境下不同的交流工具，实现师生、生生、人机之间的多向深度交互，这种交互方式打破了时空的局限，促进师生、生生语言的表达、观点的交流和思想的流通。

认知工具（如思维导图）可以把学生的思维过程可视化呈现出来，帮助学生对所学知识进行梳理，经过进一步地加工与整理后，让学生加深对知识的内化理解，完善与补充自己的知识体系，更好地进行知识的自主建构，提高逻辑推理能力，促进学生数学思维的发展。教师使用录制工具，可以把课堂教学中的教学重点、难点录制下来，发送到班级群，方便课堂上掌握不好的学生，在课后反复学习，不断巩固加强、加深对知识点的理解。

（三）数据对数学思维培养的支持

在智慧学习环境下，对教学过程的全程记录生成数据，数据为数学思维的培养提供证据支持，数据是教师精准教学、学生个性化学习的依据。教师通过收集、整理、分析和利用教学中的相关数据，能够更好地改进教与学的效果；通过对采集数据多角度、多层次的统计分析，可以掌握每个学生的学情，为不同学生推送有针对性的学习任务，支持个性化学习。

教学中教师使用云备授课系统备课和授课时，选择和调用的所有适配性资源、教师编辑的资源，都会自动保存记录在智慧教育云平台上，为教师课后反思和教研提供依据，以提高教师的专业水平和教学能力；教师使用作业盒子给学生选择、推送的习题、微课，推送对象、日期及时间，学生每道题作答和完成的时间，题做对的数量以及使用口算拍照功能检查的口算题，都成为作业数据记录在系统中，教师通过查看作业数据的可视化分析，掌握学生的作业情况，在新的教学设计中及时调整计划、查漏补缺。课堂上，智能录播系统全程记录教学过程，并自动生成语音数据、行为数据、生理数据和教学内容数据，实现基于证据的精准教学，根据每个学生的情感特征、学习风格，制定个性化学习路径。

在智慧学习环境下，师生对学习工具的使用也会成为数据记录下来，如师生、生生间交互的聊天记录数据，教师使用录制工具记录教学重难点的数据等；同时学习评价也是智慧学习环境中数据的组成部分，教师的评价、生生的互评、系统的分析都成为学习评价数据，帮助学生更好地发展数学思维。

（四）学习评价对数学思维培养的支持

智慧学习环境整合大数据分析和挖掘技术，能够实现学习过程的自动测评与分析，通过自动学习测评得出科学的评价结果，教师依据该结果能够对数学思维发展过程进行合理预测，并给学生提出具有针对性的建议。能够实时地监控与反馈学生的学习情况，有助于学生快速地了解自己处在哪个阶段，掌握与其他同学的差距，不断调整自己的学习方法与节奏，增强学生学习的主动性。

智慧学习环境下的动态评价，注重评价的过程性，对学生的学习进行及时反馈，符合小学低段学生的心理特点，能提高小学低段学生学习数学的兴趣，为数学思维的发展创造条件。其评价方式的多元性，可以促进师生的深度反思，让教师实时了解每一个阶段学生的互动情况以及学习情况，给学生提供反馈，依据不同学生的知识水平，布置差异性的任务或作业，进行个别化辅导。

智慧学习环境集成多种技术手段，依据学生的个人数据、学习行为数据、学习过程数据等，对学生进行智慧评价，评价的结果被记录在学生的电子档案中，成为学生的形成性评价和总结性评价。评价结果的可视化输出可以帮助教师和学生直观地了解学生的活动参与度、目标完成度和学习习惯等信息，而这些信息又可为学生学习提供指导，帮助学生进行自我反思和意义建构。

综上所述，从智慧学习环境的物化层面和智化层面两个方面，对小学低段数学思维培养的支持加以分析。物化层面是由无线网和软硬件设备构成的智能场所，它们共同为数学思维的培养提供技术支持；智化层面由资源、工具、数据等要素共同构成，它们为数学思维的培养提供了有效保障。智慧学习环境下的小学低段数学思维培养，是在具备相应物化要素的前提下，教师通过对智化要素的设计与利用，创设有利于数学思维发展的课堂氛围，来优化教学结构，引导学生善于观察、自主探究、主动建构和不断反思。

二、智慧学习环境下对培养数学思维的教学设计

（一）设计的依据

1.以《小学数学课程标准》为依据

《小学数学课程标准》（以下简称《课标》）前言部分指出，数学是研究数量关系和空间形式的科学。数学课程要适应学生个性发展的需要，充分运用信息技术手段改进教与学的方式。《课标》总目标的第二部分要求："通过义务教育阶段的数学学习，使学生具有初步的创新意识和科学态度。"学生是学习的主体，教师要为学生创造探究学习的环境和氛围，引导学生学会学习和思维。

2.以智慧教育理念为指导

智慧学习环境是在智慧教育理念的指导下，通过技术与教学的深层次创新融合，为教与学提供适切的环境支撑。智慧应体现在教学的过程中、思维的过程中和实践的过程中，智慧教育需要启发学生思考，让学生学会思考，积累思维经验。智慧学习环境提供资源和工具，让教师创设生动、活泼、有针对性的知识背景和教学情境，引导学生思考，主动构建知识，让学生自己悟出而非教师教出。智慧教育主要体现在发现、构想、抉择、评价、归纳五个环节。学生亲历发现的过程，能够基于具体问题或任务培养学生的问题意识和思考意识，让学生在观察、对比的过程中，发现问题。通过构想，培养学生分析问题的能力，在亲历抉择的过程中，培养学生的批判意识，找到解决问题的正确方法。通过自评，培养学生的反思意识，提高学生的自我效能感。最后通过归纳，让学生能够从感性认识上升到理性认识，提高学生的逻辑思维能力。

（二）设计的原则

1.以学生为中心原则

数学教学中，学生是思维的主体，因为思维是一个自发的过程，问题的解决都是需要人主动去思考的。因此，在小学低段数学思维的培养过程中，教学要以学生为中心，教师只需要做好引导和组织工作，提供方法让学生去积极思考、主动探索。在智慧学习环境下通过利用智能化技术，能够帮助教师提供给学生更多知识表征方式、更多教学模式和方法，促进学生自主学习，引导学生发展思维。

2.因材施教原则

多元智能理论认为，人的智能是多元的，学生之间存在差异。在小学低段的数学教学过程中，这些差异在不同学生身上，有不同的表现和特点，每个学生都表现出自己独特的数学思维品质。所以，在智慧学习环境下，教师要借助学习分析技术对每个学生学情的精

准诊断，全面掌握学生各方面的差异。在教学的各个环节中，采取针对性的措施，进行因材施教，让每个学生的思维都得到充分发展。

3.循序渐进原则

小学低段学生思维的发展是一个渐变的过程，不同阶段有不同的思维特点，小学低段学生正处在"前运算"向"具体运算"的过渡阶段，这个阶段以形象思维为主。根据这个阶段学生的思维特点，教师应借助于智慧学习环境中的学习资源和工具，对学生进行直观教学。在数学思维培养中，先从最简单的观察开始，让学生先学会观察，学会怎样从观察中获取信息；再教学生对比的方法，然后再学会分析、综合、概括等思维方法，让学生的整体数学思维逐渐得到提高。

4.技术为教学服务原则

智慧学习环境是信息技术丰富的学习环境，是以信息技术为支撑，让技术更好地为教学服务。在智慧学习环境中，教师通过合理的设计、恰当应用学习资源和工具，可以把抽象的数学知识形象地展示出来，辅助学生理解，符合小学低段学生的认知特点，使数学教学达到最优化效果。在小学低段的数学教学中，恰当地使用智慧学习环境下的资源和工具，能够让数学思维教学更顺畅、更高效地进行。否则为了使用技术而使用，不仅没有促进学生数学思维的发展，反而会影响教学的顺利实施。

三、智慧学习环境下培养小学低段数学思维的教学策略

小学低段的数学教学一般包括新授课和单元复习课两种类型。新授课是按照教学进度和教材安排，学习新的知识点；单元复习课是学习完一个单元后，按照教材的安排，对本单元的内容进行复习和整理，形成完整的知识体系，加强学生的理解和记忆。笔者根据小学低段数学课的这两大类型，分别设计智慧学习环境下的教学策略：（1）新授课上，培养小学低段数学思维的教学策略；（2）在单元复习课上，培养小学低段数学思维的教学策略。

（一）新授课上，小学低段数学思维培养策略

1.设计分层教学目标

通过前面的研究，我们知道小学生的数学思维品质是有差异的，如果设计统一的教学目标，显然不利于所有学生数学思维的发展。针对这种现象，在小学低段数学思维培养的教学中，课前在教学设计环节，教师要将教学目标进行分层，分层教学包括两各方面的内容：一是对学生分层，二是对教学内容分层。智慧学习环境为教师分层设计教学目标提供了科学依据和支持。首先，对学生进行分层，通过智能录播系统对学生课堂行为表现的数据分析、作业盒子对学生知识掌握情况的数据分析，根据学生的学习能力、认知水平、学

第八章 低段学生数学思维创新与能力培养

习风格等方面的差异，将学生分为基础薄弱、中等、能力较强三层。其次，对教学内容进行分层，通过学习分析技术对学生前面知识点掌握情况的可视化分析，让教师掌握了哪些知识模块学生容易掌握，哪些知识模块学生学习起来困难，在接下来的教学中，把一节课的教学内容按照由易到难的顺序，分解为基础知识、提升知识、拓展知识三个层次，让基础薄弱的学生掌握基础知识，中等层次的学生要达到提升知识的掌握，能力较强的学生要上升到掌握拓展知识。

2.基于问题的情境导入

问题是数学的心脏，数学思维活动集中呈现在提出问题和解决问题的过程中。小学低段学生以形象思维为主，对于抽象的事物他们不容易理解，这就要求教师在数学思维的培养中，设计符合小学低段学生认知的问题情境，进行直观教学。在教学开始环节中，教师进行基于问题的情境导入，不仅能调动小学低段学生学习数学的兴趣，还能引发他们的思考，把他们的注意力快速拉入课堂中，为了获得问题的答案，学生会思维集中，全身心投入新知的学习中。

3.以探究为主，多种学习方式优化组合

自主建构知识是学生主动探索解决问题的过程，数学思维就是展现对问题的探索过程。学习资源和工具是学生自主建构的基础和依据，作为学生建构知识的支架，使新旧知识相互作用建构内部的心理表征。学习资源和工具丰富与否直接关系到学生的认知及元认知的体验。智慧学习环境丰富的学习资源和工具为学生的自主建构提供支持。

小学低段的学生活泼好动，探究学习更能激发学生的学习兴趣。在小学低段的数学教学中，教师要多为学生设计探究性学习活动，通过设计智慧学习环境中的各个要素（资源、工具、评价等）为学生搭建探究的"支架"，使学生能够借助这些支架，可以自己对新知识进行建构，并且不断地完善和扩充自己原来的知识体系。在学生探究的过程中，教师要利用智慧学习环境中的要素，将思维可视化和有声化，并引导、启发学生如何去探究；教师也要通过对资源巧妙的设计，为学生提供案例，增加学生探究的经验。

在探究学习活动中，学生可以自己探究，也可以和同学合作进行小组协作探究，对于学生探究的成果，教师要进行展示、解释和总结。在以探究为主的教学中，教师需要注意，并不是所有的教学内容都适合探究学习，有些内容采用讲授式、学生自主学习的方式更有利于数学思维的发展。因此，在小学低段数学思维的培养中，教师要设计以探究学习为主，多种学习方式优化组合的教学组织形式，不仅要为学生提供探究的支架和案例，还要为学生提供自主学习的微课等资源。

4.创设和谐的教学氛围，增强学习的交互性

认知心理学认为语言与思维紧密关联，思维是语言的内在依据，语言是思维的外在表现。数学语言的培养是发展学生数学思维很好的途径。小学低段的学生，由于生理特点和

认知水平，学生的数学语言表达不是很好，这对于教师来说，也是一个很好的契机，说明这个阶段的学生正处在语言发展阶段，可塑性很强，教师可以抓住这个机会，培养学生的数学语言，促进数学思维的发展。

数学语言的表现形式有文字语言、符号语言和图形语言，智慧学习环境为这三种数学语言形式的培养提供了良好的环境支持。小学低段的学生，在课堂上注意力持续时间短、自制力差，大脑容易出现阶段性疲劳，这就需要教师在数学语言表达的形式上要丰富。依据小学低段学生的特征，使用图片等直观的展示，更有利于他们理解和掌握，智慧学习环境为丰富的语言表达形式提供了支撑，更利于学生数学语言的培养。

和谐的教学氛围更利于学生数学语言的发展。培养学生的数学语言，教师要创设利于数学思维发展的课堂氛围，这样学生才能身心放松、思维活跃地去表达，充分发挥学生的主观能动性。课堂要留有空白，要给学生独立思考的时间，在学生思考的基础上，增强课堂的交互性。智慧学习环境下的交互不仅有师生交互、生生交互、人机交互等多种形式，而且交互不仅在课堂上，还在课前与课后，贯穿于教学的整个环节。在课堂上，教师通过提问、制作卡片、教学游戏等活动，进行师生对话、互动，增强课堂的交互性，发展学生的数学语言。例如，教师在巩固环节，利用云备授课系统提供的匹配资源和工具，设计翻翻卡、游戏活动等，把对知识的巩固融入学生的兴奋中，寓教于乐。在课后，通过作业平台和交流工具，增强学习的交互性，提高学生的数学思维。例如，教师使用作业盒子给学生布置交互式作业，增强人机交互，让学生及时获得反馈，教师也可以通过平台给予学生评语；师生通过班级群进行交流，学生之间相互评价，提供学生充分发展数学语言的空间。

5.个性化作业推送

作业不仅可以帮助学生巩固、掌握知识、提高学习能力，还能帮助教师掌握学情，调整教学策略。在传统数学教学中，由于环境的限制，学习资源的匮乏，教师只能布置同一份作业给全班学生，而且作业的反馈并不及时、系统，要么等到第二天才能看到，要么需要教师整理家长发在班级群里所有的作业图片后，才能大概了解学情。但实际上，大多数教师根本没有时间和精力这样去整理、分析作业，而且，学生的差异是客观存在的。布置同一份作业给全班学生，势必造成对于有些学生作业太过简单，这样的练习根本没有意义，是在浪费时间；对于有些学生作业又太难，根本不符合学生的学习能力和知识水平。

在智慧学习环境下，教师通过作业平台，给学生推送个性化作业，让每个学生的数学思维都获得相应的发展。作业盒子为小学低段的学生提供了多种形式、不同层次的数学作业练习，其作业的交互性、直观性更符合小学低段学生的思维水平。教师只需在教师端为不同学生选择、推送与他们能力、学习风格相匹配的个性化作业。作业的及时反馈、完成时间、完成质量、可视化学情分析，不仅给教师精准掌握学情提供了依据，还能促进学生在原有基础上不断进步，让学生的数学思维得到有序发展。

（二）单元复习课上，小学低段数学思维培养策略

1.提供"支架"，让学生动手操作来回顾知识

通过文献研究，笔者了解到思维和动作分不开，儿童的思维是从动作开始的。小学低段数学单元复习课，是对一个单元学习知识的整理与复习，如何让单元复习课变得高效，既复习了学习的知识，又发展了学生的数学思维，还能让课堂变得丰富有趣，符合小学低段学生的学习特点，这一直是小学低段数学教师努力实现的目标。在智慧学习环境下，丰富的学习资源给教师实现这一目标提供了支持，教师从该单元的学习资源中选择半结构化、碎片化的知识作为"支架"，让学生把这些凌乱的知识碎片加工成所学习过的完整知识。在学生动手操作的过程中，通过观察、对比、分析、归纳等思维方法，进行知识的回顾，发现这些碎片知识之间的联系，找到解决问题的方法，把这些知识碎片加工成完整的知识，从而加深对所学知识的记忆，达到复习的目的。以往的单元复习课上，对一个单元学习知识的复习，一般都是教师带着学生一起进行回忆，由于这些知识都已经是学生学习过的，对于小学低段的学生，他们的年龄特点就是对未知的事物感兴趣，这种复习方法很难激起他们的学习兴趣，无法实现教师预期的教学目标。而智慧学习环境下的这种复习方法，在智慧学习环境的支持下，既解决了教师的困境，又满足了小学低段学生的好奇心，让学生成为课堂的主人，在动手操作的活动中，发展了学生的数学思维。

2.探索知识之间的规律，提高逻辑思维能力

从前面的研究中，我们知道数学思维具有逻辑性，数学思维品质具有深刻性。数学是一门逻辑非常严密的学科，从简单到复杂，知识之间的排列非常有规律。在小学低段数学单元复习课上，探索知识之间的规律可以提高学生的逻辑思维能力。逻辑思维是数学思维的一部分，虽然小学低段的学生以形象思维为主，但从认知发展阶段理论得知，这个阶段的学生也正处于由形象思维向抽象思维过渡的发展阶段。在这个阶段培养学生的逻辑思维能力，会促进抽象思维的发展，从而让学生的数学思维得到很好的发展。智慧学习环境中的物化要素和智化要素，在学生探索知识规律的过程中，丰富的学习资源给予学生启示，让学生找到正确的探索路径；便利的学习工具，把学生探索规律的过程和结果及时展示出来，让学生获得有效的反馈，促进学生之间的相互交流与学习，加强对知识的理解。

3.利用认知工具，完善知识结构

认知工具可以把思维可视化呈现出来，如思维导图，智慧学习环境下合理使用认知工具，会促进学生思维的发展。在小学低段数学单元复习课上，在经过了对知识的回忆、理解的基础上，教师在智慧学习环境下，使用思维导图，带着学生一起对单元所学知识进一步归纳梳理，把知识点之间的层次、结构、排列顺序有条理地整理出来，让学生的思维过

程可视化。这样，一个单元的知识点不再是无序地储存在学生的头脑中，而是形成了一张结构清晰、层次分明的知识网，让这些知识有顺序、有规律地储存在学生的知识库中，使用时容易调取，也便于和已有的旧知识建立连接。在智慧学习环境下，使用思维导图让小学低段学生的思维可视化。

第二节 小学低年级学生数学批判性思维启蒙的研究

一、小学低年级学生数学批判性思维启蒙的必要性

《全日制义务教育小学数学新课程标准》（修订稿）在前言中指出："数学是人类文化的重要组成部分，数学素养是现代社会每一个公民应该具备的基本素养。作为促进学生全面发展教育的重要组成部分，数学教育既要使学生掌握现代生活和学习中需要的数学知识与技能，更要发挥数学在培养人的思维能力和创新能力方面不可替代的作用。"

毋庸置疑，学生思维的发展是数学教育的核心问题，培养学生的思维能力作为现代小学数学教学的一项重要任务，其实最终目的就是要培养具有独立思考能力和富有创新精神的人才。数学批判性思维是数学思维在批判教育理论中的反映，是培养学生创新精神的前提和基础，但是，在培养学生数学批判性思维之前，我们不能走入思维培养的误区，既不能夸大批判性思维的作用，把对它的培养看成一切思维培养的前提从而为了批判去批判，更不能把各种相近概念混为一谈对学生进行繁多的、盲目的思维训练，这都是违背批判精神的。只有深入理解了数学批判性思维的内涵与外延及它对小学低年级学生数学学习的作用，才能从根本上抓住其启蒙的本质。

（一）数学批判性思维在数学思维中的特殊地位使其具有启蒙的必要性

数学批判性思维是批判性思维在数学学习中的体现，它从属于数学思维。它与我们平时所说的逻辑思维、反思性思维、创造性思维既有相似之处，但也有本质区别，只有明晰批判性思维在数学思维中的地位才能使我们更深入地认识它，理解它不是一般数学思维的附属品、替换品，数学批判性思维是有其特有的研究价值的。

1.数学批判性思维与逻辑思维的异同辨析

首先，批判性思维绝不是批判意识和逻辑推理的简单叠加。具体分析，批判性思维首先是一种逻辑思维，因为批判性思维的开展需要进行归纳推理和演绎推理。但是，批判

性思维又高出逻辑思维，因为逻辑思维只关注逻辑，不在乎意义，而批判性思维更关注思维的真实性、精确性、意义和价值，更强调思维的见识性和思维性。如果教学过程中，只关注逻辑思维的训练，忽视学生创见性思考的培养，难以使批判性思维得到真正的发展。而且，从对批判性思维的划分可以看出，它既包含知识和技能方面，还涉及情感和态度方面，让我们能更好地厘清它与逻辑思维之间的关系，使培养重心更明确。

2.数学批判性思维与反思性思维的异同辨析

心理学家曾指出，思维的批判性实质上是人的自我意识系统对思维活动过程的调节和监控。杜威认为，"对于任何信念或假设性的知识，按照其所依据的理由和进一步得出的结论，去进行主动的、持续的和周密的思考，就形成了反思性思维"，这个从疑难的情境趋向于确定情境的过程中体现了反省、批判之意，但还需要进行更深入、理性的思考。可见，批判精神始终贯穿于反思性思维中，但只有批判精神还不足以成为反思性思维。批判性思维作为一种特殊的反思性思维活动是建立在反思的基础上进行的，它侧重质疑和评价，并且十分重视批判性思维倾向及批判精神。因此，数学批判性思维与反思性思维之间尽管存在一致性，但是绝不能将二者等同视之。

3.数学批判性思维与创造性思维异同辨析

虽然二者都要通过对事物进行分析、综合、判断、推理、概括及抽象来实现，但是各自侧重点不同，前者侧重思维的真实性、精确性及逻辑分析，后者侧重想象力和直觉的判断，对问题持有打破传统的理解和新观点的提出。罗清旭认为，批判性思维与创造性思维所依赖的知识的差异在于，批判性思维主要依赖于"言传性知识"，而创造性思维则更多地依赖于"意会性知识"。

4.数学批判性思维与数学思维品质的联系

思维品质是思维发生和发展中表现出来的个性差异，它体现了每个个体的思维的水平和能力的差异，它主要包括敏捷性、灵活性、深刻性、独创性和批判性五个方面。

5.批判性思维和思维批判性的异同辨析

思维批判性是指思维活动中善于严格地估计思维材料和精细地检查思维过程的思维品质。朱智贤、林崇德在《思维发展心理学》一书中，阐述了思维在问题解决过程中所体现出的分析性、策略性、全面性与正确性等特征，对思维批判性做了进一步的解释。从批判性思维和思维批判性的定义上看，二者密切相关，反映的功能基本一致，思维批判性的特征也可以视为批判性思维的特征。但需要明确的是思维批判性是衡量思维能力的一个主要指标，批判性思维的含义则相比之下更为复杂。

6.数学批判性思维与其他数学思维品质的关联

据上述分析，我们可以把数学批判性思维看作思维批判性在数学学习实践中的具体表现，它不仅具有批判性品质，而且与其他的思维品质有密切联系，对数学批判性思维的培养在一定程度上能促进其他数学思维品质水平的提高。

数学批判性思维是在数学思维深刻性的基础上发展起来的，而在数学活动中不断自我反思、评价、调节思维过程能使个体更深刻地思考事物的本质规律和内在联系。一个数学思维灵活性水平高的学生分析思路开阔、解题精细性增加，并能根据思维对象，材料的特征、类型进行灵活运用，善于从不同角度考虑问题，还能及时发现自己和他人学习中出现的问题，可知数学批判性思维与数学思维的灵活性是休戚相关的。思维的独创性是学生在思维活动中发现矛盾、提出假设并给出论证（或检验）的，充分体现个性特征的"创造"性活动能力水平的集中反映，在充分依据下验证假设获得独到解题方法是思维的批判性品质的具体表现。因此，它与数学思维的独创性的联系也十分紧密。思维的敏捷性则是以其他思维品质为必要前提，没有其他思维品质做保证，就不可能在处理问题和解决问题的过程中做出迅速正确的反应。

（二）数学批判性思维对于小学生数学学习的重要作用使其具有启蒙的必要性

小学数学教学过程是一个以发展初步逻辑思维能力为核心的，促进学生全面发展的过程。传统的小学数学教学模式下的学生习惯被动接受、机械记忆，学生的体验被忽视，主动学习的能力也就逐渐丧失，批判性思维能活跃学生沉寂的思维土壤，翻转被动思考的立场，扩大思维的容量，具体到数学批判性思维对小学生数学学习的价值，可以从三个方面来探讨。

1.数学批判性思维能促进小学生对基础知识、基本技能的理解和掌握

"知识技能"既是学生发展的基础性目标，又是落实"数学思考""问题解决""情感态度"目标的载体。如果学生掌握知识只靠死记硬背，基本技能的形成单靠重复机械的操作，效率无疑是很低的。而数学批判性思维则能帮助主体通过对学习对象进行观察、分析，抽象概括后运用已有知识进行判断、筛选，再重新构建认知结构，经历了这样的思维过程，学生会逐渐深化对知识的理解，会从不同角度对学习材料加以分析、从不同的层次进行理解，学生对"双基"的理解和掌握也就得心应手了。

2.数学批判性思维利于学生发现问题和提出问题能力的培养

"提出一个问题往往比解决一个问题更重要，因为解决问题也许仅是一个教学上或实验上的技能而已。而提出新的问题、新的可能性，从新的角度去看旧的问题，都需要有创造性的想象力，而且标志着科学的真正进步。"爱因斯坦对创造力的理解是他打开成功大门的钥匙，从中我们可以看出，发现并提出问题是一切创造活动的开始。而数学批判性思维本身就是在对自己或他人的思维进行质疑、反思从而提出新的问题、新的可能性的思维过程，它就是批判性思维的一种表现。

根据情境图中所给信息提出数学问题是小学数学教学过程中培养学生问题意识的重要环节，教材中经常会设置能提出多种数学问题的情境，教师的正确引导能让学生在交流讨论中相互学习，并通过独立思考提出新的数学问题，这正是数学批判性思维在学生数学学习时的良好体现。

3.数学批判性思维利于学生分析问题和解决问题能力的培养

尼德勒提出批判性思维能力包括三个方面基本的智力技能。其中就涉及比较异同点、判断相关信息、区别事实、观点和合理的判断等关于分析问题的技能，以及解决问题能力的技能。霍尔普恩认为，问题解决技能是批判性思维能力的一部分。在对批判性思维总体结构的研究中，罗清旭在强调中指出，批判性思维是认知过程的一部分，认知到问题的存在，以及形成解决问题的策略和心理表征与批判性思维的发展有着密切的关系。一直以来，低年级学生在解决问题时常习惯用固定的思路去寻找解题方法，数学批判性思维则能防止学生在解题过程中产生思维定式，在自我调节和监控下跳出原有的禁锢，用新的角度去思考，并能使他们有意识地评价解题思路，进一步纠正其中的错误、改善解题中的弊端，最终使问题的解决策略最优化。

二、小学低年级学生数学批判性思维启蒙的可能性

需要注意的是，儿童与成人批判性思维的不同之处在于，儿童一般是通过直接的经验、具体的事物，对信息进行分析。在特殊、非寻常状况下进行交流，才能产生真正意义上的"理解"，而且低年级学生数学批判性思维的启蒙是需要相应条件的。

（一）言语及思维发展迅速是小学低年级学生数学批判性思维启蒙的心理基础

学龄期的学生已经能使用连贯的语言独立完整地表达自己的思想和感受，也为独白言语打下了基础，口语表达能力的发展既有利于内部言语的产生，也利于他们以后更好地表达自己的思维。

5~6岁儿童的思维虽然仍以具体形象思维为主，但已开始有抽象逻辑思维的萌芽。林崇德在《发展心理学》中指出，经验的积累，特别是第二信号系统的发展，使得这个阶段的儿童在其经验所及的事物范围内，已经开始能初步进行抽象逻辑思维。而且有研究发现，5~7岁的儿童经过专门教学，能够正确运用三段论式的逻辑推理，因此这个年龄阶段的儿童完全可以进行推理活动，而且无论是从推理内容的正确性、独立性还是推理过程中的概括性及其方式的简约性等方面都较之前有不同程度的提高。

研究儿童高级思维的先驱认为，儿童要学习一些技巧或是结构化的组织，通过不断强化来熟识这些结构，习得行为后逐渐开始理论化，当儿童习得了理论化行为之后，就可以

形成批判性的思维,这种取向的观点是从技能出发看待批判性思维的形成的。有的心理学家更看重个体自身的自主思维能力,强调个体是通过"批判地"进行思维活动来学会"批判性思维",这是一种从思维本身出发的过程。Ennis在1985年制定的教育项目便是此观点的支持者,在项目中对于教师的要求极其明确,即减少他们与儿童的谈话,大致把握活动方向,把教师的指导作用降到最低,激发儿童独立思考、解决问题的方法。如果是从技能层面来看,低年级学生的认知特点决定了他们还只能掌握相对简单的结构,用简单的结构来进行推理判断;如果从思维本身出发,低年级学生完全可以通过语言,在操作活动中实现思维的发展。所以,在小学低年级开始培养数学批判性思维是可能的也是可行的。

可见,只要数学教师有意识地对学生进行思维训练,数学批判性思维在小学低年级阶段开始培养是有心理学依据的。

(二)数学认知结构的初步建立是小学低年级学生数学批判性思维启蒙的教学基础

所谓数学认知结构就是经过学习者对外部知识的感知、理解、内化进而储存在自己长时记忆中的、相互联系的陈述性知识、程序性知识和过程性知识构成的结构。国外的学者早就在研究中发现促进批判性思维发展的主要方式是课堂教学,1954年Dresseletal指出,如果教师采用适当的教学方法或模式,选用适当的教学内容,学生的批判性思维能力就会得到改善。所以说小学低年级学生的数学认知结构在一定程度上取决于教师在课堂上的教学。

新课程标准下小学低年级数学教学过程可做这样的表述:它是师生双方在数学教学目的指导下,以数学教材为中介,教师通过创设合适的学习情境,组织和引导学生逐渐养成良好学习习惯,主动学习数学知识、发展数学能力,形成良好个性心理品质的认识与发展相统一的活动过程。其实,小学数学学习的实质是在数学教师的诱发、引导下,小学生能主动地构建数学认知结构,以顺应后续学习的需要,同时促进思维的发展,提高问题解决的能力的过程。科学的思维品质与良好的认知结构是相辅相成的,个人已内化的丰富知识量是创造思维能力的源泉,因此良好的数学认知结构是数学创造性思维能力形成和发展的基础。而将教材中的数学知识结构科学地转化为学生良好的数学认知结构是数学教师在教学中的一个基本任务,所以教师应该在熟知学生原有数学认知的前提下,把握学科课程目标,创新地处理教材,艺术地进行教学,以引导学生构建新的认知结构,从而发展其数学批判性思维。

儿童心理学指出,小学低年级学生已经掌握了一些比较抽象的概念,并能使用这些概念进行简明的判断及合乎逻辑的推理活动,逐渐使他们抽象思维的自觉性发展了起来,尤其是在计算学习时,儿童已经达到了一定的抽象水平,可以离开具体物体进行抽象的思考。对抽象思维的培养在此阶段的数学教材中也有相应的体现，如以前放在一年级下册的"位置"单元，由于考虑到儿童在实际生活和学习中急切需要用到方位概念，所以现在一年级上册其中贯穿的相对性与灵活性是比较抽象的内容。教师若能利用教材完善地反映数学知识的内在规律，并根据数学知识的内在联系，在符合儿童智力活动规律的基础上去组织教学，不仅能收到很好的教学效果，而且儿童的数学批判性思维也会获得极大发展。

（三）生活经验不断丰富是小学低年级学生数学批判性思维启蒙的社会基础

小学低年级学生随着入学后的学习生活范围的逐渐扩大，知识经验的不断丰富，言语功能的迅速发展，特别是有学前教育对其思维的雏形培养，具体形象思维悄无声息地向高级思维阶段迈进，抽象逻辑思维已有了明显发展。《数学课程标准》明确指出："义务教育阶段的数学课程，其基本出发点是促进学习全面、持续、和谐地发展。它不仅要考虑数学自身的特点，更应遵循学生学习数学的心理规律，强调从学生已有的生活经验出发，让学生亲身经历将实际问题抽象成数学模型并进行解释与应用的过程，进而使学生获得对数学理解的同时，在思维能力、情感态度与价值观等多方面得到进步和发展。"由此可见，小学生初步的逻辑思维能力的培养，特别是小学低年级学生，需要教师有意识地利用学生生活中的经验来达成数学学习与生活经验的和谐同步。如果此时有科学、高效的家校教育共同作用，把培养批判性思维提上学生发展议程定能收到意想不到的效果。

数学知识来源于生活，因此生活经验对于数学学习有着举足轻重的作用，学生经历过的事情、熟悉的故事、感兴趣的事物等一切在日常生活中积累的生活经验不仅是学生学习数学的一个重要的起点，而且还能用它们解决数学问题。

根据低年级学生身心特点及低年级数学教学内容发现，低年级学生在数学学习时的思维对于以上列举的一些判断批判性思维的"标准"是完全可以达到的。如探索世界的好奇心，课堂上新颖问题的提出，数学练习时对于多种信息的准确把握，不甘于一种解题方法的精神，倾听他人发言并从其中得到启发，有序地处理一些数学问题，在推理过程中的判断，等等，这都说明批判性思维的倾向早已从学龄前就已经萌芽发展了。因此，教师应该把培养低年级学生批判性思维倾向（有意识地进行评判的心理准备状态、意愿和倾向）作为主要启蒙方向。首先，如果一个人没有主动进行评判的倾向，即使掌握了批判性思维技能对于个体也是没有意义的，因为他没有"主动出击"的意识，就只能做他人思想的傀儡；其次，批判性思维的技能是人的思维能力发展的高级阶段，在低年级数学教学中只能酌情选择进行思想的渗透。教师应该多采用直观、形象的方法，在低年级数学教学过程中帮助学生逐渐树立批判意识，才是此阶段培养批判性思维的主要途径，学生的创造意向才能得以初步培养，其创造个性才能在以后的发展中得以彰显。

三、在数学教学中小学低年级学生数学批判性思维的启蒙策略

（一）在新授课教学中小学低年级学生数学批判性思维的启蒙

1.新授课教学中渗透质疑精神

亚里士多德说："思维自疑问和惊奇开始。"这说明质疑是思维的开始。质疑能力是指学生根据充实的依据，利用自己的认知结构，通过自己的思考，提出学习中的疑问或对某一既定结论重新思考再提出自己的新观点的能力，而质疑意识则是付出以上行为的一种准备和习惯。学生在数学学习中遇到疑问是再正常不过的事情，而我们的教育让孩子慢慢地失去了质疑的勇气和能力，一些学生甚至走进了学习的误区，认为学习中没有遇到一点问题就是认真的表现。其实恰恰相反，会质疑才是会学习的表现，它是学生主动学习的前提，也是拥有批判精神的开端。

可见，良好的质疑氛围、恰当的情境设置是培养学生质疑能力的前提条件，如果在教学过程中，任由学生胡乱猜测，而学生对于"怎么估计"缺乏清楚的认识，也就不能及时地对所进行的猜测进行反省并做出必要的调整。这种错误，如果不经过及时分析，及时纠正，学生会无意识地长期出现，因为他们缺乏自觉的数学批判性思维意识，不能有意识地去评估和检验自己的思维过程和结果。

2.新授课教学中渗透反思意识

"反思"一词由来已久，我国古人很早就有了如"吾日三省吾身"的说法。荷兰著名数学家弗赖登塔尔也曾指出，"反思是数学思维活动的核心和动力"。数学反思能力是教学者、学习者在数学学习及教学活动中对自己数学认知过程的自我意识、自我监控能力。而数学反思意识不仅是一种学习技能，更是一种学习态度。通过反思不仅能使学生的认知结构更加清晰，而且能增强批判意识，进而提高学生的创新能力。有学者指出，影响学习者数学反思能力发展的主要外在因素有教师的教学方法、教材的呈现方式、教学质量评估三个方面，笔者在平时教学中就是从这三个方面入手，努力为学生提供反思的机会，并给学生充裕的反思时间和空间。

3.新授课教学中渗透探究意识

探究意识是对探究过程的认识，它更多地表现为内在的认识状态，是潜在地发生作用的一系列观念，是探究过程与探究结果相互作用的产物，它是培养学生批判精神和实践能力的前提。

几何是解决问题的重要手段，学生在利用它来解决问题时需要经历观察、猜测、操作、推理、验证等过程，对图形与几何的科学教学、对学生思维整体性和敏捷性的发展、对探索周围事物的好奇心的激发起着举足轻重的作用。现在，图形与几何的教学主要从

"图形的认识""图形的测量""图形的运动""图形与位置"这四个方面展开。《义务教育数学课程标准修订版》中明确指出："为了适应时代发展对人才培养的需要，数学课程还要特别注意发展学生的应用意识和创新意识。"笔者认为，"几何直观""空间观念""推理能力"是图形与几何教学板块的核心组成，学生在对几何图形形成直观印象后，逐步建立起空间观念，继而进行多角度的推理与应用，学生的空间观念与推理能力也才能得以发展。笔者在教学时力求通过利用直观形象的方式、营造丰富有趣的氛围来激励学生主动探索数学，发展学生的批判意识。

从上面教学片段中可以看出，学生已经对所学的立体图形有了多元化的理解，并能通过对概念的多角度理解来进行简单的推理活动。原本对事件发生的可能性进行判断是在二年级时才进行正式教学的内容，但是如果教师能够在充分了解学生的学情的基础上对教材深挖掘、多留意，一年级学生的思维便能得到意想不到的发展。

4.新授课教学中渗透问题意识

所谓问题意识，就是指"主动发现问题、找准问题、分析问题"的自觉意识。有了问题意识，就为批判准备了条件，也就具备了创新的潜能。在数学教学过程中，教师应该给学生创设发现问题的情境、提供敢于提问的氛围，诱发学生想要提问的冲动、教给学生有效提问的技巧，最后对学生的问题要有针对性的评价，才能使学生主动发现问题、思考问题、解决问题。在第三章中，笔者曾提出学生在面对"各类问题"时习惯套用固定模式来解决，对于案例中学生解决带"？"和"大括号"的数学问题，后来又进行了多次反思，学生在充分理解图中各符号含义的同时，让学生以编故事的形式对整幅图提出一个完整的数学问题，也就对图中局部和整体都有了清晰的认识，解题也就水到渠成了，学生的问题意识得到了一定程度的培养。

另外，综合与实践课程在培养学生综合运用有关的知识与方法解决实际问题，培养学生的问题意识、应用意识和创新意识，积累学生的活动经验，提高学生解决现实问题的能力方面也有特别的优势。

（二）在作业练习过程中学生数学批判性思维的启蒙策略

1.课堂练习与家庭作业巧搭配培养独立思考能力

当今社会，很多"四二一"式（指由祖父、祖母、外祖父、外祖母四人，父亲、母亲二人和一个独生子女所构成的金字塔形的家庭。）的家庭结构对孩子独立性的培养十分不利，家长对孩子过多的娇宠溺爱、包办代办让孩子逐渐失去了独立思考、主动解决问题的机会，现在社会上流行的一道荒唐的数学算式"5+2=0"（指有时因学校、家庭教育的标准不统一，影响学生良好习惯的养成）虽然不能完全说明现实，但可以肯定的是，仅仅只靠学校教育单方面的努力是远远不够的，家校必须形成合力才能达到真正培养孩子良好的思维习惯的目的，所以笔者在教学中经常会布置与家长互动的作业。

常会有家长向数学老师咨询自己孩子在校学习状态的问题，如果能把课堂上的新授或是练习内容在家庭作业中有对应、具体的反映，家长便能实时、及时地跟踪到孩子在校的听课状况，而不仅是收到数学教师一个大致的评价信息，学生的良好行为能力、知识技能及思维能力也有可能得到正强化。《小学数学新课程标准》提出要"重视课程内容与现实生活的联系，增选在现代生活中广泛应用的内容，开发实践应用环节，加强实验和各类实践活动，培养学生乐于动手、勤于实践的意识和习惯，提高实际操作能力"。《教育漫话》的作者约翰·洛克曾说过："儿童的好奇心是一种追求知识的热望，应该加以鼓励。"尊重并保护好低年级学生的兴趣和好奇心，是培养他们批判性思维的前提。除课堂上的交流和探讨可以激发学生的兴趣、好奇心与创造性，教师精心设置适当的作业练习也是保护学生学习习惯、兴趣、好奇心与创造性的主要手段之一。

所以，笔者在设计和布置作业时尽量多地给予学生实践活动的机会，以"实践作业为主，书面作业为辅"的指导思想使作业真正成为保护学生好奇心、激发学生学习动力、培养批判性思维和巩固旧知的有效手段。

（1）完成课堂上的口头作业。

课堂上诵读的数学儿歌如《左手和右手》《数字书写儿歌》《比大小》《凑十歌》《认整时》《竖式儿歌》等，一般都是学生从发现到主创、教师从引导到改编的过程，儿歌的诵读有时还会伴有手势和身体语言，创造的过程中不仅激发了学生主动探索的欲望，还培养了他们认真听取他人意见的习惯。

对于低年级学生来说，要培养他们的数学思维能力，不能只靠笔头练习，语言训练也是很重要的一环，这是训练数学逻辑思维能力很好的途径。有时笔者会引导学生把计算的算理、当天的学习重点编成儿歌或者口诀，让他们在朗朗上口的韵律中理解和消化当天的知识。

此外，训练学生发现信息、提出数学问题也是口头作业的一种，它在丰富学生的语言、活跃他们的思维的同时可以提高学生的独立思考意识，回家后的再一次回顾必定会强化他们各种能力的发展。

（2）经历课堂上的操作活动。

动手操作活动离不开学具的帮助，如用所学的立体图形的模型搭积木以探究各种图形的特征，用摆小棒的方式来帮助学习10以内数的分合和20以内的进位加法的算法，用计数器、数字卡片和数位表来帮助理解抽象的数位概念，制钟面来加深对钟表各知识点的认识，等等。这些操作活动的开展不仅能培养学生细心观察、动手操作的能力，更重要的是有助于培养学生的创新思维能力。首先，学生在手脑并用的操作过程中思考，在思考中质疑、分析解决问题，这样更能拓宽学生的思维空间，促进学生思维能力向更高层次发展。

其次，学生的创新能力是在各种操作活动中运用知识不断迸发出有价值的新思想、新方法的能力。学生在操作过程中鼓励他们提出自己的疑虑和见解，并适时帮助其寻求问题的答案、理解操作中隐藏的知识，是培养学生创新意识的关键所在，在学校有数学教师的首度指引，在家里有家长的再次引导必然使学生的思维能力得到最大的发展，操作活动才能发挥它应有的效用。

（3）再现课堂上的数学游戏。

对于低年级学生而言，让他们对数学产生兴趣，树立起学好数学的信心最好的方式莫过于数学游戏。很多数学教师都会在明确教学目标后灵活应用教材内容设计出有趣的游戏，用心的教师还会仔细观察学生的喜好，选择最能引起其共鸣的事物来作为设计的素材，笔者为了让课堂上的数学游戏能延伸到学生家庭中开展还特意设计了很多便于亲子合作的数学游戏。

考察方位辨析的"听反话做动作""听指令摆文具"游戏，强化数的分合规则的"猜数""拍数"游戏，强化立体图形认识的"摸一摸""猜一猜"等游戏，既能对课堂上所学知识进行有针对性的检测，还是学生主动学习、积极思维、勇于探索的内在动力，游戏的趣味性能使他们把学习当作一种愉悦的体验，使之有更强烈的求知欲与探究欲。

（4）重温课堂上的书面练习。

书面作业在低年级段要体现"少""精""趣"，设计的题目不仅要紧扣教学内容，便于学生理解，还要考虑学生书写的能力。经过一段时间的测试，笔者发现作业纸和数学书的完美结合是巩固所学的好方式。在课堂上，使用作业纸来检测学生新授或练习内容的掌握情况，数学教师不仅可以发挥最大的自主性针对教材中的相应内容来设计作业，还十分便于收发和批改，回家后再利用数学书上的精简题型对学生进行当天学习的检测。这样做，教师和家长都能实时检测学生课堂听课的情况。

2.习题讲解与幻灯片演示，融合初步培养辨析能力

对于低年级学生而言，直观形象、新鲜生动的事物是能吸引他们眼球的素材，而用幻灯片、投影仪直接进行教学则是满足学生视觉需求最好的方式。因为幻灯片不仅能在最短时间内将各种感性的、难以用动手操作来完成的材料展现在学生面前，而且还能优化教学过程，节省出更多的时间给学生去发现、分析和解决问题。

（1）幻灯片演示顺应学生思维发展数学知识主动构建。

在数学新课上，幻灯片中数学情境的创设是以培养学生问题意识、创新意识和提高学生数学思维能力为主的，通过动画演示透露出数学信息，从而激起学生好奇心和求知欲，引起学生的认知冲突，达到质疑猜想的目的，使学生在此过程中运用批判性思维发现问题、提出问题，继而带着问题构建新知。

在数学练习课上，让学生体验探索、巩固、提升、拓展等练习过程不仅使知识在逐

步渗透的设计中更加容易被牢固掌握，而且还能培养学生有序思考的习惯和知识迁移的能力，因为由易到难的练习呈现让学生更易掌握知识，由扶到放的设计更符合学生的认知规律，因此在幻灯片中体现由易到难、由扶到放的层次性设计是顺应学生思维发展的最好方式。

（2）多个按钮对应不同解题思路分层教学个性展现。

学生是教学的主体，"备"足学生是教师在上课前必"备"也是最难备的一环，学生的气质类型、智力差异、知识储量、认知水平、学习方法、思维习惯等都是教师不能忽视的关键，把握好了教学才能有的放矢。一个练习题在幻灯片中设置多种不同解法，并在合适的时机出示便是"备"学生的一个方面。在课堂上，若把不同思维层次的学生给出不同的解决方案都在幻灯片进行演示，既能展现学生的个性使学生都勇于表达自己的观点，又能在肯定评价中强化引导，使学生体验到成功的喜悦，获得求知的动力。

（3）快速变形发展学生辨析意识各类思想初步形成。

数学模型思想是把生活中实际问题转化为数学问题模型的一种思想方法。利用幻灯片演示不仅能形象展示生活中实际问题，还易于将问题符号化，利于学生对新内容进行观察、分析、概括，并且学生在幻灯片的直观演示中对于相似问题的情境转化更易进行比较，并在教师的引导下，逐步明晰相似问题间的共性和个性。此外，从低年级开始就有意识地培养学生的辨析意识，是他们以后辨析易混的数学概念、法则、公式的基础，也是增强学生数学批判性思维的必要途径。

（4）构造反例巩固数学知识反驳能力初现端倪。

关成志在研究数学教育对提高批判性思维的作用时以匈牙利数学哲学家拉卡托斯的论述为例进行了阐述，并引用了"证明与反驳"法教学片段，说明了利用猜想和反驳能构造培养数学批判性思维的重要情境。又正如霍尔普恩所说，批判是指评价和判断，它为改进思维过程提供精确的反馈，通过观察、收集证据、检验证据做出适当的判断是批判性思维的关键所在。故利用幻灯片设计以第三人称的视角来做题的情境，让低年级学生在当"小老师"判断对错的过程中通过从正反两方面来分析和评价问题，不仅有助于学生巩固所学，还能降低以后做题时出错的概率，学生在互换角色的练习中积极思维，思考习惯逐渐由被动转为主动，从而促进批判性思维的发展。

3.作业自查与他查共作用培养学生自我反思能力

批判性思维的主要表现之一是善于检测自己的思维过程是否正确、合理，表现在数学方面则是善于发现和纠正数学问题中的错误，自觉调控思维进程和对解题结果进行检验。如果从低年级开始就注重要求学生养成专心听题、认真做题、细心检查的习惯，将"细致"贯穿始终，变成一种做题的习惯，对学生以后的数学学习是大有益处的。低年级学生年龄小、自制力弱，做题时特别容易出现漏做题、看错题、写错数等情况，但如果仅靠教师一味地强调检查的重要性，放手让低年级学生自己检查很难达到检查的目的。不难发现很多低年级学生常常做出检查的样子却只为博得数学教师的一句表扬，因此，教授学生一套适用于此年龄段的自查作业的方法是很有必要的，且利用他查来监督自查并加以评价能逐渐促使学生养成用批判的眼光和态度进行数学学习，不失为一种培养学生自查习惯的有效方法。

"重读题""重做题"是数学教师指导低年级学生自查作业惯用的方法，但是对于检查思维性较强的一些题目是没有太多帮助的，数学教师应当根据各类题型的不同特点教授学生用不同的方法进行检查才能真正强化学生自我检查的能力，从而通过促进自主性学习培养学生批判性思维的发展。

当然，仅教授学生自查方法是远远不够的，教师应把培养学生自查意识在课堂教学中有意识地进行强化。如板书时故意将答案写错让学生来纠正，给学生一个"挑战"教师的机会，这是他们敢于冲破传统的教育束缚学会独立思考、勇于质疑权威的一大步，教师刻意的一次"笔误"可以让他们在质疑中挖掘问题的症结，同时能培养他们的自信心、表达能力和反驳能力。

对学生的自查结果进行及时的检查、评价并把奖惩机制纳入其中，不仅可以起到监督学生作业自查的作用，还能大大提高学生自查作业的积极性。无论是在学校，数学教师对学生作业的检查，或是同桌间、小组间的互查，还是家长在家对作业的检查都应秉承发展学生能力、调动学生积极性的原则，特别是对于低年级学生应该采取循序渐进、由紧到松、由守到放的指导方式。入学初，可以直接指出错处让学生说一说错的原因再进行订正，一段时间后可以不再明确告知错处，让学生自己在某一个小范围里找出错题，再进行分析纠错。经历过前面两个阶段的训练后，就可以放手让学生对某次作业进行独立自查，再针对学生自查的结果进行相应的奖励和处罚。如此巩固多次，绝大部分学生的自查效果都有了很大改观。

第三节　小学低年级学生数感培养研究

一、小学低年级学生数感培养的教学建议

通过在实际生活中的体验，绝大多数学生在进入小学之前就已经具备了初步的数感，而通过正式的教育可以使学生的数感得到进一步的发展。根据本研究的结论可以看出，低年级小学生的数感整体上表现一般。一是因为部分教师对新理念的接受还停留在观念上，实际教学还是老一套的教学方法，还有部分教师没有意识到数感对学生数学学习的重要性。二是传统上重视计算能力的培养。新课改要求教师在组织教学中，应重视口算、加强估算、提倡算法多样化，关注学生的数感感悟和理解，张扬学生的个性算法。而许多教师将此理解为要着重培养学生的计算能力，再加上学生们喜欢精算大于估算，习惯运算的操作而缺乏对数字及其运算的理解，因此教师的教学也是把计算速度和技巧的掌握放在首要位置，从而忽视了对学生数感的培养。而这些对学生数感的培养是十分有害的。以此下去必将会限制学生数学能力的发展和提高，所以数感教学是小学数学教学的难点问题。鉴于此，根据本研究的结论及深入小学的课堂观察，研究者提出以下几点教学建议。

（一）重视对数含义的理解

理解数的含义是学生掌握数的表示及数的运算的前提，只有学生能够透过事物理解数字的意义时，才能真正建立其对数的感悟和理解。同时是低年级学生建立和发展数感最基础的一步。学生对数含义的理解主要体现在四个方面。

1.从抽象到具体

由于数字比较抽象，因此低年级的学生很难直接通过抽象的数字理解数的意义，所以只有把抽象的数字与具体的生活实际联系起来，赋予其真正的含义，才能使学生理解数的深层含义，从而达到能用独特的方式理解和表征数。

2.理解计数规则，掌握计数的位值原则

每个数字除它本身所表示的数值，还有位置值，即相同的数字如果处在不同的数位上所表示的含义是不同的。如33，前一个3表示3个10，后一个3则表示3个1。

3.能用多种方式表征数，并能根据位值原则比较两个数的相对大小

如A=435，B=425，它们都是3位数，但是A的十位上是3，而B的十位上是2，由于

3>2，所以A>B。

4.对数的个性化、多样化理解与表征

能用自己的语言来表述数，并能用数来表述现实世界中的数量关系。如1可以表示1本书，也可以表示1朵花，还可以表示1棵树，但对指定的物体就只表示1个特点，比如表示苹果的数量，1只能表示1个苹果。

对于小学低年级学生而言，如果要让他们感悟到"多少"的含义，就只能通过教师在教学中提供具体的教学情境，来深入引导学生在不断地观察中去感悟量的多少，以此来促进学生数感的发展。学生学习和用数表示事物多少的第一步便是"数数"。用自然数来表示事物的多少，如果是表示少量物体集合中物体的多少，要先用较小的数来表示。反之亦然，如果要表示较大量物体集合中物体的多少，就要用较大的数来表示。通过数数，学生可以认识到数数的结果总是唯一的，与所数事物的次序无关，并且在自然数列中，每一个自然数后面都有一个而且只有一个后继数（紧挨在后面的一个自然数），且除零以外，每一个自然数都有一个而且只有一个先行的数（紧挨在前面的一个自然数）。使学生从本质上理解在数数的过程中，只要不重复也不遗漏，数到物体集合中最后一个物体所对应的数字，就是表示该物体集合中物体的多少（序数与基数相等），如要知道教室里有多少个学生，就可以一个一个地指着学生和自然数列一一对应，数到最后一个学生所对应的那个数就是教室里学生的人数。而在小学数学教学中，分数的认识与理解是学生最难理解的。分数主要有两个作用：一个是作为在运算中产生的一种数，它表示两个整数的商，能和其他的数一样参与运算；一个是以比例形式出现的数，也可用来表示多少，它代表一个事物的一部分。而在低年级中只涉及前者。

（二）重视对运算意义的理解

数字之间的运算是在学生已经理解和掌握数含义的基础上进行的数字运算。在小学低年级，学生主要接触的是简单的数字运算，主要是为了培养他们解决问题的策略。因为培养学生解决问题的策略是学生学会用更大的数字进行计算的基础。然而，只有在理解运算意义的基础上，才能培养学生解决问题的能力。而对运算含义的理解主要包括：对四则运算的含义和运算法则的理解及对其相互关系和相互转化方法的理解。同时，在加强学生精确计算能力时，还要注重学生估算能力的发展。估算是学生快速判断结果和预测结果的基础。它与精确计算相互依存、协同发展。而对运算的把握，不仅在于能进行正确计算，更要能通过一道运算的理解，达到理解本质相同的一类运算，达到触类旁通。

（三）在活动中培养数感

数感的培养不是一蹴而就的。特别是低年级的学生，他们对一些抽象的事物很难理解。因此教师要利用学生身边的素材，通过丰富多彩的生活情境去努力唤醒学生已有的生活经验，让学生在操作、观察、猜测、交流等活动中，自己去感知、发现，从而建立数感。例如低年级是学生建立数的概念的关键时期。因此在这个阶段，教师必须利用直观的教学活动和教学情境，让学生感受数的概念。如教学"认识11到20"各数时，教师可以先让学生数出15根小棒。这时会出现多种不同的数法，比如一根一根地数，两根两根地数，三根三根地数，五根五根地数，还可以先数出10根，再数出5根。接着，教师可以引导学生：你们用不同的方法都数出了15根小棒，看最后一种方法你是怎么数的？够10根了吗？怎么办呢？这样就可以让学生在具体操作交流的活动中，经历10个一就是10的过程体会把10根捆成一捆方法的优越性，知道15是由一个10和5个1组成的，也为今后认识更大的数奠定基础。

（四）联系实际生活，建立和发展数感

在实际教学中，教师要能根据学生已有的现实生活经验，来选取学生熟知的生活实例为背景创设数学情境。这种与生活密切相关的教学情境和问题，不但能帮助学生感受到数学与生活的密切联系，还能引发学生思考，并利用已有的学习经验学习新的知识。比如，针对一年级"10以内数"的教学内容，学生认识自然数"1"时，先让学生列举出一些有"1"的事物，一个书包、一支铅笔、一个笔记本、一个小组、一盘苹果……教师引导学生讨论，几个苹果装一盘？几个人组成一个小组？这样就渗透了"1"是自然数中最小的单位，所有的数都是由若干"1"组成的。同时渗透了1中有多，多中有1的思想，为高年级学习分数的知识打下基础。

（五）重视用自己的语言解释数学、用数学语言去解释现实问题

数学语言表达是影响数感形成的一种重要因素。因语言与思维的密切关系，使得我们不能忽略语言解释在数感建立中的作用。教师在教学过程中，在注意自身的数学表达时，还应给学生提供更多表述数学的机会。数感的形成和表现拥有丰富的渠道，可以让学生用自己的语言解释数学、用数学描述现实问题，也可以帮助学生澄清思路，发展更深刻的数学理解。

（六）重视多样化的解决问题活动

新课程标准强调：要注重提高学生解决问题方法的多样性。解决问题的方法不止有一种，有些问题可以有多种解决方法，教师要鼓励学生用不同的方法来解决问题并倾听学生解释其所使用的计算方法，而不是机械地重复一种特定的解决方案。这样不仅有利于学生弄清不同计算方法的益处，还是学生形成和发展数感的一种重要手段。

（七）重视母语在培养和发展小学生数感中的作用

由于受生活环境和入学时间的制约，小学生最先接触到的是母语（包括地方语言、当地方言和民族语言），它是小学生最先接触到的语言，里面含有丰富的计数和数数以及运算的常识，这也是文化的一个重要组成部分。因而，母语会影响小学生的思维方式和数感的发展。由于母语的表达方式和语言特点和学校教学的规范语言（特别是数学语言）之间有一定的差距，如何将两者有机结合起来科学地培养小学生的数感，成为一个值得研究的问题。学校教学的规范语言和母语之间会存在明显的表达差异，会造成小学生（特别是低年级学生）理解数学概念、原理、法则的困难，致使产生歧义、造成误解等。

我们的祖国地域辽阔、民族众多，各民族的语言和各地方的方言是我们文化的重要组成部分，是培养和发展小学生数感中的宝贵资源。我们要善于挖掘母语中所饱藏的数字和运算的理解方式及表达信息，来促进学生对数和运算概念与法则的理解。同时，也要善于发现母语中隐含的缺陷，借鉴优秀合理的文化来弥补其中的不足。例如，在少数民族聚居地区的小学一年级（或学前），可以借助母语进行"母语辅助汉语的双语数学教学"，借以充分利用儿童母语阶段获得的数学信息来促进其数学思维的发展。

二、对小学数学教学中数感培养的进一步思考

（一）教师要加强学习、提高认识，转变教育观念

在对小学数学教师调查和访谈的过程中发现，许多教师对数感的认识不足，对数感的内涵理解不深，对数感的重要性了解不够，特别是对小学生数感的培养思考不深、重视不够。另外，受原有课程内容与教学实践的影响，教师的教学与课程观念、角色定位、教学方式等很难在短时间内做出较大的改变与调整。大部分教师对学生数感的培养缺乏正确的认识，自身对数感的知识知之甚少，总认为加强学生数感的培养，会影响教学的进度、教学的效果，会影响学生的考试成绩，这些认识给教师、给学校带来负面影响，工作中总是畏首畏尾，不敢大胆地开展培养学生数感的工作。因此，上到各级教育部门下到每所小学，应进一步深化课程改革，组织小学教师系统地学习课程标准，请课程专家分析课程标准。而小学数学教师要通过学习不断深化对课程标准的认识，转变原有的教育观念。在教学中注重计算能力的同时能兼顾数感的培养，让学生以愉悦、生动的方式进行学习，进而启发思维的灵活性以及学习的主动性，则会更加有助于提升学生的数学能力。只有对数感的重要性有了清晰的认识，教师才会树立数感教学意识，有目的、有针对性地去培养学生的数感。

（二）重视学生数感发展状况的信息采集

教师要准确把握学生数感的发展阶段和发展水平，收集学生数感发展状况的信息，并根据已有信息有的放矢地设计教学。为此，教师要合理评估学生的数感，需要通过观察、交流、对话等方式了解学生解决问题的方法和思维方式，衡量学生数感的发展水平。教师可以从以下角度、利用类似下面的问题，来衡量学生的数感发展状况，采集学生的数感发展信息。

（1）理解数的意义。如：你觉得在0~1有多少个分数；用多种方法解释0.25的意义；等等。

（2）能用多种方法来表示数。如：请用*在数轴上标出1/3所在位置。

（3）能在具体的情境中把握数的相对大小关系。

（三）明确估算的教育价值，培养估算意识

新课程标准在第一学段目标的数学思考中特别强调要在对运算结果进行估计的过程中发展数感。估算是对事物的数量或计算的结果做出粗略的推算或预测的过程。估算可以用于生活中一些不要求取得精确计算结果的场合，也可以对大数目的数据进行统计之前的大致推断，或在较复杂的计算之前对结果进行预测，以及计算之后，对结果的合理性进行考察，防止和纠正计算中可能出现的错误。估算实际上是一种数学想象，是人的思维在探索数学规律、本质时的一种策略，估算能缩短解决问题的时间，能获得进行数学发现的机会，能锻炼数学思维，能培养数感。在培养学生的估算中，教师可以利用一些直观教具，让学生感受估算的过程。比如先让学生感受一下一个苹果有多重，再让学生感受一下一个西瓜的重量。这个时候如果告诉学生苹果的重量，学生可能会以一个苹果的重量为标准，再引发学生思考，一个西瓜的重量大约是多少个苹果的重量。除此之外，估算还有许多用处。

第四节　培养小学低段学生数学有序思维能力的策略

一、创设良好学习环境，激发小学生数学学习兴趣

（一）设计适合小学生数学学习的起点

对于年龄在6~8岁的小学生，学生实际生活中发生的事情会让这个阶段的学生感到更加熟悉，更感兴趣，也会给他们留下深刻的印象，这就是直观性的特点。众所周知，小学生自我控制力较低，对于老师提出的问题，可能不会马上作答，往往会停顿几秒，然后想法才会出来，但有可能此刻他的想法就会变成别的东西，他的思想会跳到别的事情上去。分析低段学生的身心特点，在数学教学中，教师要根据学生的思维特征考虑设计课堂教学方法和教学情境。

例如，数与代数教学，在一年级上册的减法教学中，教师直接问5-3等于几？部分学生可能会不知道，如果教师这样设置情境：树上有5只鸟，飞走了3只，还剩下几只？再借助实物或画图进行操作，学生很快就会知道还剩下2只，教师继续追问：你还能说说生活中哪些情境还可以用5-3=2来表示吗？在这个过程中不仅教会了学生5-3等于几，还让学生结合熟悉的生活情境和经验认识了减法的意义，培养了学生有条理地表述的能力。考虑学生的身心特点，设置适合小学生的教学方式是很重要的，作为直观的教学方式更有助于学生的认知过程，因此在对低段小学数学课堂教学设计时，一线教师要多采用直观、形象的课堂教学方法。

小学生现阶段处于具体的、可视的思维方式，思维逐渐由具体形象思维向抽象的逻辑思维转变，具体形象思维和抽象逻辑思维是交织发展的。对于小学生来说，抽象思维正在起步，在思维由具体形象思维转变为抽象思维的关键期，以具体形象思维作为起点发展抽象的逻辑思维是极其重要的。

（二）教学中创设情境

著名心理学家皮亚杰说："儿童的思想始于运动，如果运动和思想之间的联系被切断，思想就无法发展。"在小学数学教学过程中，教师应充分开发、挖掘、利用各种教学资源，建立数学情境，加强学生思维能力的培养，让学生在他们喜欢的情境中学习知识，

发展思维潜力和培养创造力。

（三）进行及时的评价

在小学数学教学中对学生的回答进行及时评价，有利于培养学生学习兴趣。及时评价行之有效的方法是激励法，此方法有效地激励了学生的学习动机、思想活力和创新能力，为培养学生数学思维能力提供基础。

激励法就是在教学中，教师通过提出的问题，利用语言、动作等多种形式鼓励学生思考，勇敢地表达自己的想法，教师根据学生的回答及时做出评价和引导。其实，激励的作用是鼓励学生，让学生明白他们的数学思维、创新性是值得表扬和称赞的，让他们获得积极的情感体验。对于学生的表现，教师的及时评价让学生体验到学习数学的乐趣。

在数学课堂中，及时评价可以培养学生浓厚的学习兴趣，为培养学生数学思维能力提供有利条件。教师需要精心设计专业的评价语言，提高自身的教学机制，在学习过程中，教师积极的评价会让学生获得成就感，满足学生的情感体验。但评价过程中需注意语言艺术，多一些积极的评价，少一些批评。积极的评价语言能够调动学生积极思考，勇于发言，敢于表达，使学生保持源源不断的学习热情，为数学思维培养提供有利条件。

二、重视知识的探索过程

俗话说："授人以鱼，不如授人以渔。"直接给予学生数学知识，不如教会学生获取知识的方法。在小学数学教学中，对知识的探索过程应重于得出数学结论。在知识探索的过程中，学生亲身经历了数学知识的产生，数学思维的碰撞，数学方法的应用，既发展了数学思维，又使学生对数学知识更加深刻。低段学生刚开始系统地学习用数学知识进行理性思考和探索，他们的思维是活跃的，这个阶段他们对外界充满好奇心，是培养思维能力的关键期，对学生后续学习及思维习惯会产生重要的影响。因此，教师是学生学习的促进者，教师的数学教学对学生探索知识至关重要，教师应充分营造学生探索知识的学习环境，让学生积极参与到探索知识的过程中来。

（一）探索知识原则

在指导低段小学学生探索知识的过程中，为促进学生思维的发展，在探索知识的过程中应遵循以下几个原则：

第一，深入理解学生的思维活动，在学生数学学习的过程中，根据不同的思想和个体差异，提供适当的指导。

第二，引导学生自学，不告诉学生所有的问题结果，而是激发学生自主研究。

第三，运用适当的思维训练方法，提高学生数学思维。例如：鼓励学生参与。区分不同的问题,找出它们之间的联系;大胆地猜测;等等。

第四,培养学生的挫折感和耐心。在任何探索过程中都会不可避免地出现转折,能够完全克服这些困难情况的学生比其他学生有更强的研究精神和探索精神。

(二)营造有利于思考的氛围

为营造有利于思考的课堂教学气氛,在课堂教学中,联系学生的身心特点、生活实际、创设情境问题,为学生探索知识提供创造思考的条件,可从以下两个方面营造有利于思考的氛围。

1.将生活实际融入数学问题

在教学中,为了让学生真正体验数学在现实生活中的应用,将所学的数学知识与现实生活联系起来,数学教师应该为学生创造现实的问题情境,有意识地运用所学来解释生活。体验数学和解决数学问题的乐趣,引导学生探索知识。

例如:在学习2的乘法口诀时,1人有2只眼睛,那2人有几只眼睛呢?生1:2人就在1人的基础上加2只眼睛:2+2。生2:一双筷子是2根,两双筷子就有2个2:2×2。继续追问:那3双筷子呢?生1:3个2合起来:2+2+2。生2:3双筷子就有3个2:3×2。生3:在2双的基础上加一双:4+2。

2.用游戏的方式呈现数学问题

将数学游戏融入数学问题中,激发学生的数学兴趣。通过数学游戏的创设,学生不但能够迅速地掌握需要学习的数学知识,而且为培养他们的数学思维能力提供有利的思考氛围。

教师需要激发学生对知识的渴望。在教学过程中,他们不仅要学会探索问题,还要养成探索问题的习惯。我们必须鼓励那些敢于质疑的学生,激励他们敢于提出新的想法。创造游戏的情境不仅激发了学生对知识的渴望,而且使学生在积极的研究过程中拥有更独立的思维,从而有效地培养和提高他们的创新精神。

培养学生的数学思维,让学生掌握和拥有丰富的数学知识是必不可少的,解决任何一个问题都离不开基础知识和相关方法的支持,如果学生连基础知识都没有掌握,不要说培养学生的数学思维能力了,连解决基本的问题都困难了。数学思维并不是毫无根据地胡乱思考,它依赖于扎实的知识。在问题解决中,如果没有知识和经验的积累和铺垫,对思维能力的培养就是空谈。因此,要培养学生的数学思维能力,教师应提升自身的业务能力,引导学生去学习、理解和掌握数学知识的内容与结构,为提升学生的数学思维能力奠定基础。

三、重视理论与实际的链接，加强应用

（一）教学中重视与多方面知识进行链接

1.数学教学与生活实际的链接

数学的教材中加入了大量的插图，而这些插图都是文字、图片、数字相结合，插图内容密切联系学生的生活实际，注重趣味性，结合小学生的心理特点。教材的每一个环节都结合学生的接受能力层层深入，为更好地培养学生的数学思维能力。在小学数学教学中，结合数学知识、生活实际以及学生特点，设置通俗易懂，对学生来说趣味性强，设置可实践、易操作的问题串，将数学与生活实际相结合，引导学生思考。

例如：二年级《班级旧物市场》，结合生活实际举行一次班级跳蚤市场让学生能正确运用付钱、找钱，提高解决问题的能力；培养学生的交流和沟通能力及与人合作的能力；在模拟市场的活动形式中体验实际生活，体验其中的乐趣，并在活动中懂得勤俭节约，培养正确的理财观，学会消费。

2.数学教学与学生思维特征的链接

例如，锯木头，把一根木头锯成5段需要锯几次？这个问题很多学生凭借着自己的感觉直接得出答案：锯5段需要锯5次。学生大多会凭借着自己的感觉来做题，这时教师应引导学生画图思考，帮助解决问题，在解决问题的过程中引发学生思考，产生学习兴趣，形成数学思维。

根据低段学生的思维特点来看，低段学生的数学思维主要来源于视觉。举个例子，在小学一年级数学第一节课的内容"可爱的校园"，当学生翻开教材第一页，刚开始进行系统的学习数学，看到美丽的插图，就开始投入美丽的校园中，当老师发问："同学们，今天我们一起进入美丽的校园，说一说，数一数你看到了什么？分别有多少？"于是同学们开始数了起来，看到什么就数什么，毫无顺序地观察、数数。这时候教师要肯定学生们都数得很正确，但是这样数容易重复或漏掉，教师应引导学生按照从左往右或从上往下的顺序来数，培养学生的有序思考。小学数学的教学中要抓住事物的本质以提高学生的数学思维，低段学生的认知处于发展和萌芽阶段，离不开教师的引导，如《有序的数图形》教学案例：数数游戏，规则为将老师给出的一串数字倒着数，师：123，生：321；师：2468，生：8642；师：10086，生：68001；师：128531，生：135821……师：为什么后面的数不好数？生：因为前面的数有序，后面的数无序。小学数学的课堂教学过程根据学生的思维特征设计教学为学生的数学思维培养提供有利条件。

（二）在应用中体验数学的成功

体验是一种学习亲身投入的教学活动，在这种学习活动中，情感实际上是被投入的，它要求学生对客观事物有感觉，从而达到一种内在的自我感知、自我理解和升华的效果。由于传统的数学教学中，教师过于注重机械知识与技能的培养，忽视了数学与生活实际的联系以及抽象的逻辑推理，枯燥、难以理解造成了学生对数学的刻板印象，从而使学生失去了学习的兴趣和动力。因此，在教学中应让数学与生活联系起来，让学生体验数学是亲近生活的。

1. 鼓励学生学习

小学数学的基础知识就是数学概念、算术和规则。教师在教学中需引导学生寻找其知识的来源，使学生了解数学知识是如何产生的。例如，在教授"cm"时，让学生自由选择工具测量桌子的长度，由于测量工具的不同，就会得到不同的结果：6支铅笔那么长，3本数学书那么长，30个橡皮擦那么长，7个信封那么长，等等。这时，老师需引导学生思考：桌子的长度在变化吗？为什么在同一张桌子上测量的结果是不同的？如果大家都用不同的测量工具，得到的结果不同，那我们又如何比较两个事物的长短呢？通过这个过程让学生深刻认识到统一计量单位的必要性。

2. 让学生体验抽象的数学

数学的抽象性质和小学学生的心理特征之间的矛盾是许多学生被动学习的主要原因之一。事实上，如果将抽象的数学知识转化为生活中的具体情境，学生的学习将变得主动且积极。例如，在学习除法时，教师创设一个分苹果的生活场景，将15个苹果分给5个小朋友，每个小朋友分到的苹果要一样多，你是怎么分的？根据学生实际生活经验，借助学具、画图等方式进行操作，在活动中理解除法的意义。

3. 让学生领略数学魅力

在数学教学中，教师不仅要引导学生探究数学知识是怎么来的，还要教会学生对数学知识进行灵活应用，以解决"如何去做"的问题，这就是学生学习数学的最终目标。例如，在认识大数1000的过程中，在回答"999再添一个珠子是多少？"时，让学生结合计数器拨一拨，在拨数的过程中感受1000的产生，在解决数学实际问题的过程中，进一步欣赏数学魅力。

4. 让学生体验重新创造知识的过程

心理学表明，"做"是"学习"开展的最好的方法。通过自己的积极思考和积极参与"做"，学生才能更好地获得数学知识。在"做"这个过程中，小学生学会数学知识，并充满信心地去主动学习。

四、重视发展学生思维品质

（一）低段学生应发展的思维品质

通过对小学低段学生数学思维现状的调查，发现学生的数学思维缺乏自觉性、灵活性、批判性。这些思维品质都是相互影响、相互促进的。而这些思维品质不够完善是小学低段学生年龄和心理特点所造成的，在数学教学中，教师需要制造一个学生乐于学习的自由环境，启发、引导学生围绕数学问题进行思考，鼓励学生敢于质疑，掌握数学知识、发展数学思维能力。

在数学教学中，根据学生的身心特点，为激发学生的学习兴趣，教师会设计多种教学形式，这些教学形式只是为辅助学生学习，其背后的目的还是对学习内容及数学思维方法的掌握。学生数学思维方法的掌握与否的直接体现就是学生的数学思维品质，在教学中教师采用多种形式结合数学思维方法指导学生学习数学知识，重点是对学生思维的自觉性、灵活性、批判性的培养，推动学生具体形象思维发展的同时，促进学生的抽象逻辑思维能力的发展。

（二）用语言表达思维过程

学生的语言表达不仅是学生与教师沟通的载体，也是学生数学思维的外显，对数学思维的发展具有推动作用，思维的逻辑性是通过语言的层次性体现的，思维的灵活性是通过语言的多样性体现的。因此，培养学生的语言表达可促进学生数学思维能力的发展。

一、二年级的数学教材中有很多说一说的内容，"说"是提高学生的数学思维的一种方式，在数学教学中，教师应根据教学内容设置学生语言表达的环节，比如：通过同桌交流、小组交流、小组汇报、全班小结等形式，让学生用语言表达其思维过程。在语言表达的过程中注意培养学生语言表达的逻辑性、准确性、层次性等。

第九章 高段学生数学思维创新与能力培养

第一节 小学高段数学教学中合情推理能力培养对策

一、借助范畴思维，深度理解合情推理能力培养理念

范畴是反映事物本质属性和普遍联系的基本概念。各学科之间相互区别，根本原因在于每门学科范畴之间的不同。如"力"是物理学的范畴。每门学科的范畴都处在不断成长、丰富的过程中。教育学作为一门具有悠远发展历史的学科，也有其自己独特的范畴网络。这些范畴从格局上规定了教育学研究的基本领域、基本逻辑和特殊的思维方式。其中数学教育教学研究中的各种属性之间的联系就组成数学教育研究的基本范畴。本部分主要借助范畴思维，综合讨论合情推理能力培养过程中的合理猜想与数学验证、直觉思维与逻辑思维以及个人深思与合作学习三对范畴，以期明晰合情推理能力培养理念，修正教师对合情推理能力培养的误解。

（一）数学猜想与数学验证相统一

合情推理重在数学猜想的体验，猜想是合情推理过程中能力升华的关键过程。正如波利亚在《数学与猜想》一书中几乎将合情推理等同于数学猜想，他认为猜想是合情推理最普遍、最重要的思维方式，不完全归纳和类比都是得出猜想的途径，是得出猜想的前提方法。如果一个猜想有任何新的结论得到证实，它就变得更为可靠。假如有一个与之相类似的猜想变得可靠，那么这个猜想也就变得更可靠，而这一阐述就是数学验证的精髓。在波利亚对合情推理的阐述中，将得出命题的"真"与"假"改为"可靠"，就是说经过合情推理得出的结论是可靠的、可信的。不一定为真，只是在不完全归纳的过程中有反例的可能性或者在类比的过程中有出现属性不同个例的概率。例证的过程就是合情推理中数学验

证的过程，这里的验证不是严格意义上的数学论证。

事实上，一个猜想看起来很合情合理，但还是需要在某些情形下进行验证。合情推理能力的培养过程中就要兼顾数学猜想与数学验证之间的关系。在课堂观察中笔者发现，很多教师对合情推理能力培养过程中猜想与验证的认识存在误区，具体表现在两个方面：一是认为合情推理能力培养过程中猜想应占主导地位；二是认为数学验证应占主导地位。持第一种观点的教师在合情推理能力培养过程中，努力激发学生的创造性思维的发展，而用练习取代验证。持第二种观点的教师在合情推理能力培养过程中，快速激发学生提出猜想，而整个课堂则是不断验证猜想的过程。毋庸置疑，这两种认识都有失偏颇。合情推理过程中必须含有猜想的环节，这是不容置疑的。但猜想可靠性的增加仍需要验证的支撑。诚然，对于小学生来说，猜想的提出对其发散性思维以及创造性个性的发展都具有提升作用。学生通过不完全归纳和类比得出猜想的过程，是其合情推理能力提升的关键过程。但合情推理能力培养过程中猜想的正确性的判断需要经验验证的支撑。

此外，合情推理能力培养过程中的验证并不是严格意义上的逻辑论证，而是以例证的方式呈现的经验验证。要知道，得出的猜想是由某些特例所启发的一般命题，而从这些特例中已经发现猜想是正确的。要想进一步考察它的正确性，还需要进一步考察其他特例，如果所有考察的例子都证明这个猜想是正确的，那么这个猜想的正确性就会提高。每一次例证都给猜想的正确性增加分量，使猜想更为可信。因此，很多现实教学中将练习归属为验证或者进行严密逻辑验证的过程都不属于合情推理能力培养过程。可见，合情推理能力培养过程必须把握数学猜想和数学验证的统一性，万不可顾此失彼，强化任何一方。

（二）直觉思维与逻辑思维相统一

通常来讲，数学思维是通过对数学问题的提出、分析、解决、应用和推广等一系列工作，以获得对数学对象（空间形式、数量关系、结构模式）的本质和规律性的认识过程。

这个过程是人脑的意识对数学对象信息的接收、分析、选择、加工与整合。数学教学作为一种传播数学知识，解决实际问题的活动，离不开数学思维的影响。而合情推理能力培养过程作为强调学生主动推理的活动，更与数学思维存在着紧密的联系。换言之，数学思维是合情推理能力培养进行的内在机制。合情推理能力培养过程中强调教师对学生直觉思维的丰富，难道数学的逻辑思维在合情推理能力培养过程中就应该被摒弃了吗？

其实不然，合情推理具有一定的逻辑性，只是严密程度不如论证推理。相对来说渗透到教学过程的合情推理也具有逻辑性，针对小学生思维发展的规限，合情推理培养过程应将直观思维与逻辑思维处于同等重要的地位。数学家布洛赫曾提出："直觉是把那些你已经了解很充分的对事物的认识拼起来，形成一个完整的认识。而逻辑则是将堆积的经验整理成系统的、有条理的知识序列的过程。"

在合情推理能力培养过程中，学生起初应用逻辑思维对已有经验进行整理，在逻辑思维受到阻碍之处，运用直觉思维大胆猜想，得出较为可靠的结论。

但在课堂观察中，笔者发现，当前教师论及合情推理都只停留在学生直觉思维的发展，被合情推理一词中的"合情"所禁锢。大部分教师认为合情就是合乎学生日常经验的"情理"，更多是学生直觉思维的体验，因涉及的数学逻辑性较差，在教学活动中很难实施。这就窄化了培养学生合情推理能力的教学活动的现实价值。数学与逻辑总是密不可分地一起发展，数学在整个科学知识体系中被称为逻辑性最强的一门科学。当然，数学与逻辑结合的程度并不总是一样的，有时十分紧密，有时则相对松散一些。相比于论证推理的严密逻辑性，合情推理与逻辑结合的程度则是相对地松散。合情推理是建立在逻辑思维之上，当逻辑思维不能推出结论时，需要直觉思维进行猜想。

此外，合情推理的过程不是完全凭借经验或者直觉进行的推理，推理过程需要数学知识之间的关联点进行类比或者归纳，这就需要一定逻辑思维的支撑，只有经过逻辑的思考才能找到已有知识与问题之间的关键点，从而找到归纳点或者类比点。因此可以说，合情推理中的猜测是建立在已有认知图示基础上的逻辑推测，是秉承逻辑思维的顺延。在合情推理能力培养过程中，教师首先应该培养学生的数学逻辑感，引导学生对已有经验进行逻辑化的整理并找到类比点和归纳点，然后鼓励学生利用直观思维进行大胆猜测与验证。

（三）个人深思与合作学习相统一

在课程改革的演进过程中，合作学习成为课堂教学的主要存在形式，合作学习也似乎成为新课改的代名词，成为最有价值的教学策略。无论是说课还是各学科的公开课，都不会缺少小组合作的身影，小组合作俨然成了一种必要的教学组织形式。在合作学习中实现资源共享，优势互补，共同进步，共同发展。对于数学教学来说，诸多数学知识的学习过程需要同学之间的互助，才能够完成实验或操作，同时数学问题解决的发散性思维也需要小组成员之间的思想碰撞。而对于合情推理能力培养来说，合作学习也能起到其集思广益、优势互享的作用。

实际上，合情推理能力培养不仅包括教师与学生、学生与学生之间通过沟通、交流与讨论完成学习任务并解决问题的过程，还应该包括学生与自我之间，学生与问题之间的个人深思的过程。在合情推理能力培养过程中，学生通过表达自己的推理过程，同时会进行自我反思、自我申辩，在不断的往复推理中深度发展合情推理能力。故而，学生个体深思理应与合作学习占有同等地位。通过不同形式的深思，学生的推理过程得到优化，推理深度得到进一步提升，经验的整理更加具体完善，猜想出的结论可靠性也会得到进一步的增强。

但在课堂观察中笔者发现，合情推理能力培养过程中的小组合作，有时候会存在

"人云亦云"的情况。很多学生没有经过经验的整理，就能够猜想出正确的结论，合情推理的过程被强迫性地缩短。合情推理能力培养效果存在表面上的良好，实则部分学生的推理过程并不完善，亦没有经过自己的努力找到类比点和归纳点。学生被合作学习所主导，缺乏个体的深思，他们认为有同学猜想出了结论，那就是我们小组的猜想，也就是我的猜想。这种"人云亦云"的合作学习，缺乏学生的自主深思，学生的推理过程不能得到有效提升。

合情推理能力培养必须以个人的独立思考和深层次认知参与为前提。教师若想有效地将合作学习融合进合情推理，就必须以学生的个体认识能力为基础。因为个体的思考无法由他人或小组来替代，特别是以逻辑思维为前提进行合理猜想的数学推理。学生只有通过自主深入的研究，较好地完成了经验整理的全过程，捕捉到合情推理的归纳点和类比点，才能与同伴进行更加有效的协作，从而产生良好的推理效果。否则，小组内的表面"热闹"背后，很可能掩盖着学生合情推理的表面化与浅显化。

二、透彻解析课标与教材，明晰合情推理能力培养要求与内容

教师是新课程改革的主力军，亦是合情推理能力培养要求具体落实的先行者。真正高效的课堂教学并不是教师教教材，而是用教材教。教师只有真正把握教材的编写意图、吃透教材的精神，才能充分挖掘教材蕴含的教学价值，寻找到教材与发展学生合情推理能力的最佳结合点，使合情推理能力的培养走向高效。故而，本章首先从宏观上解读课程标准，整体分析课程标准中对合情推理能力组成结构的培养要求；其次从微观上阐释研读小学数学教材的方法，助力教师更加准确地定位培养合情推理能力的适切内容。

（一）宏观解读课程标准，把握培养要求

课程标准是教师进行合情推理能力培养的起点和落脚点，虽然课程标准中关于数学合情推理的相关理论知识较为简洁、相对宽泛，但课程标准对学生合情推理能力的培养要求却能帮助教师塑造数学课堂教学的提升框架。为更游刃有余地进行合情推理过程，小学数学教师应该从宏观层面解读数学课程标准，厘清合情推理的渗透脉络，把握合情推理能力的培养要求。虽然课程标准对合情推理能力内涵的解析不是很详细，但可以根据其目标的设定，分析每个阶段合情推理能力培养的具体方向与培养要求。

宏观层面解读意指教师依照课程标准中合情推理能力的培养要求，立足于合情推理能力的组成结构，具体把握各学段学生合情推理能力的培养要求。因为，数学知识的学习过程本身是一个从简单到复杂、从零散到整体的螺旋式过程，教师从宏观层面对小学阶段的数学课程标准解读，能够全面掌握小学阶段合情推理能力的培养脉络，能够游刃有余地设计有助于合情推理能力培养的数学教学环节。此外，对"课标"的研读不仅只停留在小学

阶段也应该分析初中阶段，如此才能够做好小学与初中合情推理能力的衔接。

课程标准对合情推理能力的培养要求是不断提升的过程，从活动方式、猜想的可靠性以及验证的严密性等方面都是随年级的增加而提升培养要求。此外，从学段目标中可以看出，第二学段（四年级到六年级）是合情推理能力培养的主要阶段，此阶段强调发展学生能够提出猜想与验证而且也没有过多渲染演绎推理的论证作用，并强调发展学生的数学观察能力、归纳类比推理能力以及数学猜想能力。因此，此阶段的教材内容会更加侧重合情推理能力的发展。教师理应根据三个学段的目标，统筹规划和全面解读第二学段教材中适合培养学生合情推理能力的内容。

（二）微观研读教材知识，聚焦培养内容

当前小学数学教师过于死板地教授教材上的知识，而不是灵活运用教材。究其原因就是教师没有整体解读教材内容，捕捉教材编写意图与思路。因此，在宏观解读合情推理能力的学段培养要求后，对教材内容的细化研读则是深化合情推理能力培养的有效途径。从课程标准出发整体感知三个学段合情推理能力的发展脉络，为深度解析第二学段的合情推理能力的培养内容提供了思路与可能。微观研读教材知识则是聚焦于第二学段对合情推理能力的培养要求，立足于第二学段延伸至第一学段，将相关知识进行整合并建立知识框架，真正将学段目标落实到教材内容的研读上。学段内相关知识框架的建立有助于教师整体把握数学知识脉络，立足于学生的思维特征和已有知识基础，教师能够准确聚焦学生逻辑推理不能完全获得而需要借助于合情推理获得的教材内容。

诸多教师对合情推理教学资源利用不充分，至关重要的一点是教师对教材研读的漠视与肤浅，将研读教材内容归为对教材内容的简单理解，视野局限在教材知识本身，故而很难从本质上捕捉合情推理的教学内容。基础教育课程改革要求突破教材的概念界限，寻求更加开阔的视角去解读教材，对适合合情推理能力培养内容的解读亦不例外。微观研读教材知识可分为两个步骤进行：一是基于数学知识的相关性对教材知识归类分析，重塑数学知识框架；二是基于数学知识框架，将数学逻辑联系不紧密且通过已有知识和逻辑推理得不到的知识筛选出来，立足于合情推理能力的组成结构准确聚焦合情推理能力的培养内容。

第一个步骤，教师立足于某一数学知识，将相关知识进行整合，构建出整体知识框架。要知道，现行的数学教材大多采用时而代数，时而几何，时而概率的混编模式，内容在教材中都是时断时续地出现。如此螺旋式的教材编排方式，能够顺应学生的思维水平，有助于学生对知识的深度理解，但亦会导致内容的重复以及知识整体结构的散乱，这就需要教师理清知识脉络、重塑知识框架。以某一知识为基点研读教材内容，其实就是对"新知识从哪里来""用哪些数学思想方法获得"等问题的解答，步步倒推出整个相关知识

框架。

第二个步骤，对数学知识整体框架的梳理有助于教师对学情的掌握，但若进一步有效利用教材资源，对小学数学教材进行"二次开发"，就需要教师揭示教材内容表面所不能体现的深层次特征。教材中呈现的知识探究过程只是一个粗略的体验过程，教师需要深度挖掘教材内容，筛选出既能够培养学生的数学观察能力、归纳类比推理能力又能够培养学生的数学猜想能力的教材内容，从而聚焦合情推理能力的培养内容。例如，对"圆的周长"教材知识进行解读时，教师应该先着眼于长方形周长的探索过程，思考其学习过程与圆的周长之间的内在联系，是准确的逻辑推理就可获得，还是需要学生进一步的猜想才能内化。细致考究就可获得，由于小学生的认知规限学生直观上很难理解圆周率的意义，长方形周长的探究过程并不能照搬应用到圆的周长的探究过程中，因此需要借助于计算测量来归纳猜想出两者的体积关系。可见，"圆的周长"教材内容的学习过程，既可以培养学生的数学观察能力，在探索过程中亦可以培养学生的归纳类比推理能力和数学猜想能力，是合情推理能力培养内容的较佳选择。而"平行与垂直"的教学内容，虽然学生在学习的过程中能够提升数学观察能力与归纳推理能力，但因为是数学概念的认识过程，数学猜想能力并不能得到实质性的提升。

三、紧扣多元立足点，提炼合情推理课堂教学策略

合情推理能力培养环节是基于整体流程的设计，而实际课堂教学过程中由于教师教学特点的不同，在教学环节中各种课堂教学策略的应用也不尽相同。在将合情推理渗透到课堂教学过程中，之所以会出现体验环节的缺乏或猜想环节开放性不足等数学教学问题，一方面原因是教师教学能力的不足，更细化说是教师没有把握好合情推理的课堂教学策略。故而，本部分整体立足于小学数学教学中合情推理能力的培养问题及成因，概括出：立足于学生的认知困惑，课堂教学中应设置启发性的问题；立足于学生的数学知识基础与已有经验，课堂教学中应注重自主化的推理；立足于学生的认知风格与创造性个性，课堂教学中应激励多样化的猜想；立足于合情推理能力的整体发展，课堂教学中应开展系统化的训练等数学课堂教学策略。

（一）设置启发性的问题

有助于学生合情推理能力提升的教学内容需要学生进行逻辑思维的跳跃，而思维跳跃的过程是建立在认知困惑基础上的，故而认识困惑的产生亦是学生合情推理能力阶段性提升的必要条件。只有学生经历迷思、困惑、顿悟才能深刻领悟蕴含于知识之中的思想及方法，感受数学文化，合情推理能力的培养意义才得以彰显，学生合情推理能力才会得到有效提升。在合情推理渗透到教学过程中，最能够让学生自主发现认知困惑的过程当数师

生之间的问答环节，而其中起到决定性作用的是教师的问题。启发性的问题则需要教师在问答环节中更加侧重问题的启发性，而不是问题过强的引导性，使得学生在问题中获得启发，深度进行合情推理。

如果教师的问题平铺直叙，缺少波澜，就不能有效引导学生的合情推理，推动他们积极思考。相反，课堂上，如果教师提出有价值的问题，不断"挖坑"引发学生的思维，就会促进学生合情推理能力的提升。因此，教师在备课时，就要从情境的导入与问题的设置上综合考量学生认知困惑的产生，要明晰知识间怎样组合才能凸显出认知困惑，怎样才能启发学生一点点走向认知困惑。如"请同学们加一加，不同三角形的内角和是180°吗？""请同学们加一加，不同三角形角的度数有什么关系？"以及"请同学们算一算，不同三角形角的度数有什么关系？"，三种问法不同，学生思维的方向性也会不同，对学生的启发性亦是不尽相同的。显然，第三种问法启发性更强，更能激发学生的认知困惑，学生更能抓住合情推理的精髓。教师没有进行过度引导，而是只指出三角形度数之间有关系。如此情况下，学生就会对度数进行经验的整理，不断地进行加减运算。学生在加减运算过程中，会产生度数趋向于180°但又与180°有微弱差距的认知困惑，达到深度体悟合情推理的目的。此外，"圆的周长"中问题设置的引导性过强，就可以通过"圆的周长与什么有关？""圆的大小与什么有关？"并借助一定的图片演示，学生就可以直观地将圆的周长与圆的直径相互联系，更加能够深入合情推理过程中。

（二）注重自主化的推理

小学数学课堂教学长期存在低效、无效甚至负效的现象是长期困扰我国基础教育改革发展的顽疾。如何提升小学数学课堂教学的困境，提升课堂教学的有效性是相关数学能力培养不可规避的问题。合情推理能力的培养若想落实到小学数学课堂教学中，就必须正视合情推理的过程在小学数学课堂教学活动中的实施情况。但调查显示，合情推理过程并没有适时有效地落实到小学数学活动体验中，数学教学活动仍存在体验环节的缺乏，遏制学生对合情推理的深度感知。

从严格意义上来说，若想在小学数学课堂教学培养学生的合情推理能力，就必须将学生对合情推理过程的自主体验放在首位，学生只有经历了合情推理的过程才能感知合情推理的内涵与价值。注重学生对合情推理过程的自主体验可从两个方面落实：一是相信并肯定学生的课堂主体地位，二是适当运用课堂提示语。如今很多教师在公开课时将课堂的主动权交给学生，课堂气氛融洽，但实际教学过程中却严把课堂教学的主动权。教师经常出于对学生的错误认识，主观臆断地认为学生不会想到推理思路，要先给学生"打个样"才能安心地让学生进行合作探究，这极大地低估了学生认知水平。其实，多数时候学生能够通过教师的提示，顺利找到推理思路，完成合情推理过程。诚如"三角形三边的关系"的探究过程中，教师不用给学生演示，学生自己通过实验亦会观察到组成三角形的三条线段的关系。

经历自主体验过程的学生，更会产生"荣誉感"，对推理的进行更加有信心。此外，教师可以适当运用提示语引导学生合情推理的自主体验过程。提倡合情推理的自主体验并不是否定教师课堂主导的地位，教师可通过适当的提示把握合情推理过程的顺畅进行，而不至于导致课堂秩序的混乱。由于小学生自主能力差，所以在学生进行合情推理的过程中，仍需要教师进行适当的提示，进而为学生合情推理的有效进行提供保障。

（三）鼓励多样化的猜想

小学生天生敢想、敢说，喜欢问问题，这有利于合情推理能力的发展。在合情推理过程中，教师理应鼓励学生大胆猜想、质疑结论，从而了解学生的推理过程，结合合情推理能力的影响因素，进而诊断到学生猜想的准确性并加以引导。

激励多样化的猜想意指教师在合情推理能力培养过程中鼓励学生大胆猜想、大胆质疑，最大化地发挥学生的主观能动性，促使其深度体验合情推理迸发出多样化猜想的过程。教师在教学过程中激励学生多样化猜想的迸发一定要从小学生合情推理能力的影响因素出发，因材施教，断不可"一刀切"。

小学生合情推理能力发展的影响因素在课堂教学中体现最为明显的是认识风格和创造性个性。不同认知风格的学生猜想提出的速度和猜想的可靠性不同，创造性个性强的学生与创造性个性弱的学生对教师的否定的接受程度亦会不同。故而，教师在进行猜想环节时，应该按照学生不同的认知风格和创造性个性，因材施教，鼓励不同猜想的最大化呈现。从认知风格视角分析，当场依存性的学生提出猜想时，教师应尽可能地肯定其正确部分，纠正其错误的猜想。而对场独立性学生提出的猜想，在给予肯定和否定之后，应该激发学生猜想向深度发展。对于沉思型的学生应该在肯定其猜想严密的情况下，鼓励其对自己想法的快速表达。而对冲动型学生提出的猜想，理应更加引导其对猜想依据的深思，让其猜想提出的过程更加沉稳。从创造性个性视角分析，对于创造性个性较强学生提出的猜想，应该表扬其猜想的踊跃提出，并引导其更加规范地提出猜想和深入地理解猜想结论。对于创造性个性弱的学生，无论正确与否教师都应该给予肯定的反馈。另外，针对学生的错误猜想，教师应对学生的积极性给予肯定，在表扬的前提下，针对错误的猜想，应该引导学生寻找猜想错误出处，断不可全面否定学生的猜想结果，彻底击垮学生的猜想的踊跃性。

（四）开展系统化的训练

培养学生的合情推理能力要注重能力发展的整体性与系统化，避免能力发展的碎片与零散。而现有的课时并不能完全支持学生合情推理能力的系统提升，若只靠新授课时培养学生的合情推理能力会出现能力发展的割裂和脱节。因此，在数学课堂教学活动中增加对合情推理的专项训练，能够弥补课时不足给合情推理能力培养带来的弊端。此外，由于小学课时有限以及学生对合情推理的接受程度不同，小学高年级的学生数学基础、迁移能力和认知风格都达到一定的水平，所以对合情推理的接受程度更高。故而，笔者建议将合情推理训练课时安排在五、六年级且每学期进行一次专项训练。

开展系统化的合情推理训练要从两个方面着手：一是提供丰富的合情推理素材，启动学生的推理意识；二是开展系列化的探究活动，深化学生对推理过程的整体体验。首先，合情推理专项训练提供给学生丰富的素材，素材之间的关联能够唤醒学生的已有经验，当学生解题的求知欲被激发后，就会产生层层推理的意识，再加上学生本身具有的发散性思维就会很容易地进入合情推理过程中。此时，教师必须申明合情推理的价值，学生在初步感知合情推理以及合情推理价值的驱动下，则会增强对合情推理过程的探索意识。学生合情推理意识的启动环节，至关重要的一点是教师提供的素材之间必须具有关联性，同时亦是学生已有生活经验和认知结构的有机结合的素材。其次，合情推理能力的专项训练重在对合情推理过程的整体体验，开展系列化的探究活动是将基于经验的观察、观察经验的整理以及归纳类比提出猜想的有机整合。日常新知教学过程中，学生对合情推理的整体体验是在内化某一新知的基础上完成的，并不会将合情推理的过程推广到其他知识的学习过程中，而合情推理的专项训练则是通过不同的探究活动使学生感悟合情推理应用的广泛性。例如，下雨是一种生活日常现象，它是由极多的单个事件组成，也就是极多的雨滴的下落所组成。但若想分析雨滴落在窗台相邻两块板砖的概率，则是一个需要通过观察、不完全归纳进而提出猜想的合情推理过程。学生在记录、分析的过程中，推出下一刻雨滴落到某块板砖的概率，进而深化学生对合情推理结果不确定性的认知。

四、职前培养与职后培训相结合，助力教师合情推理教学能力的提升

实践表明，即使经过师范院校正规培养出的数学教师，在其职业生涯中，如果仅仅满足于运用在校期间储备的数学专业知识而不继续进修广博的数学知识，那么他就很难成为一名十分称职的数学教师。数学教师对学生合情推理能力的培养亦是如此。合情推理能力培养的根本目的助力于学生合情推理能力的发展，而学生的合情推理能力是否能够得到全面发展，其根本则在教师合情推理的教学水平。因此本部分主要从职前培养与职后培训两个方面，系统论述小学数学教师数学教学能力的提升策略。

（一）更新学习内容，加强职前教师的推理思维训练

研究表明，教师以往接受的教育形式与自己进行的教学活动具有高度的内在一致性。细化来说，教师的学习方法会潜移默化地渗透到教学过程中教授给自己的学生。首先就合情推理而言，合情推理能力高的教师相比于合情推理能力低的教师更能高效地将合情推理渗透到数学课堂教学环节中，发展学生的合情推理能力。此外，创造性个性是合情推理能力的重要影响因素，而创造性个性提升的关键是推理思维的训练。推理思维能力成熟的教师，知道怎样设置问题能够引导学生进行合情推理，知道什么样的教学策略能够激发学生的猜想动机；而推理思维能力较低的教师，由于自己不常应用创新思维或推理思维进行解题，往往困惑于合情推理过程的渗透。因此，对职前教师的培养应适时更新专业学习内容，加强职前教师的推理思维训练，进而促进合情推理过程的有效实施。

第一，增添数学推理内容。高等学校教育应该拓宽数学教师的培养层面，增添数学推理内容，诸如数学演绎思维内容、合情推理相关内容以及数学推理案例分析等，让师范生能够透彻理解合情推理的内涵与外延。此外，教学内容最好以古老数学猜想为根基。数学中有着五花八门的猜想，内容包罗万象、深浅不一，但都是不完全归纳推理和类比思维的深化与结晶，能够有效促进师范生推理思维的拓展。数学猜想是根据某些已知事实和数学知识，对未知的量及其关系所做出的一种预见性的似真推断。

因此，这些猜想的学习过程不仅有助于职前教师创新能力的提升，更能帮助师范生进行由"潜"到"显"的合情推理过程，发展其合情推理能力。

第二，加强数学直觉思维训练。在数学合情推理过程中，小学生常常依靠直觉、灵感进行选择、判断形成数学猜想，得出可靠性较高的数学结论。只有教师拥有成熟的直觉思维，才能够顺应直觉思维的产生脉络，发展小学生的直觉思维。培养直觉思维的重点是重视数学直觉。直觉尽管"突如其来"，但并不是神秘莫测的东西，它是在长期积累起来的知识和经验的基础上形成的，是可以培养的。数学直觉思维训练应注重直觉思维的整体性与综合性的体现，可从提供丰富的背景资料，引导师范生寻找和发现事物的内在联系，安排一定的直觉阶段以及养成善于猜想的数学思维习惯四个方面入手，激发直觉思维并养成善于探索与猜想的思维习惯。

第三，加强发散思维训练。发散思维是一种开拓性、创新型的思维，它不仅是推理思维的主要形式，亦对合情推理能力的培养具有重要的意义。在合情推理能力提升过程中，要能抓住时机，以研究的数学对象作为发散点进行多种方式的发散，便能有利于发散思维能力的培养。首先，培养师范生的发散机智。在解答一个数学问题时尽可能多地提出设想、揭发途径与答案，思维向多方面思考。其次，培养师范生的变化机智。变化一般事物的某一因素，或改变因素之间的位置、地位或联想方式，常常可以产生新的思路。几何问

题代数化，代数问题几何化就属于这种机智。最后，培养师范生的创优机智。要千方百计寻求最优答案以及探索途径，方法要独特，内容要新颖、简化。

（二）引进与输出相结合，打造学习研讨合情推理平台

随着课改如火如荼地进行，教师课题研讨成为中小学教师不可或缺的工作组成部分。但很多教师参加培训是"无奈之举"，台上教授讲得眉飞色舞但却枯燥无味，台下教师交头接耳、无心听讲。其实，现在很多研讨内容过于陈腐，针对性的培训较少，教师的讲课与专家的评课都是以"自主、合作、探究"为根基，评价范围过于宽泛。此外，引进的专家培训也都以"空洞"的理论讲座为主，教师听不懂、理解不透也就司空见惯了。鉴于此，针对合情推理能力培养的研讨，笔者认为引进的专家应以主题探讨取代空洞讲座，输出的教师培训应以同课异构的研讨为主，更加聚焦合情推理能力培养的研讨与提升。

首先，专家讲座应以主题探讨为形式，以课例分析为主要内容。学校引进的数学专家对在职教师的讲座内容应该以合情推理的渗透为核心主题，并以大量的典型课例作为主要内容，运用教师较易理解的方式讲解合情推理相关内容，能够深化教师对合情推理的感悟与理解。目前很多深入学校的专家讲座都存在诸多问题，例如：重理论讲授而偏离教学实际，缺乏对一线教师的针对性提升项目等。

对于在职教师原本就生疏的合情推理教学来说，诸如此类的讲座方式不仅不会帮助教师有效地进行合情推理能力的培养，而且还会造成教师对合情推理能力培养的误解。因此，数学专家应选取优秀培养案例让数学教师初步接触合情推理过程的渗透，感悟应用合情推理的教学与未应用合情推理的教学之间的区别。同时，鼓励教师围绕案例与自己的教学实践谈观点、析见解。数学专家整合不同教师的观点与问题，分析合情推理能力培养的本质与实施策略，从而给出合情推理较为理性的内涵与外延。如此，相对于"空洞"的理论灌输，主题探讨形式的讲座方式更能激发教师将合情推理应用到课堂教学的兴趣。

其次，教师研讨应以同课异构、对比分析为研讨形式。输出学习的教师研讨应以同课异构的方式进行研讨，从对比中体悟合情推理的闪光点和独特之处。如今，诸多研讨课都是一味地遵循"教师授课—专家评课"模式，基于授课内容泛泛而谈，没有教学针对性。

对于合情推理能力培养来说，必须具有对比才可澄清合情推理的意义与价值，才能够明晰合情推理能力培养环节的重点与难点。也就是说，只有教师亲身经历过合情推理的过程才能体会到合情推理过程的可取之处。因此，同一合情推理能力培养内容应采取两种不同的教学思路或流程进行呈现。第一种是一般性的"创设情境—合作探究—巩固应用"的教学流程，第二种是"创设情境，引导观察—借助问题，整理经验—类比归纳，猜想验证"的合情推理能力培养流程。不同教学流程或方式呈现同一教学内容，才能形成对合情推理能力培养较为清晰的认识。此外，当代科学技术的迅猛发展也为合情推理能力培养研

讨平台的拓展提供了可能性，教师可以利用线上技术对合情推理能力培养内容进行多角度的分析，从而筛选整合出最佳的合情推理能力培养过程，充实他们的实践性知识。

第二节　小学高段数学教学中发散思维的有效性探析

小学高段学生思维能力的拓展，可为更深层次化的数学理解奠定基础，教师应跟随学生的年龄增长，改进教学模式，引导学生依据生活经验，打通桎梏的思维空间，以更高的学习要求与目标，推动教学的有序发展。

一、提高学生的求知热情

孔子云："知之者不如好之者，好之者不如乐之者。"兴趣是启发学生探求知识的原动力。教师首先应结合现有教学资源，在学生兴致盎然的前提下，由浅入深地融汇相应数学体系，连接前期的数学熟知内容，创建模拟情境，将照本宣科的陈旧教学手段转化为艺术性的灵活教学。这样可使学生打消对高段数学的抵触心理，跨进高段数学学习的门槛，并逐步摸索到适用于自身的高段数学学习方式，由此，打通了被束缚的头脑思维，开启新的知识篇章。例如，学到"多边形的面积"时其中需要学生记忆："平行四边形的面积＝底×高""三角形的面积＝底×高÷2""梯形的面积＝（上底＋下底）×高÷2"，教师直接口头讲述，学生很容易形成三者之间的公式混淆。为此，教师可带领学生到多媒体教室，回顾"认识图形"的对应同类知识，以点带面进入图形互相转换的直观演示中，图文并茂地调动学生感官，给予各种图形特征化的标签，引导学生们联想：平行四边形由长方形演变而来，因此面积都是以底×高计算，三角形是平行四边形的一半，因此要在底×高的基础上÷2等。这样节省了大量的板书时间，学生面对多样的图形热情高涨，在好奇、惊叹中建立起数学高段衔接前期基础的桥梁，为后续教学的铺陈创造了契机。

二、启发学生的质疑能力

学贵有疑，在产生疑问的瞬间，就代表学生已经投入问题的研究中来了，只需适当指引，鼓励学生尝试摸索问题，很容易形成自我满足，建立起高段学习的信心，在此过程中，拓展了知识面，超出年龄限制，思维能力得到跨越性的进步。例如，"可能性"一课的问题开放性较强，教师可设计出涵盖面较广的问题，启发学生对于数学本质的质疑思维，结合周遭环境设问："A学生明天不来上课，有可能吗？"学生脱口而出："有可能"，教师根据学生反馈追问："为什么说有可能？"学生联想到自身，轻松应答："生病了""家里有事"等，如果学生的回答太过呆板，教师可巧用言语艺术补充答案："是没有完成学习任务不敢来吗？"学生哄堂大笑，沉闷的课堂气氛就此打破，学生的想法受到教师的点拨更加大胆起来，表述的观点开始天马行空，极大地体现了课堂教学的有效性。

三、引导学生知识共享

数学具有较强的抽象性，一些空间几何内容常作为难点困扰着小学生，对于这类难以理解的内容，可以以合作的形式，让学生把问题整合起来，集中消灭。例如，有的学生容易混淆正方体与长方体的概念，组内有一些对图形认知比较明确的学生就可以引导其他人，以学生的视角启发其感悟力，促进小组成员快速掌握不同图形之间的关系与差异，既为优秀的学生提供了表现机会，又能让思维混乱的学生及时查漏补缺，弥补自身的不足。另外，个人思考运算时，受到环境的制约容易被局限于狭窄的圈子当中，而通过小组学习或者游戏，能够直观地将这些数据铺陈开来，将数学内容繁而化简，有利于集思广益拓展分析思路。例如，在整理"统计与概率"问题时，就需要多个学生共同探讨分析，将各自的想法汇总，最终"去其糟粕、取其精华"归纳出较为明确的学习方向，相较于个人苦思冥想，教学效果显而易见。

四、拓展自主联想空间

所谓"授人以鱼不如授人以渔"，教师应在教学过程中有意识地培养学生形成宏观的数学知识把控能力，使学生能从教材简单的例题出发自主解决同类问题。例如，教学"百分数"时可以本班为例提出问题："本班共有40人，其中女生10人，那么女生占全班总人数的比例是多少？"并引导学生结合之前学过的加减法计算出："本班女生为10人，那么本班男生应为30人，女生占据班级总人数的25%，那么男生应占据全班总人数的75%。"再如：教学"因数、倍数"的概念时，如果我们只是简单地讲述：$a \times b = c$（a/b/c都是不为0的整数），我们就说a和b都是c的因数，c是a的倍数也是b的倍数。教师说起来拗口，学生学起来也是云里雾里。此时可结合乘法规律，以乘法的除数与被除数，套用因数与倍数，对应的认识因数与倍数的概念更加容易理解，且能牢固记忆，得到了以此知识转化为彼知识的思维发散效果。

小学高段学习已经进入了小学数学最后的冲刺阶段，这一时期数学发散思维能力的养成，对于学生未来学习生涯的发展皆可起到重要作用。为此，教师应注重拓展小学高段学生的思维空间，引导他们全面思考问题，逐步养成对课本知识及生活问题的实质解决能力。

第三节　小学高年级数学教学中学生创造思维的培养研究

创造性思维是学生主动发现问题、探究问题，并针对该项问题形成自己的初步见解，最终通过反复实践来论证问题、分析与解决问题的过程。小学高年级学生理论上已经具备一定的发散性思维，适于开展创造性思维的激发与训练，这是提升小学数学素质教育水平的基本要求。由于数学是具有抽象性与逻辑性的，而创造性思维是灵活的、开放的。因此，小学高年级数学教学必须为培养学生的创造性思维提供有利机会，让学生的思维能力培养与社会发展相适应。

一、小学高年级学生的思维发展特征

与低年级学生相比，小学高年级学生学习意识已经逐渐成熟，思考问题的方式有所转变，他们对待事物往往已经具有一定的判断能力，能够通过感知客观事物对抽象性概念形成初步见解，分析问题的逻辑思路也明显更清晰。在从儿童过渡到青年的过程中，小学高年级学生对待学习事物的想法与观念都会受到青春期的影响，容易对事物形成固有的偏见，自我意识的增强使得很多学生都开始持一种批判性的态度去对待身边的人和物，由此滋生了叛逆思想。由此可见，尽管小学高年级学生的个体思维已经初步形成，但依旧尚未成形。

二、小学高年级数学教学中培养学生创造思维的必要性

应试化教育模式下，教学方式以"满堂灌"为主，教学内容以理论为主，教学主体以老师为主，学生只能被动地接受老师灌输的知识概念，接着花费大量的时间与精力去"死记硬背"各个知识点，久而久之，对数学学科的学习兴趣逐渐丧失，学习态度也开始变得越发敷衍，导致创造性思维发展受限。创新是推动社会进步的"第一生产力"。在全球现代化进程逐步加速的今天，创造能力越来越成为衡量一个国家综合国力的重要标杆，创造性人才在市场供不应求，培养一批具有丰富想象力与创造力的高素质应用型人才已成为实现我国"科技强国"发展目标的首要任务。"青年强，则国强。"小学数学教师必须将培养学生的创造思维作为一项重要内容，不断启发与强化学生的思维潜力，为国家做好创新型人才储备工作。

三、小学高年级数学教学中如何培养学生的创造思维探究

（一）激发学生的长期学习兴趣

小学生对于新鲜事物通常充满了强烈的好奇心理，对待数学学习亦是如此，在低年级学习过程中，学生很容易对数学这门"新学科"产生浓厚的探究兴趣，遇到不懂的问题时，也敢于去探索解决。但随着学习难度的增加与成长心态的变化，部分高年级学生开始对数学知识感到"吃不消"，进而逐步丧失了学习兴趣。针对此类现象，小学高年级数学老师必须找准问题的关键，对学生学习兴趣的激发与维持引起足够重视，增强学生的学习动力。一方面，老师要充分地掌握学生的生理发展特点与学习需求，以热情的态度对待教学工作，增强个人的人格魅力，让学生能够深受感染，提高数学教学的吸引力；另一方面，教学需结合学生的生活实际，让学生能够运用所学知识去解决实际生活当中遇到的问题。比如，在讲解"小数乘法"知识点时，老师可以布置让学生陪妈妈去超市买菜并计算总价的课后小作业，学生通过记录蔬菜如白菜、黄瓜各几斤几两及对应的单价等，先自行进行运算，之后再跟超市发票相核对，这样既可以帮助学生掌握小数乘小数的运算规律，又可以让学生从中感受到数学知识的学习价值，找到学习动力。

（二）注重理论与实践相结合

有效的教学方法是培养学生创造性思维的前提。老师在日常教学中必须并重理论与实践，将两者相结合规划教学方案，让学生通过动手实践来强化对知识的理解与吸收，在实践中不断启发学生的创造性思维。比如，在给学生讲述平行四边形的周长及面积等相关知识时，可以首先默认这样的问题："请同学们采用测量工具分别测量出课桌及数学课本的长度及宽度，并求出各自的周长及面积，另求出没有被书本覆盖的桌面面积。"学生们可以以小组为单位进行合作式学习。实践证明，学生间的互动学习往往要比师生互动学习成效更好。在学习小组中，学生们集思广益，分工合作，在交流学习心得时，更加明确自身存在的不足，从而取长补短，加强发散性思维能力。

为进一步激发学生的主观能动性，最大限度地启发他们的创造性思维，老师还可以组织小组进行抢答竞争，给予率先回答正确的小组一定奖励，以良性竞争手段来督促学生集中注意力去完成小组任务。总之，老师绝不能单单局限于教材知识的讲授，更要重点关注学生的日常生活，结合实物案例教学法、小组合作学习法等多种契合高年级小学生心理特点的方法，引导学生动手参与实践，用实践来启发学生无穷的想象力与创造力。

（三）强化学生的"一题多解"思维

数学本身就具有较强的逻辑性与抽象性，数学问题的解答既具有一定的规律可循，又具有多元化的开放性特点。在解答教材或者练习当中的某一问题时，老师应当多关注该题的不同解答方式，引导学生转换角度去思考与探究问题的多种解决途径，培养学生的发散性思维，增强创造力。比如，在求证某个四边形是不是平行四边形的时候，可以让学生通过不同的方式来对其进行求证，学生可以求证该四边形的两组对边是否平行或者相等，也可以求证该四边形的一组对边是否平行且相等，还可以求证该四边形的两组对角是否相等，只要满足以上任一要求，即可证明该四边形为平行四边形。抑或提出其他证明方法，大家一起讨论并验证，最终的目的主要是求证"该四边形是不是平行四边形"。老师在学生求证的过程中可以给予适当的引导与提示，让学生大胆地展开想象，积极探寻一题多解的方法，拓展学生的创造思维。

（四）培养学生的独立思考习惯

古语道"授人以鱼不如授人以渔"。老师在针对学生提出的问题进行讲解时，要适当地保留一定"余地"，给学生留下充足的独立思考空间，避免学生的学习行为过于依赖老师或他人，从而导致思维僵化。此外，老师还要掌握必要的提问技巧，巧设一些有利于激发学生想象能力与创造思维的问题，引导学生逐步养成主动探究与独立思考的习惯。数学教学注重的并非问题的解决答案，而是学生理解知识，吸收与运用知识解答问题的这一创造性过程。因此，在教学工作中，老师不仅要指导学生掌握正确的学习方法，让学生能够主动地、准确地解答学习当中遇到的问题，更要引发学生去思考与分析问题的最终结论是如何产生的，比如，当分数的分子与分母同时扩大相同的倍数时，为什么商始终不变？又有哪些例外？如此，既能加深学生对所学知识的理解，又能够强化学生的记忆能力、独立思考能力以及辩证思维能力。

第四节　小学高年级数学自主学习能力培养模式

一、小学高年级学生数学自主学习能力培养的重要性分析

自主学习即自己主动学习，教学和学习的主体都应该是学生。但是受到传统教学模式的影响，"教师主体模式""填鸭式"教学模式依然存在。小学高年级数学是整个小学数学学习的最后阶段，是提升数学思维和学习能力的关键期，因此培养他们自主学习的能力有助于这种目标的实现。此外，自主学习还能够让他们爱上数学，培养他们日后学习数学的兴趣，使其真正领悟到数学学科的魅力，最终促使数学学科教育教学质量的提升和素质教育目标的实现。总之，小学是一个人学习生涯中的关键期，小学数学是各个学科中的主要学科之一，高年级学生发展指导又是整个小学阶段的最后时期，因此小学高年级数学学习效果、学习能力对于学生日后的学习习惯、学习能力、学习兴趣都十分重要。自主学习是自我主动性发挥的体现，是利用兴趣学习数学知识的有效手段，教育部门、教师等都要重视这种模式的探索和培养，注重引导学生积极学习数学知识。

二、小学高年级学生数学自主学习能力培养模式探析

当今的教育不单单是为了让学生掌握多少技能，更重要的是培养他们的思维能力和运用能力，为素质教育人才目标的实现奠定基础。小学高年级学生处于各种能力和习惯培养的关键期，数学学科又是众多学科中的重点科目之一，因此培养学生的自主学习能力才是让这个特殊时期学生形成一种爱数学、懂数学、学数学习惯的根本。以下结合北师大版教材，通过案例列举的方式探索了小学高年级数学学生自主学习能力培养模式，希望对数学学科教育教学质量的提升有所帮助。

（一）注重有效教育，重视培养自主学习兴趣

兴趣是最好的老师，对于数学学习亦是如此。小学高年级学生处于叛逆期分水岭阶段，在这个阶段培养他们的自主学习兴趣就十分重要。因此，在授课过程中，教师应该进行精华授课，重视有效教育，选择适合小学高年级学生性格、学习能力、认知水平的学习内容，通过创设情境的方式吸引他们进入知识点，激发他们自主探索的热情，引导他们自主进入学习状态，促进其自主学习能力的提升。

在学习小学六年级下册"变量"一章时，教师可以通过创设情境，让学生自主感受生活中互相关联的变量。例如：教师可以选取班上的一名同学作为案例源，让学生们提前了解该生的体重是如何随着年龄的增长而变化的，了解之后列出对应的表格。在学生做好预习之后，教师再提问，让学生竞答体重和年龄这两个互相关联的量与二者的变化关系。对于回答较好的同学，说明其预习比较深入，可以给予其"某某专家"等称号。

这种培养模式的优势有几点：首先，选取身边的一名同学，可以提高大家对此知识点预习的兴趣；其次，预习可以刺激大家提前了解相关内容，为教师上课讲解做好铺垫；再次，给予称号可以增强学生的自信心和竞争心理，为兴趣持续奠基；最后，最重要的就是有助于学生自主学习能力培养兴趣的形成。

（二）注重教学模式改革

培养学生自主学习能力的重要性已经毋庸置疑，很多小学教师也充分认识到了这一点，但是却由于种种原因仍然采用传统的教学模式，无法实现这个目标，因此创新教学模式才是提高小学高年级学生数学自主学习能力的关键。笔者认为可以从以下几个方面着手。

首先，可以选择分组合作教学模式。例如：在小学六年级教材第二单元"百分数的应用"教学环节，教师可以采取布置任务的方式将班级学生分为几组，然后给他们分配不同的问题：百分数的意义、小数和百分数之间的互化、百分数的应用、利用方程解决简单的百分数问题等。需要各组按照规定的时间进行相关问题的讨论和结论整理，最后由各组推荐一名学生进行结果汇报。这种教学模式可以促使每个学生积极参与，在集体荣誉感之下主动讨论和探索答案，增强其自主学习能力。

其次，积极结合多媒体技术。随着信息技术的不断进步，多媒体教学方式已经十分普及，对于小学高年级数学来说，适当、适量地使用多媒体技术，通过多元而简洁、动静态相结合等课件来提高学生的学习兴趣和自主学习能力也十分重要。此外，还可以让学生自己针对上课内容提前设计课件，带着自己设计的课件来进行学习，这样可以对比各方设计的优劣，自主去深入探索课程内容和设计排版，设计的过程也是知识探索和融合的过程。教学模式改革方式还有很多，例如，游戏教学、比赛教学、角色扮演等，这些模式同样可以应用于小学高年级数学授课当中。总之，创新、改革才能进步，小学数学高年级阶段涉及内容较多，又是小学阶段数学学习的关键时期，因此积极进行教学模式改革至关重要。

（三）自主探索空间预留，注重习惯培养

自学能力提升自然是以学生为主体，因此在培养其自主学习能力时一定要为学生留有足够的自主探索空间，让这种空间自由化、长期化和习惯化。例如：教师在上课过程中留

有一定的空间，让学生对某个知识点进行自主探索和理解分析，鼓励他们提出疑问，带着疑问去听讲或者去请教教师。试想，如果教师"满堂灌"，学生就是被动地接受，没有自主探索的空间，从而不利于自主学习能力的培养。

（四）注重引导，提供自主学习方向

小学生的学习和探索能力毕竟有限，因此教师对于自主探索过程不能完全置之不理，面对学生在自主学习过程中遇到的问题要耐心指引，注重引导方式方法，以饱满的热情点拨他们，给他们的自主学习提供明确的方向。例如，北师大版教材中"周长与面积"的讲解中，教师可以设置问题，让学生通过自己探索的计算周长和面积的方式完成几道练习题。如果学生自主探索的计算方式不对，就不要放任他们继续用错误的方式进行计算，以免加深他们的错误意识，教师应当适当地引导方向，让他们继续在正确的道路上应用自主学习探索的能力。

第十章　数学逻辑推理素养培育研究

第一节　逻辑推理相关概念综述

一、数学逻辑推理的概念界定

逻辑推理是数学核心素养的重要组成部分，人们在日常生活中必不可少的思维品质正是逻辑推理，它是构建数学体系的重要方式，同时是得出数学结论的重要方式，是证明数学命题的重要手段。逻辑推理素养是指从一些事实和命题出发，依据规则推出其他命题的素养，主要包括两大类：一种是合情推理，包括归纳推理和类比推理，推理形式分别是从特殊到一般，从特殊到特殊；另一种是演绎推理，推理形式是从一般到特殊[①]。合情推理主要是凭借经验直觉，而演绎推理则是比较严格的推理方式。喻平认为逻辑推理指依据一定的规则，遵循逻辑规律进行推理。孙宏安指出逻辑推理就是合乎思维规律且形式结构正确的推理[②]。张正华认为逻辑推理是利用给定的信息和知识，综合观察实验等多种方法，对事物之间的关系做出判断并得出解决办法的推理。潘旋认为，逻辑推理就是由已知命题推出新命题的过程。史宁中认为，数学推理模式本质上包括演绎推理与归纳推理，虽然这两种推理相互依存，但就数学结果的获得而言，还是有所区别的。通常情况下，合情推理和演绎推理的作用不同，前者用来预测数学结果，后者用来验证数学结果。数学概念的形成依赖于经验，而数学推理的过程依赖于思维[③]。

基于上述观点，研究将逻辑推理界定为：从一些事实和命题出发，依据一定的规则或规律推出其他命题的推理，主要包含合情推理与演绎推理。

[①] 中华人民共和国教育部. 普通高中数学课程标准（2017年版）[M]. 北京：人民教育出版社，2018.
[②] 孙宏安. 谈逻辑推理 [J]. 中学数学教学参考，2017（25）：2-6.
[③] 史宁中. 数学思想概论（第3辑：数学中的演绎推理）[M]. 长春：东北师范大学出版社，2009.

二、数学逻辑推理能力的概念界定

广义的逻辑推理能力是指通过敏锐的思维和分析，进行快速的反应和对问题的快速理解，在最短的时间内做出合理判断的能力。而在数学中进行逻辑思考的能力是指能够正确分析和综合数学对象或问题的属性，并能够使用思维定律和思维形式进行正确辩论的能力。徐美华提出，逻辑推理能力是根据周围环境找出其内在的逻辑关系从而推断出符合逻辑关系的结论的能力，它是学生理解和掌握数学知识的基本能力。[1]喻平，提出数学逻辑思维能力是应用数学知识的能力和思考数学思维的能力，包括使用辩证逻辑思维和形式逻辑思维。张潮认为，逻辑推理能力是运用符合规则的形式进行正确推理的能力，也就是运用逻辑思维进行推理的能力。

综合来看，本书将逻辑推理能力定义为正确、合理地进行思考的能力，即运用逻辑思维进行推理的一种能力，又叫抽象思维能力或逻辑思维能力，包括合情推理能力与演绎推理能力，其中合情推理能力又分为归纳推理能力与类比推理能力。

三、合情推理的定义

合情推理是从定义、事实和命题出发，合乎情理（如合乎经验、直觉等）的推理方式。主要指通过观察、实验、比较、分析等方法，进行联想、类比、归纳、猜测、顿悟等得到新命题。（不完全）归纳和类比是常用的合情推理。合情推理的结论可能正确，也可能不正确，还要依靠逻辑推理去证明或者证否。演绎推理是从一般到特殊的推理；归纳推理是从特殊到一般的推理；类比推理是从特殊到特殊的推理。

四、合情推理、逻辑推理的关系

前面说过，合情推理常常是发现新结论的手段，所以对培养学生的创新意识和创新思维，有重大的教育意义。不过前面也说过，合情推理发现的新结论，可能是正确的，也可能是错误的，还要靠逻辑推理去证明，或者证否。

这是因为，合情推理是或然性推理，而逻辑推理才是必然性推理。数学学科的大厦，最终是按照逻辑推理建造的，逻辑推理才是数学学科的"不二法则"，数学学科的一切结论都必须用逻辑推理给出证明。

即使像"对顶角相等"这样简单、直观的命题，也不能是"看出来的"，而必须是"证出来的"。正是由于数学推理的严谨、数学结论的确定无疑，才使数学有效、有用，被普遍重视。

而在进行逻辑推理前，我们常常会"根据条件预测结果"，或者"根据结果探究成

---

[1] 徐美华. 促进学生数学逻辑推理能力发展的策略探讨 [J]. 成才之路, 2017（33）: 48.

因"，这两个过程往往就是合情推理，可以给逻辑推理提供证明的方向和途径。所以说，合情推理与逻辑推理是相辅相成的。现在提倡的"探究式教学"，就有利于此：前半段主要是合情推理，后半段主要是逻辑推理，二者紧密联系、相辅相成，最终依赖逻辑推理证明结论。

在小学数学的教学中，考虑到学生的年龄、心理特点，合情推理运用得较多，但是教师的语言要恰当，不要让学生误以为"这就足以证明了"。例如，在依靠合情推理得到命题后最好说一句："今后我们还会严格证明它。"

从初中学段起，数学教学则应在合情推理与逻辑推理相辅相成的基础上着力强调逻辑推理，所以，初中数学教师应该比小学阶段更加重视逻辑推理的教学。在说到"数形结合"的作用时有人说，"数学是利用粗糙的图形进行精确推理的艺术"。

笔者非常赞同，觉得这句话是对"数形结合""几何直观""逻辑推理"的恰当评价，也是对数学科学中"合情推理与逻辑推理相辅相成"的形象说明。

现在的数学教学中常常用到几何画板，但我们应该清醒地认识到，几何画板的主要作用是合情推理，它不能代替学生的思考和逻辑推理，而应有效地协助、促进学生的思考和逻辑推理。

关于这一点，也要从"合情推理与逻辑推理相辅相成"的高度去认识问题。

第二节　初中生数学逻辑推理能力的差异性分析

一、不同题型的逻辑推理差异性分析

（一）代数类题目的逻辑推理分析

相较于概率维度的思考，代数类题目思考程序开始变得复杂，是最容易检测思维灵活性的题目。首先，代数类题目随着计算量的增加，除考验被试者审题的仔细程度，更重要的是在推理过程中思维能否具有正确的方向性以及完善性。研究证明，对大多数初中生而言，被试对代数题目的掌握程度不及概率，一方面是由于被试的计算能力有待加强；另一方面是对推理思维的要求更高，学生不能完全达到。

（二）几何类题目的逻辑推理分析

几何类题目以抽象性为主，且初中学生平时接触得不是很多。虽然这部分题目的推理思维运用得没有代数多，但由于初中生运用得不熟练，从而难以很好地解答这类型题目，得分也较低，这是很正常的。研究发现，被试者在合情推理部分题目的成绩要好于演绎推理部分，这也是由于合情推理要求的推理思维没有绝对的程式化，一题往往有多种思维方式，且对思维的严谨性要求不是特别高所致。

一般来说，推理思维可以从共同点出发，也可以从不同点出发，因此解答者（被试者）的正确率就高。但演绎推理对于思维在几何题目中的发散性就不强了，正确的推理思维往往比较单一且要抓住问题的本质。通俗地讲，就是初中生是难以轻松想到解题思路的，必须经过多种试探，多重推理，最终才能确定一种"直击要害"的推理思维。所以这也是初中生解题的难处。总体来说，初中生逻辑推理能力往往不是那么全面，也没有发展到成熟阶段，因而得分率不高。

二、逻辑推理能力的性别差异与分析

（一）男女性别在不同维度的差异性分析

研究发现，无论是从概率维度来看，还是从几何维度来看，男女之间的推理能力并无明显差异。

（二）男女答题的差异性分析

首先，无论是从总分角度分析还是从不同维度来分析，男女在成绩上均无显著性差异。其次，在代数、几何、概率三个维度中，男生平均得分要略高于女生。这说明男生的逻辑推理能力总体稍微高于女生一些。男女答题思路、表述方式等的差异性主要体现在以下几个方面。

1.答题思路方面

从答题思路来看，男生思维的灵活性、简洁性更强，而女生思维的稳定性更强。男女思维方式的不同在一题多解的题目中表现得尤为突出。不过这不影响男女学生的正确率，且各具优势。思维灵活性强的学生能够更为迅速地找到题目突破口，轻松答题；思维稳定性更高的学生能更为有条不紊地进行答题，保证答题的正确率。

2.表述方式方面

从表述方式来看，女生的表述往往较为清晰，而男生的表述略显混乱，稍逊一些。这点尤其表现在简单题目中。简单题目的推理过程不复杂，推理思维也具有定向性，因此当被试者思维差异性不大时，其表述能力的不同便显现出来了。女生的表述更为详细清晰，这可能也是与女生的感性思维更强有关。语文成绩好的一般为女生，语言的组织能力相较于同龄男生而言更强。男生的表述混乱一方面体现在字迹不清晰，更主要的是前后关联性不大，即可能前面的思维到后面发现无用，便换种思维继续作答。这往往也可能是对阅卷人的误导，误以为答错了，而多扣分，这种情况在女生被试中就很少见。表述方式的不同会随着年龄的增长以及所学知识难度的加深而更为明显。[1]

总之，逻辑推理能力的发展离不开表述能力，严谨有逻辑的表述能帮助思维的进一步深入，这也是教师为什么经常强调证明题书写格式的重要性。表述的清晰程度会影响思维的展开，这也是需要教师对学生进行严格督促的地方，这样才能让学生的表述能力、言语组织能力得到强化。

三、初中生数学逻辑推理能力的培养现状与分析

本书对初中生数学逻辑推理能力培养现状的分析是从五个问题来加以展开的。下面是对五个问题的访谈内容及结果的具体分析。

问题一：您是怎么理解"数学逻辑推理能力"的？

一般来说答题正确率高的学生数学逻辑推理能力也相应地要强一些，而成绩差些的学生相应的这方面也弱一些。但实际上，数学逻辑推理能力是学生从小就开始培养的，小学就已多方面渗透。就拿简单的加减法的口算来说，锻炼的就是逻辑推理能力在代数方面的应用。在初中阶段，随着学习内容的广泛、学习难度的加深，学生的数学逻辑推理能力会逐渐演变成一种正确的推理思考过程。它是一种综合性能力，从观察，利用直觉思维，到分析、综合、抽象、概括等，这样的一种能力甚至体现在表述上面。这种能力是学生应当具备的，也是我们教师需要有意培养的。

问题二：您认为目前的初中生处于什么样的数学逻辑推理水平？

总体来说，学生受到其年龄、身心发展等客观因素的影响，他们的数学逻辑推理能力处于中等水平左右。他们不再是小学生简单的思维方式，但也不能达到更高层次的水平，仍然处于逐渐发展的阶段。其中有老师提到在这方面经他的观察，男生的数学逻辑推理能力要稍微比女生强一些。这主要是男生思维的活跃性、迁移性要强于女生一些，因此在对于需要利用逻辑推理思维解题的题目中，男生的正确率要稍微高一些。其中也有老师谈到了不同题型上面，学生的逻辑推理水平的表现是不同的。该老师发现在几何题目上面，学生普遍有畏难情绪，正确率不太高，而学生最感兴趣的是概率题目，代数类题目的正确率往往也高于几何。

---

[1] 严卿，喻平. 初中生逻辑推理能力的现状调查 [J]. 数学教育学报，2021，30（1）：53.

问题三：您在平时教学过程中是如何培养学生的数学逻辑推理能力的？

教龄长的教师都表示在上课中能注意到这一点，并且都在有意培养学生的数学逻辑推理能力。新手教师表示自己在这方面的培养是有欠缺的，但平时还是注重上课的思维引导过程，尽量让学生自己去思考，而不是灌输思考过程。特级教师一般是从熟悉课标，每节课的重难点等来进行课前教学设计的。同时要能有意识地重新编排教材，比如在课前导入部分做到激发学生思考，探索新知方面注重引导学生思维走向等。有些从教多年的教师笑称以前按照老方法讲课，不太注重学生逻辑推理能力的培养，只知道按照教材上课，不过逐渐随着教育的改革，也越来越重视这方面的培养，转变自己的上课思路，在不断和年轻教师的讨论中改进自己的教学方式。

问题四：您觉得在培养学生数学逻辑推理能力的过程中存在哪些问题和难点？

几乎所有教师都提到了数学逻辑推理本身的抽象性、概括性，这决定了数学逻辑推理的难度，是难以一蹴而就的。新手教师觉得在上课仅有的时间既要让学生掌握必要的公式、定理等，还要重视推理过程，往往时间上分配不好，有时候甚至更为注重学生对结果的掌握而非过程，感觉自己有些舍本逐末了。老教师觉得学生普遍有惰性心理，处于这个年纪的学生依旧比较贪玩，不愿意主动去思考，更愿意直接掌握知识点，这就减少了他们思考的过程，也使得推理能力的培养更为困难。教研组长也表示虽然他很注重培养学生的逻辑推理能力，但这时候效果并不尽如人意。学生的心智发展尚未健全，观察力、思考力都不及成年人，不能做到举一反三、以一贯十，还需要教师与学生进一步的磨合，探索出适合的教学策略。

问题五：您对于培养学生数学逻辑推理能力有哪些建议？

综合而言，教师的建议主要集中在以下几个方面：第一，兴趣是第一位。激发学生的学习兴趣，形成内在的学习动机，这会使学生主动进行思考，逻辑推理能力重在思维的提升；主动进行思考，通过观察、比较、猜想、分析、概括等一系列过程，逻辑推理能力会在不知不觉中得到提升。第二，注重教学过程而非结果。教学过程主要是教师的引导，与学生间的互动，给予学生足够的时间去思考、探索、自行发现规律，学会总结归纳。重要的是经历这些过程，而不是关注于学生是否掌握最后的结果，教学过程是培养逻辑推理能力的最佳时机，教师要学会运用教育机制，着重点在于教学过程。第三，注重培养的全面性。从培养的内容来看，演绎推理和合情推理的培养不能偏废，两者共同发展会起到相互促进的效果，从教师培养的角度来看，既要注重课前的教学设计，也要注重课堂的教学过程，更要注重课后的作业及相关测试的题目设置。题目的设置要能体现学生的逻辑推理思维水平，也要稍微有些难度有利于学生进一步的提高。

从对教师的访谈结果及分析中，可以看出教师对于数学逻辑推理能力的理解虽不全面，但基本上是以通俗的语言简洁明了地概述。对于学生所处逻辑推理水平，教师们的评价与本书的调查结果也基本一致，较为客观。教师们基本上都能够有意培养学生的数学逻辑推理能力，就连教龄较长的老教师也都在积极学习与改进自己的教学方式，可见整体上数学教师的自身综合素质都是不错的。对于在培养学生数学逻辑推理能力过程中遇到的问题，每位教师也都有自身的困惑，也在想尽办法努力克服。确实，对于数学逻辑推理能力的培养，无论是从课程标准中还是教材中，都没有特别详细的叙述内容，更没有具体的培养方式，这也考验着每一位教师根据自己的教学经验与教学理解创新出适合的教学内容、教学方式。

第三节 "猜想—论证"模式下的逻辑推理素养培育教学设计原则

一、目的性原则：以逻辑推理素养为"猜想—论证"的行进导向

要以学生的逻辑推理素养培养为目的，以最新版《普通高中数学课程标准》对于逻辑推理核心素养的含义阐述与要求作为教学设计的支撑框架和指导方向是基本原则。将"猜想—论证"作为教学设计主线，以素养中对逻辑推理的要求为导向，去指引教学课堂的环节安排与走向。在思考设计中要如何发现问题，如何猜，猜什么，猜完之后如何论证猜想，又如何得出结论。从而引导上述环节具体过程进行中要培养学生该素养中所阐述的哪些要求。

首先是问题的发现环节，即问题情境的设计研究。数学学习的心理过程认为，问题情境是影响问题解决的重要外部因素之一[①]。以该情境的设计是否可以激发学生发现与本节内容相关的问题，经历合情推理为设计原则。方式可从学生已学知识与将要学习的知识造成的认知冲突，或针对初中年龄段学生已有的生活经验设置熟悉的场景作为铺垫引导学生等，达到能让学生发现问题，提出猜想的目的。

其次命题的论证环节，命题提出后，教学设计的环节根据《普通高中数学课程标准（2011版）》中逻辑推理素养要求，为学生主动探索论证方法的过程。以学生在教学设计中能重视疑问，从多个角度，多种方法对所发现的问题进行逻辑性的思考，找到最佳论证方法为设计研究目的，且在找到论证猜想方法之后，注重学生与教师或同学的交流环节，

---

① 鲍建生，周超. 数学学习的心理基础与过程 [M]. 上海：上海教育出版社，2009.

教学设计要以学生有机会表达自己的论证过程，且能促进与其他学生有交流的机会，达到相互帮助、相互纠正的目的。更需要注意整个交流环节的质量，教学设计中对学生的引导要以学生的表达或交流具有逻辑性为设计原则，包括思路是否清晰，前因后果是否具有逻辑性，表述过程是否有条理，是否重视论点论据。

最后，教学设计的环节应为学生在经过多方推理后得出结论（定理）。设计的重点在于引导学生将上述过程中的重点进行提炼总结，理解命题体系，最终清晰地、有条理地表述出正确命题。

二、多样性原则：教学活动方式多样化避免推理形式单一

教学设计要改善日常教学常见的论证推理这一单一形式。义务教育阶段的《普通高中数学课程标准（2011版）》提出要让学生多经历实验，猜想，计算，证明等数学活动，在以"猜想—论证"为教学主线，保证推理的严谨性同时，可抓住初中教材内容和学生思维特点，发掘推理过程活动方式的灵活性。以多种教学活动方式，多个思考角度在数学教学的形式上突破，激发学生思维灵感，让学生经历猜想和论证，生动推理过程，提高逻辑推理能力。弥补学生在日常推理接触方式的单一性，摆脱推理方式的限制。熟悉并掌握常见的归纳，类比等推理形式。

（一）教学工具的多样化

在教学情境的引入之后，多样化的教学活动可以引导学生学会猜想，找到推理思路，而多种教学工具的参与是开展多样化教学活动的保证。通过多种教学工具给学生以观察，动手操作机会。体验从多种方式在实践中经历特殊与一般的相互转化的过程，协助学生对命题的整理与形成，促进他们对自我想法的提炼与肯定。

例如，几何类"猜想—论证"的教学活动，可以包括测量、剪切、拼接、折纸、平移、旋转等，也可通过多媒体的演示使教学更为生动，直白地向学生展示动态变化过程，给学生提供仔细观察的平台，包括动画播放、几何画板绘图等。当然也可通过手工方面的准备，如纸片、测量工具、作图工具等这类学生可以自己去演示的工具，更能提高学生的参与度，使学生在实践过程中更易产生猜想或论证方法；再如"概率"等章节中可进行数学实验，通过各类实验工具的准备，包括实验器具、数据记录纸、测量工具等，达到学生能动手操作，以及对实验结果的记录，数据的收集与整理，分析。由此数学实验类的教学活动，教师需要对所需工具准备充足，无论是通过主导者演示还是课堂主体自己操作，真实的实验过程更易激发学生的积极性和注意力，更直观地感受，更易发现问题，得出有效的猜想，或者可行的论证方法，以及更清晰的逻辑性表述的锻炼机会。

以七年级下册对概率、频率的初次接触为例。《频率的稳定性》小节中，较为特殊的

一点即数学实验。该内容通过"猜想—论证"式教学设计进行共需经历3次的教学活动，多种教学工具参与。第一次，学生自己的动手操作实验，需要图钉和硬币等实验工具的参与，学生在20—40次的实验过后，教师引导对数据的统计与整合，经历合情推理的过程，学生发现问题，进行猜想，得到本节课的重要结论：硬币正面向上与向下的可能性似乎是一样的。第二次实验，几何画板等多媒体工具的参与。教师通过教学软件模拟演示硬币的投掷过程，引导学生通过观察探讨验证的猜想。第三次实验下文将具体提到。

（二）归纳与类比引导方式的多样化

教学设计还需引导学生学会完整的、有逻辑的推理。掌握归纳与类比等常见的推理方式，引导学生学会合情推理也是设计原则之一。数学学习的心理过程相关理论指出：知识基础是影响学生问题解决的重要外部因素。调动学生的已有知识与生活经验，是进行归纳与类比的一种有效方式，以学生熟知的内容这一角度是引导学生感知推理的可行性和严谨性的有效措施，为学生推理提供思路，通过学生的已学知识与经验来推进课堂推理环节。教师在设计之前要清楚学生已掌握的相关知识有哪些，初中年龄段体验过的生活经历有哪些。这样后面的教学环节中才能保证学生能用所给条件与情形，通过对已学知识和已有经验进行类比推理或归纳推理。

对于论证阶段的演绎推理，同样需要教师调动学生的已学知识或经历过的探究方法找到解决思路或者论证理由。因此，调动学生已学知识生活经验也能确保推理引导方式的多样化。

另外，教师将问题的设计多样化也是引导学生从多个角度进行有效归纳与类比，得到猜想的重要前提。问题是新授课引导探究方向的重要因素，教师作为课堂的引导者，要避免直白的、单一的问题降低了学生的参与度和积极性。从学生思维困境的多个角度出发，结合学生思维情况，不断变换问题角度和问题难度，以此整理和完善归纳或类比的过程。纠正学生在归纳与类比中的不准确、不完整等缺陷。以问题为牵引，提高学生推理的逻辑性。

如调查中等腰三角形的性质探究，学生对其性质进行猜想的合情推理过程，则需要充分调动所学的全等三角形知识，以折纸利用该知识起到提示作用，学生才有继续往下探究的方向和思路，进行正确的、有条理的推理。例如代数方面的学习中，无论是"幂的乘方"还是"幂的除法"，学生对于计算方法和结果的猜想过程，实则都在以第一小节中已经掌握的"幂的乘法"为前提。因此，以学生已有知识和经验为前提是学生进行推理的方向和突破点，也是基础较薄弱学生的信心来源。

（三）演绎推理的多样化

教学设计要将刻板的演绎推理思考过程多样化。"猜想—论证"的教学方式是把更高的"逻辑推理素养的接触与培养"要求作为课堂教学的宗旨，在培养学生从"无"到"有"的一个推理过程实则经历了一次弗赖登塔尔所提出的"再创造"过程。初中阶段一部分学生目前表现出对演绎推理认识单一，思维受限，畏惧演绎推理。演绎推理的形式应多样化，教师不宜直接进行讲解和证明，应以更加生动的方式引导学生进行演绎推理，消除畏惧，并多角度地论证问题。

对命题提出后的演绎推理过程，可通过学生在交流和讨论的方式中进行，学生在交流和讨论中减少了演绎推理的枯燥，相比跟随教师的证明，学生的参与度更高。同时参与者之间互相建议互相纠正，使逻辑表述能力与交流能力得到锻炼，在思维的碰撞中逻辑推理得到提升。

当然，对于演绎推理的过程，仍然可以采用多种教学工具进行演示，以尺规作图，数形结合等多种基本数学思想方法生动演绎推理过程，给予学生推理方向。

另外，在教学课堂对于"猜想—论证"的进一步总结和拓展中，将数学文化史融入推理过程也是学生经历演绎推理的方式之一。除了能让学生在收获数学文化知识，进一步体会数学家推理方式的逻辑性与完整性，如定理的背景、发现与论证的简单了解等。还可对于定理的发现与论证都较为复杂的课题，在学生经历教师所设计的"猜想—论证"式教学设计后，以合适的时机引入相关的数学文化史，从此角度再次论证猜想。以数学史引导深入探究，对本节课的结论继续严格论证，消除学生残留的猜想疑虑。生动有趣的故事，恰能给学生以演绎推理的提示，以演绎推理的方式多样化的教学活动，进一步提高学生演绎推理的能力。由此数学文化史的融入，既对之前"猜想—论证"的环节向学生做了一个更生动的回顾，且增加了此番"猜想"与"论证"的肯定与说服力，学生对数学更感兴趣，对自己的猜想与演绎推理更有信心。

如紧接上文所提到的《频率的稳定性》，当通过第二次数学学实验，学生对结论的形成已有初步轮廓，即随着数学次数的增加，事件的可能性逐渐趋于稳定。但高达几千次的实验数据在课堂教学中确实不可行。第三次数学实验，教师通过数学文化史的引入，观察历史上数学家们的实验数据，更有力地证实此前的猜想，随之引入数学家雅各布·伯努利相关介绍及数学文化史，讲述伯努利阐述的"频率稳定在概率附近"，以及总结出的大数定律。通过这样的方式，学生结合三次数学实验，能够清楚地表述本节课的结论，有逻辑地阐述频率与概率间的具体关系，两者的异同。这样在几次数学活动环节中，学生通过猜想与验证，把握了本节内容的两个关键词"频率""概率"的逻辑关联。

三、启发性原则：教师的职责是猜想到论证的"提供者"

（一）设置情境为学生猜想提供方向或猜想为论证提供思路

问题情境是新知识学习的重要开端，也是学生萌发猜想和论证思路的平台和铺垫[①]。因此问题情境的设定有多方面需要考虑的因素，其中最重要的即如何去为后面环节学生的猜想与论证环节予以启示，做铺垫。初中阶段的学生思维发散力较好，且想象力与好奇心易被激发，课堂气氛较为活跃，因此学生在猜想环节易出现场面不可控现象，如猜想过多但大多为无效，无探究价值的猜想。导致课堂的重心偏移，未能向着需要解决的目标行进。为了避免以上情况，教师应更好地培养学生发现问题、提出命题的合情推理能力。教师在设计问题情境时，应当在确保以学生为主体，做好启发者的角色，以教学情境的设计激发学生发现问题和猜想的灵感。在学生的观察中接收有效信息。从思维上点拨学生，可以从这个方向进行猜想，这样可能是对的，这样有解决问题的可能性等，即通过将解决问题的某个突破点或对学生的猜想方向的某点提示放置在教学情境中，使得学生猜想时有目标，有方向，做到有效猜想，使得猜想环节更有意义。学生正确地提出命题，为之后的论证、表述、总结环节做良好开端，指引正确的推理方向，才能真正做到以逻辑推理素养为引领。

另外，新课讲授的过程中，从"猜想"到"论证"命题的整个环节实则经历了一次"再创造"过程，在命题提出后的环节，即对命题的真假开始进行论证，对于学生而言，相比于学生平日练习证明题和计算题，有更强的逻辑性和发散性，因此有一定的难度，学生在大胆猜想找到解决问题的方向后，若不能在有限的课堂时间内找到论证自己猜想的方法，很容易丢失信心和对命题积极探究的决心。因此，教师在引导学生观察、猜想的同时，应以能给学生论证思路一个提示为设计原则，即在情境里提炼猜想的过程，将接下来需要论证问题的方法也放入其中，通过动画演示、动手操作，或者回顾、展示旧知等方式，给学生以提示，使得学生的推理过程有迹可循，"猜想—论证"的过程更加完整。学生今后在大胆猜想的同时，也能意识到可以在形成猜想的思路中寻找直接的推理方法尝试论证，自己敢于论证，有方法论证。推理论证更细心、耐心，达到"以逻辑推理素养为引领"的最佳效果。

（二）猜想提出与论证表述中机会和鼓励的提供者

以逻辑推理素养为引领的教学设计同样要以培养学生的表述与交流能力为设计原

---

① 杨孝斌，吕传汉，汪秉彝. 三论中小学"数学情境与提出问题"的数学学习[J]. 数学教育学报. 2003，12（4）：76-78.

则，提高学生表述中的逻辑性，由此形成有逻辑的思维过程。对论证过程的畏惧是目前部分初中学生中很常见的一种情形。自信心的缺乏会从数学学习的多方面影响学生结论的判断，与他人的沟通交流和思路的表述。

数学教师是课堂的引导者，让学生亲身经历每一个思考过程是教师的职责。学生除猜想（命题）的提出需要教师将思路设计于教学情境之外，对命题的提出，论证方法，思路有逻辑的表达与交流，同样需要教师的鼓励。在不断大胆地表达过程中，才能找出学生畏惧猜想和论证的原因，以及学生逻辑推理过程中的欠缺之处。因此，教师无论是在"猜想"还是"论证"环节，都要在合适的时间，给学生以鼓励和机会，给学生以启发得到灵感和信心。

首先，在问题情境中，教师在学生观察情境，思考后，对学生的状态进行观察，对于有想法但不敢表达的学生进行鼓励，让学生明白不是每一次猜想都一定正确，重要的是不断地进行尝试和探索过程的收获。给出时间和机会，请学生大胆地和老师、同学们一起猜想，大家在不断的交流表述中完善猜想，得到最具逻辑，简洁、清晰的命题。

其次，在学生提出猜想之后，教师也是学生对猜想疑惑和不肯定情绪的鼓励者。让学生重视自己的疑惑。抓住疑惑以此激发学生产生的探究积极性，主动且迫切地对自己的想法进行论证。培养有猜想又懂得严格论证的逻辑思维习惯。

在论证环节，对于有畏惧心理的学生应提供鼓励，对于猜想的论证，看似找不到突破口，实则可大胆思考，尝试多种数学方法，如列举个特殊的例子，数形结合，或者回顾我们是否遇到过类似的问题，当时是如何解决的。对于论证方法的表述，不同基础，不同性格的学生有不同的思路，教师尽量给出不同的代表性方法展示的机会，对学生的思考成果表示赞扬与鼓励，多给学生在今后的逻辑推理以信心，由此找出学生在表述中所显示出的推理思路中存在的逻辑性问题，及时纠正。同时，这样学生在向同学展示自己论证方法的过程中，也是在锻炼其逻辑性的表述和交流能力，并提高自己的逻辑表达能力，学会因果清晰，完整且严谨的逻辑推理。

最后，通过论证后得到的定理，教师也将总结的任务交给学生，鼓励学生勇于表达，将命题清晰且完整地总结。

四、主体性原则："猜想—论证"各环节以学生为主体

总的来看，研究逻辑推理素养引领下的教学设计，"猜想—论证"式的整体过程必须以学生是所有教学环节的主体和重心为设计原则，才能确保每个环节学生有真正参与，达到在课堂中逻辑推理素养的培养落到实处，相应数学能力得到锻炼。

第一，问题的发现者是学生。区别于日常大多数传统的数学课堂中教师将需要探究的问题直接提出，从起点便已忽视学生的主体性和锻炼机会。并且，结合学生目前水平调查

结果，学生发现问题，提出猜想的能力和信心还有所欠缺。因此该设计研究需在学生自己提出猜想的思考过程中才能达到合情推理的培养，为接下来的各个环节的主动探究性、参与性做铺垫。教学设计中应将问题的提出者重心安排给学生，而并非教师。从而培养学生大胆猜想、大胆发现的创新思维能力和合情推理能力。

第二，猜想（命题）的提出者是学生。将学生所观察、发现、猜想提炼出来的中心任务并非教师，仍然是学生。由学生来将想法和问题进行概括和描述，才有更多的机会了解命题体系，提高学生的表述和对命题的概括能力。同时通过激发学生自己内心的想法和疑惑为推理起点，更好地进行后面论证过程的保证。

第三，命题真假的论证者是学生。从调查结果和与教师的交流情况来看，学生日常大都练习着千篇一律的证明题，基础较好的学生中也对数学保留枯燥的印象，基础较差的学生更是对推理过程避之不及。但让学生带着自己猜想后的疑惑去对命题进行论证，并抓住初中阶段知识发散性较强的特点，减轻了学生对推理过程的排斥心理，使他们愿意自己主动地去尝试、去推理。多种推理方式经历和锻炼也是对数学枯燥无趣印象改观的很好时机，能提升学生的信心和成就感。

第四，概括者是学生。该研究的教学设计概括包括两个方面，一是对论证过程的概括，学生在概括过程中巩固推理过程和方法，积累推理能力和经验；二是对最终真命题（定理）的概括，进一步理解命题体系。遵循学生是概括者的原则，才能使学生的逻辑表述和命题概括能力得到培养。

第四节　"猜想—论证"模式下的逻辑推理素养培育教学设计

一、案例1：《多边形的外角和（第2课时）》

（一）案例呈现

1.教材分析

《多边形的外角和》为北师大版八年级下册第六章第四小节第二课时的内容。前一小节的内容为《多边形的内角和》。教材中通过设置小明沿五边形广场散步的问题情境，提出小明逆时针走完整个五边形广场，身体所转过的角度之和为多少的问题，由此引入本节课的重点内容：解决多边形的内角和。

2.学情分析

第一，学生在学习本节内容之前，已经学习了多边形的内角和，即对多边形的形状特点与性质有了较深的认识，且在内角和的学习中也进行了多种方式的推导，掌握求解多边形内角和公式。不同多边形内角和不同这一点给学生对多边形角的认识上留下了深刻印象。

第二，对于外角，学生在学习三角形的相关概念时对外角概念以及作图都有掌握，因此对于多边形的外角探究，学生较容易作出其外角，并进行观察思考。

3.教学目标

（1）知识与能力。

了解多边形外角和的推导过程，掌握多边形的外角和度数，并能在多边形角度问题的解决中熟练应用该结论。

（2）过程与方法。

培养学生类比、归纳等推理能力，问题发现和问题解决能力。

（3）情感态度与价值观。

在问题探究中养成勇于猜想、积极论证的数学学习习惯，以及逻辑性的表达与交流。在数学新授课堂中通过自己的积极参与体会数学学习的乐趣与成就感。

4.教学重难点

重点：多边形的外角定义；多边形的外角和。

难点：多边形外角和的探究过程。

5.教学策略

《多边形的外角和》是一节需要学生进行推理的新授课，应将各个环节的关键点放手给学生，对学生的逻辑推理素养有一定的培养和锻炼。本节课主要采用"猜想—论证"式的教学策略，在各个环节，充分遵循以逻辑推理素养为引领的目标，并采用"再创造"方式，以多媒体演示，动手作图操作等多种教学工具的参与，多样化的教学活动，让学生经历观察，实践操作，亲自探究，尽可能弥补逻辑推理素养培养在日常初中数学教学中的不足之处。

6.教学环境及资源准备

多媒体设备（课件、几何画板），教师作图工具（直尺），学生作图工具，练习本。

7.教学过程

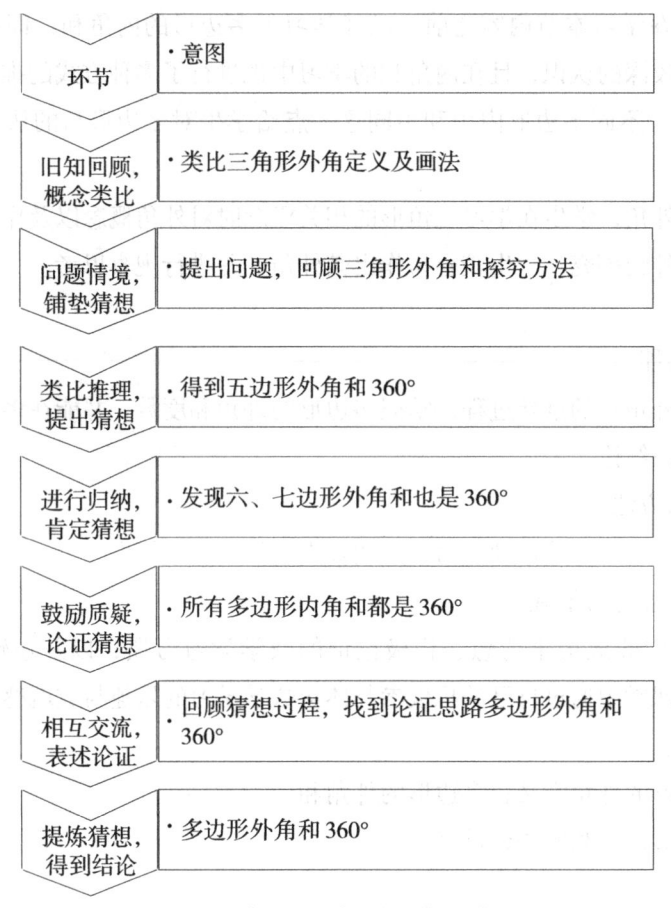

环节	意图
旧知回顾,概念类比	类比三角形外角定义及画法
问题情境,铺垫猜想	提出问题,回顾三角形外角和探究方法
类比推理,提出猜想	得到五边形外角和360°
进行归纳,肯定猜想	发现六、七边形外角和也是360°
鼓励质疑,论证猜想	所有多边形内角和都是360°
相互交流,表述论证	回顾猜想过程,找到论证思路多边形外角和360°
提炼猜想,得到结论	多边形外角和360°

图10-1 《多边形的外角和》教学流程

（1）旧知回顾，概念类比。

教师对昨天所学习的第一课时《多边形的内角和》进行简单回顾，包括内角和公式及推导过程。

学生活动：教师请学生回顾并表述三角形的外角以及形状。引入今天的问题，今天咱们来研究多边形的外角。请学生用直尺作出任意一个五边形。

【设计意图：外角以及外角和是本节内容的一个基础。但学生在学习本节内容之前，在三角形相关概念中学过三角形的外角。教师不直接讲解概念，让学生通过类比的方法，以三角形外角概念为基础，自己动手操作，以已学知识为基础进行教学活动。认识并理解多边形的外角，既是对外角概念的复习与巩固，也是对多边形外角的作图练习。】

请学生尝试在练习本中作出五边形的外角。同时教师在黑板上画好任意五边形。教师将学生作图展示于多媒体，并请学生根据自己的作图说一说，什么是五边形的外角。教师根据学生所作图形，总结学生的回答。请大家翻开课本勾画出多边形外角的定义，请学生对照定义检查自己所作外角是否正确。同时教师在黑板的五边形上作出每个角的外角。完成后，与学生一起重述五边形外角的定义。

【设计意图：第一，调动学生对三角形中外角的定义与作图方法的回顾，并通过动手操作的教学活动，进行类比并认识多边形的外角。相比传统课堂中的直接讲解概念，教学探究更生动，更有利于学生进一步理解知识点。第二，学生对于作图步骤的概括也锻炼了学生的逻辑表述能力，让学生先自己作图，再进行定义的规范与讲解，既是对学生表述能力、逻辑推理素养结论的概述能力的培养，也对多边形外角的定义起到了巩固作用。】

（2）问题情境，铺垫猜想。

问题的发现：通过已经学习的多边形内角和，也知道了什么叫作多边形的外角，那么今天来探究多边形的外角和是多少，如何去求多边形的外角和呢？我们在之前的学习中有遇到过类似的问题吗？

教师先给学生时间回顾七年级下册探究三角形内角和的过程，如图，将三角形的三个内角撕下，拼接在一起，由此猜测三角形的内角和为180°。那么现在请大家观察这个五边形，如何来求得它的外角和？教师鼓励学生大胆说出自己的方法。

【设计意图：多边形的外角和相对于三角形的外角和复杂程度增大，对学生而言有一定的陌生感，一时无从下手，找不到问题的突破口。充分调动所学的知识，以及解决方法，通过类比，使学生成为问题的发现者，并结合"合情推理"以提示和方向，为猜想做铺垫。】

猜想的准备：通过回顾，学生想到，要想探究多边形的外角和，也可以将这个五边形的几个外角拼接在一起观察。请学生将课前准备好的纸片拿出来，画出任意五边形，并作出五个外角。类比三角形求外角和的方法，动手试一试。

教师通过几何画板向学生演示将五边形的五个外角拼接到一起的情境：将五边形的五个外角平移了位置，使其顶点重合，且角的两边重合，并让学生注意观察平移结果。

【设计意图：学生自己直接得出猜想较为困难，教师作为课堂的引导者，也是问题情境中启发和灵感的提供者。以直观演示，动态过程吻合初中思维特点；同时教师也为后面学生对于提出猜想（命题）的论证起到提示作用。】

（3）合情推理，提出猜想。

学生通过观察，发现五边形的五个外角通过平移后，似乎构成一个完整的周角。此时，教师提问学生，你发现了什么问题？鼓励学生说出想法。学生猜想得出关于五边形的命题，即"五边形的外角和为360°"这一命题。

【设计意图：通过教学工具的辅助，将合情推理方式多样化，更为形象地演示需要解决的问题，同时潜移默化地激发学生的猜想能力。以特殊例子，为接下来的类比做准备，

通过自己的直觉，加以提炼和概括；在问题情境的解决过程中，给学生问题的发现和猜想提出一个正确方向。】

教师让学生思考：我们通过图形的动态演示得到了关于五边形的这样的结论，那么其他的多边形呢？比如六边形、七边形呢？它们的外角和又如何去探究呢？

有了刚才的探究经历，学生能想到再通过类比五边形的方法先观察。教师通过几何画板演示，将六边形、七边形外角拼接至同一顶点的位置。等待学生仔细观察后，给出时间，让学生自由交流，鼓励学生说出他们此时发现的问题。

学生看到此时无论哪个多边形的所有外角都组成了一个周角，一部分学生不难说出他们的猜想：多边形的外角和为360°，与多边形的边数无关。教师注意班级是否每个同学都能清晰地、完整地表述这一命题，并对其及时地纠正与提炼。教师将学生得出的命题板书于黑板上。

【设计意图：第一，由于上一节课中，学生脑海中存在每一种多边形不同，内角的度数肯定不同这一想法，因此虽然通过演示观察了五边形的情况，学生自然对其他多边形的情况充满好奇且并不敢确定这一猜想，即所有多边形的外角和都相同；第二，通过对不同情况的演示，让学生经历不同的特殊情形，为后面的结论归纳做准备。学会归纳推理的有逻辑数学思维方式；第三，学生通过自己的观察与教学活动，成为猜想的提出者，大胆猜想，发现问题，得出命题，并学会将命题进行总结表述，掌握合情推理的常用方法，在各个细节中充分接触逻辑推理。】

（4）鼓励疑问，论证猜想。

教师让学生拿出练习本，在练习本上画一个正方形或者矩形，试着求出自己所画图形的外角和。

学生在完成之后，发现正方形或者长方形的四个外角均为90°，因此很容易得出这两种特殊情形的外角和为360°。对自己刚才所提出的猜想多了一分坚定。此时教师提问学生，边数不同的所有情形，外角和一定都是360°吗？对于五边形、六边形等这些多边形你们的结论肯定吗？

刚才拼接的过程我们只是通过自己的观察和归纳，会不会有我们看不到的缝隙呢？教师将黑板上的命题"多边形的外角和为360°"打上问号。

【设计意图：第一，虽通过演示，提出了一个命题，但一部分学生可能仍然抱有疑虑，用他们目前的认知所能解决的，能接受的情形——正方形（矩形），通过他们自己动手操作，去经历并肯定自己猜想的过程，得到鼓励，有敢于猜想的信心和勇气；第二，通过列举特殊且学生再熟悉不过的例子：矩形，让学生经历由特殊到一般的合情推理过程。巩固合情推理方法，以及基本模式和规则。第三，指出所有可能出现的情况，让学生明白推理过程不仅是大胆的猜想，有对其正确性严谨的证明才发挥了猜想的最大价值，培养推

理过程逻辑的严谨性。】

学生活动：教师让学生思考，以这个五边形为例，我们能不能找到更明确的论证方法，去论证我们的猜想呢？去证实我们所看到的结论——五边形的外角和为360°。教师提示学生回顾我们刚才几何画板上的动态演示过程，要想证明我们提出的命题，即要先将几个外角顶点"准确地"放至同一顶点，学生不难想到以尺规作图的方法，为保证论证过程中角的大小严格不改变，将五边形的外角以选取的这个点为基础，通过尺规作图作出与其他四个外角相等的角。给学生思考时间，并巡视学生思考情况。对学生作图情况不恰当之处给出纠正。根据学生完成情况给出下一个提示：我们在探究三角形内角和，将三个角拼接到一起后，为了验证猜想命题的正确性是如何进行论证的？能有少部分学生回忆利用平行线的性质。

【设计意图：论证方法的掌握对于学生而言实则有一定难度，根据调查发现，部分学生对于命题的推理论证存在畏惧心理，但在课堂最初的外角拼接的演示过程已经给了学生论证的方法、方向。教师作为课堂的引导者，在引导猜想得出的同时，也是论证方法的提供者，从一旁帮助学生找到解决问题的思路，确保了学生是命题真假的论证者。】

（5）相互交流，表述论证。

教师带学生思考，并相互讨论交流方法。互相帮助与纠正。请完成较好者到黑板上作图，并仔细讲解其论证过程。不同的学生可以有不同的案例，只要将其解题思路说清楚即可。通过不同学生用已学过的平行线的性质，将每个外角以已学过的定理对角进行等量代换，最终论证五边形的五个外角之和为一个周角大小，即为360°，表明该生的论证是正确的。通过整个论证过程，学生不难理解，对于其他的任意多边形，仍然可以通过此方式确认外角和为360°。

教师对学生的方法进行表扬，并指出其中表述不够清晰或不够完整的地方，尤其是解决问题过程中理由的准确性。

【设计意图：第一，通过教师对求证三角形内角和的方法，给学生以提示，学生能通过类比，找到推理思路，提高信心，克服畏惧，探索论证过程；第二，逻辑推理素养其中一个重点在于学生能够由逻辑性的表达与交流，通过让学生向全班展示自己的方法，在表述论证过程中提高学生的逻辑表达能力。在表达中相互纠正与完善，提高论证过程中逻辑的严谨性。】

（6）提炼猜想，得到结论。

由上述特殊到一般的猜想以及论证过程，经教师的引导，学生自己进行猜想与论证，得到本节课的重要数学结论：多边形的外角和为360°。[①]

---

① 教材编写组. 义务教育教科书·八年级下册[M]. 北京：北京师范大学出版社，2013.

【设计意图：学生经历完整的推理过程后仍然需要自己对命题进行提炼与概括，是结论概括的主体。由此掌握命题体系，并以此继续保持在"猜想—论证"的主体性，达到充分培养逻辑推理素养中的各项要求。】

（7）例题练习。

例1：作出一任意的六边形，并作出所出外角，证明六边形的外角和为360°。

例2：一个多边形的内角和等于它的外角和的3倍，它是几边形？

例3：一多边形的内角和等于外角和，它是___边形？

若多边形的边数增加1，它的内角和增加___，外角和增加___。

8.课堂小结

第一，对本节课发现问题，提出猜想，论证命题，得出结论的过程进行简单总结。

第二，对多边形外角的定义、作图以及多边形外角和的结论进行总结，巩固。

9.作业布置：课本第157页，习题6.8

【设计意图：多边形的外角和小结，内容并无难度，但对于结论探究过程，可以让学生在逻辑推理素养上得到一定的接触和培养。通过回顾整个由"猜想—论证"的过程，不仅是对知识点的回顾，更是对本节课相关数学思维和数学素养的提炼与巩固。】

（二）案例分析

《多边形的外角和》这一小节由于在练习中通常只应用到本节课中所需要掌握的单一结论（命题），因此大多数情况下，教师并未留出充分时间让学生先观察，由观察得出猜想，再在猜想的基础上进行论证。而是直接对多边形的外角和进行计算证明，即直接告知学生每个顶点上外角与内角组合成一个平角，我们刚学习了多边形的内角和，则想到用平角减去内角和就得到了外角和。由此得出本节课的结论：多边形的外角和为360°，甚至少部分课堂简单提及证明方法即可。学生在课后掌握了本节课的重点，但实则整个计算论证过程对于学生的数学思维，数学素养并无太多实际意义。《多边形的外角和》是一节必定经历推理的课程，是培养学生逻辑推理的很好平台。

在情境创设中，运用了数学工具多样化的教学原则，从多媒体演示与学生的动手操作，多个角度引导学生合情推理，并通过三角形外角的定义，以及内角和探究方法等已学知识给学生以启发和引导，学会类比方法。在进一步确定命题的环节中，以六边形、七边形引导学生归纳推理，掌握推理形式，提高推理过程的严谨性。

在论证猜想环节中，同样采用多样化教学原则，以工具的多样化生动演绎推理过程，给演绎推理提供思路，并以交流表达的方式，不断完善演绎推理过程。整节课始终坚持以学生为主体，教师启发的原则。保证了由学生完成猜想提出，进行论证的思考，论证过程的交流表述，以及最后的命题的概括，使课堂上有更多的学生接触逻辑推理，提高推理能力。

另外，对于北师大版教材中给出的五边形广场的情境设定，可以通过如下方式来进行"猜想—论证"式的教学设计，通过由特殊（三角形）到一般（多边形）的推理，以及最后的归纳推理（求解所有多边形外角和的方法），也能够起到以逻辑推理为引领的目的。下面对重点过程进行简要说明：

第一，教师打开多媒体课件，回顾昨天学习的两点内容，多边形内角和的推导过程，以及内角和的求解公式。

第二，将三角形、四边形、五边形等多边形不同角度相对应展示于黑板。开门见山地提出问题：多边形的外角和又是多少呢？今天，我们就来探究多边形的外角和。教师在黑板上作出三角形、四边形、五边形，以作图的方式讲解多边形外角的定义。

第三，提出猜想：大多数学生受前一小节内容影响，猜想边数不同时，外角度数和必定不同，需要分类探究。教师让学生准备好作图工具，在练习本上思考如何求不同多边形的外角和。

第四，进行论证：教师观察学生思考情况，对于完成过程较为困难的学生，可提醒从简单的多边形着手思考，并在黑板上作出三角形的三个外角。对于一部分基础较好的同学可以根据所作外角，观察此时形成的三个平角，而各平角恰好包括外角和对应内角。用三个平角的和减去三角形三个内角的和便可得出三角形外角和。内角和的度数为学生已经学习过的命题。

$\angle 1+\angle \alpha+\angle 2+\angle \beta+\angle 3+\angle \gamma=180°\times 3$

又因为，$\angle 1+\angle 2+\angle 3=180°$，则$\angle \alpha+\angle \beta+\angle \gamma=180°\times 3-180°=360°$

即三角形的外角和为$360°$。

教师让学生回顾刚才的方法，思考其巧妙之处。再请两位学生到黑板上求出其他边数情形的外角和，其余学生在练习本上完成。最后让学生自己归纳总结，并不是每一种多边形的外角和不同，而是都等于$360°$。

二、案例2：《勾股定理》

（一）案例呈现

1.教材内容分析

勾股定理为北师大版八年级上册内容。教材中通过问题情境猜想直角三角形三边的数量关系，并以网格中三边所对应的正方形面积，验证刚才关于三边数量关系。由此得出勾股定理，以及对勾股定理的应用。

2.学情分析

学生在学习本节内容之前，对三角形三边具体大小关系，以及简单的几何证明，如平行线的判定、图形全等有一定基础，即掌握简单的平面几何的转换和证明，为本节课的学习起到基础作用。

3.教学目标

（1）知识与技能。

了解勾股定理的探究过程，掌握勾股定理，以及勾股定理的应用。

（2）方法与过程。

掌握数形结合的数学思想方法，并学会由特殊到一般，以及类比的推理方法。

（3）情感态度与价值观。

在探究过程中，培养学生大胆猜想，积极发现问题，解决问题的数学能力，了解数学史，并在过程中感受数学美与数学魅力。

4.教学重难点

重点：勾股定理的由来；勾股定理的具体表述；勾股定理的应用。

教学难点：勾股定理的探究。

5.教学策略

本节内容无论在整个初中数学的学习中，还是在数学史的发展中都具有重大意义，对于勾股定理的发现和证明，学生在学习过程中更需要感受和学习的是多种数学的思想方法。不管是发现还是论证，都是培养学生逻辑推理的很好的时机，为高中学习提供知识点上以及思维方法，素养上的基础保证。

因此，本节课要真正考虑学生在逻辑推理素养领域的培养，以弗赖登塔尔的"再创造"教育理念为引导，探究勾股定理，并通过"猜想—论证"式教学进行突破、探究，做到学生在教学过程中充分接触多样推理方法和尽可能收获丰富的数学素养。

6.教学资源准备

教师：投影仪，直尺

学生：直尺，网格纸，4张正方形纸片

7.教学过程

环节	意图
情境呈现，发现问题	如何解决直角三角形中的边长问题
适时鼓励，提出猜想	由折纸活动经历一般到特殊推理方法
激发疑惑，论证猜想	数形结合，找到直角三角形三边关系
鼓励交流，逻辑表述	展示不同情形，提高逻辑表述能力
得出结论，理解命题	总结猜想与论证过程，准确理解命题
拓展课题，演绎推理	以数学文化史丰富演绎推理方式

图10-2 《勾股定理》教学流程图

（1）问题情境。

①发现问题：教师设定情境背景。思路：距地面4米高的墙面需要修补，工人师傅身边有一五米长的梯子，要想完成这项工作，工人师傅的梯子底部至距离墙底部多远？

【设计意图：生活问题"数学化"。感受生活中对这一数学知识的迫切需要，激发学生兴趣，构造问题发现的平台，将学生作为问题的发现者。实则也揭示了本节课的主要目的——探究直角三角形三边的具体关系，为进行"再创造"探究做铺垫。】

②铺垫猜想：学生活动一：

教师告诉学生先不用急着求解，带着问题我们一步步去解开这个谜题。请学生拿出两个大小一样的正方形纸片，用a表示边长。思考并动手，如何用这两张卡片通过裁剪，拼接，构造成一个较大的正方形。教师观察学生动手操作情况，请已经完成的同学将自己的拼接贴到黑板上进行展示，并叙述自己的拼接过程。

假设拼接后的边长为c，并在黑板上对各条边长进行标注，教师引导学生观察比较拼接前后的图形，你能发现两者面积间的关系吗？又如何用所给出的字母用代数关系式进行描述呢？观察学生思考情况。学生不难发现，拼接前后面积相等，拼接前面积$s_1=a^2+a^2$，拼接后的面积$s_2=c^2$，则有：
$$a^2 + a^2 = c^2$$

【设计意图：第一，折纸是一项有趣且充分考验学生数学思维和动手操作能力的数学活动。通过折纸的方式，让学生充分参与到问题的解决活动中；第二，两个面积相等的正方形的拼接是较为特殊的情形，且相对较简单，为后面的一般化情况做铺垫。】

教师让学生结合所得到的代数关系式，观察图中每一个等腰直角三角形，说说你发现了什么？

学生可以观察到由于a为等腰直角三角形的直角边长，而c为等腰直角三角形的斜边长。教师鼓励学生通过自己的观察，表述出自己的猜想：等腰直角三角形的斜边长等于两直角边平方的和。教师将学生此时得出的猜想展示于多媒体中。

学生活动二：

请学生拿出课前准备好的两个大小并不相同的正方形，较小边长记为a，并将较大的边长记为b。请学生思考：你是否还可以将它通过剪切后拼接成一个正方形呢？教师观察完成情况，适时进行方法点拨。

思路：通过剪切、拼接，将两个大小不一的正方形同样经过拼接后，构造出另外一个正方形，记此时的正方形边长为c。请学生动手在练习本上标注出每一条边的长度，结合第一次拼接后的思考，你从这个图像中又发现了什么问题？教师请已经完成的学生到黑板上将自己的拼接方法展示并描述给其他同学。

【设计意图：第一，此次用两个大小不一的正方形进行拼接，加大了完成的难度，通过折纸教学活动并进行观察，以多样化的教学用具引导学生合情推理，学会归纳与类比的思路方法，提供猜想的方向；第二，同时是在将问题的特殊性（直角边相等的直角三角形）向一般性转化（两直角边长度是任意的），通过由特殊到一般的探究过程，让学生在发现问题之后整理猜想的思路，学会有逻辑地探究问题。】

（2）适时鼓励，得出猜想。

在第一次动手操作后得到结论的基础上，学生不难概括出这一次自己所产生的想法。教师请学生们根据刚才动手操作的过程说出他们的发现与想法，并鼓励学生大胆准确地表述此时的猜想。

学生对之前的活动过程与结果进行归纳，再次根据面积相等，可以得到：
$$a^2 + b^2 = c^2$$

教师对学生的拼接方法进行简单复述，并对学生总结猜想进行简要的提炼，将学生所得出的猜想板书在黑板上：

$$a^2 + b^2 = c^2$$

由以上两个环节,学生此时可以得出一个命题:直角三角形的两直角边平方的和等于该直角三角形斜边的平方。

【设计意图:在第一次操作的基础上,对于猜想的总结和命题的得出,使学生可自然地进行类比推理,得出更为一般的命题,为勾股定理的概括做好铺垫。同时,通过让学生自己对拼接过程,以及得出命题的描述,作为猜想的提出者,从真正意义上培养学生的猜想能力,逻辑性表述的能力。】

(3) 激发疑惑,论证猜想。

教师提问学生我们刚才关于直角三角形三边所满足的一个关系式的猜想,都是围绕哪几个量进行关系的表述呢?

学生可以发现,都是围绕着三边各自的平方这三个量进行,即 a^2,b^2,c^2。

教师继续提问学生:那么,根据刚才的过程,我们所得到的猜想,你有什么疑惑的地方吗?你认为这个结论肯定吗?你的理由是什么?

教师注意尽量关注学生的疑问,必要时对问题表达不够清晰的地方,进行提炼和复述。学生能提出以下几类问题:

所有的直角三角形三边都满足这样的关系式吗?都需要我们通过剪切拼接的办法去观察它们的关系吗?我们刚才的拼接一定没有问题吗?以这样的方式去论证结论是否严谨呢?会不会拼接的时候有我们难以观察的缝隙呢?

【设计意图:第一,两次拼图,学生虽从中得到了相关的猜想,但实则一部分学生内心并不敢根据两次折纸就肯定这一命题,哪怕是之前已经预习过的学生,也会对折纸的方法略抱怀疑。对学生的疑虑进行鼓励,引起重视,增强学生问题论证的积极性;第二,通过一连串的疑问让学生自己发现并指出猜想的不确定性,任何猜想包含着观察与经验的综合,当然就需要更加严谨的方法去验证它,培养学生严谨的数学逻辑思维和发现问题的能力,使他们学会主动进行猜想到论证的逻辑性推理过程。】

教师给学生以短暂的反思时间后,根据探究情况进行提示:一个数的平方,你能从几何上想到什么呢?边长的平方是?

观察学生思考情况,可提示一个数的平方正是以它为边长的正方形面积。学生可以想到,要去验证直角三角形三边各自的平方关系,那就去验证以这三边分别所作的正方形面积关系不就解决问题了么。

【设计意图:第一,相比较直接展示网格中的正方形让学生去数格子,观察正方形面积间的关系,该环节的过渡更符合初中阶段学生的思维特点;第二,抓住正方形的剪切过程给出的铺垫与提示,实则也为学生的论证方法给出了提示,即以面积为突破口。】

学生活动三：

请学生拿出课前准备的网格纸，和老师一起完成这项论证，看看我们的猜想是否正确！学生自己任意选取直角三角形边长，以网格交叉点为顶点，在网格纸上作出。

教师讲解思路：教师在多媒体上，在网格的交叉点上取直角边长分别为3，4的直角三角形的三个顶点A，B，C，并以三边为正方形其中一边，作三个正方形。

【设计意图：以最为简单观察到正方形面积的情形作为特殊例子进行讲解，使学生对他们的论证方法更有信心，并作为推理过程中的特殊性铺垫。】

（4）鼓励交流，逻辑表述。

教师完成后巡视学生完成情况，并注意选取正方形面积不规则的代表性例子，待学生完成后教师请学生大胆根据对教师所作的边长分别为3，4的角特殊的例子来证实刚才的猜想。学生不难想到根据数格子的方式表示面积：3^2+4^2等于斜边所对应正方形的面积5^2。教师应鼓励学生到讲台上将自己求得正方形面积的方法讲出来，分享给全班同学，并鼓励他们用自己的方法将过程讲解出来，并让学生以投影仪展示出来。在此过程中，教师应尽量鼓励学生积极观察和思考，用割补法等方法去验证和猜想。

【设计意图：第一，运用网格纸的探索为教材上的方法，但教师所列举的例子是便于计算的特殊例子，实则给了学生以引导和提示。给出时间让学生在网格纸上进行自由发挥，任意选取的长度很好地将特殊性过渡到了一般性；第二，在生动的教学实践活动中，将论证问题的主动权交予学生，进一步培养其逻辑推理能力；第三，鼓励学生自己对推理所得的结果总结出结论，完整体验逻辑推理过程，体验"再创造"式推理成功的快乐。】

（5）得出结论，理解命题。

由此根据面积关系，得到一个任意的直角三角形三边的关系。由此得出本节课的重点：勾股定理。教师让学生用语言描述本节课得到的结论，并尝试用代数式表示本节课的结论。教师根据学生的描述在黑板上板书勾股定理的具体内容。

若用a，b，c分别表示直角三角形的两直角边和斜边，那么，$a^2 + b^2 = c^2$[①]。

【设计意图：勾股定理的结论是本节课的重点，将结论的概括交予学生，是对本节课的收获总结，表述能力中逻辑性提高，增强对命题体系的理解。】

（6）拓展课题，生动演绎推理。

毕达哥拉斯定理：教师在黑板上以网格图的形式展示该定理，并以PPT加以简单讲解。毕达哥拉斯是古希腊数学家、哲学家。他根据勾股定理描绘出来一个可无限重复的图形。由于形状好似一棵树，所以被称为毕达哥拉斯树。由此可以观察两个相邻的小正方形面积的和等于相邻的一个大正方形的面积。

---

① 教材编写组. 义务教育教科书·八年级上册［M］. 北京：北京师范大学出版社，2013.

赵爽弦图：

由勾股定理的证明引入以及对中国数学家赵爽进行简单介绍：他深入研究了《周髀》，并以弦图详细解释了《周髀算经》中勾股定理。

教师让学生观察图形，想想可否用该图证明勾股定理，并通过多媒体进行简要的证明过程讲解：

$S_{四边形ABCD} = 4S_{RT\triangle AHD} + S_{四边形EFCH}$

$\therefore c^2 = 4 \times \dfrac{1}{2}ab + (a-b)^2$

$\therefore c^2 = a^2 + b^2$

【设计意图：第一，勾股定理小节内容有着重要地位主要原因除包含多种数学思想方法和推理过程外，其中包含的数学文化史丰富多样，是一个很好向学生介绍相关数学知识的机会，感受数学的多面魅力；第二，班级中一部分探究欲更强、基础较好的学生，更倾向于接受严格的证明来说明命题的真实性，学生以数学文化史融入的方式较为容易接受，将日常教学演绎推理由单一性向多样化、生动性转变，避免枯燥，为本节课的论证过程画上圆满句号；第三，弦图的认识在高中阶段《基本不等式》会有详细介绍，且对逻辑素养有更高的要求，尤其是合情推理对于命题的提出部分，其中一种推理方法正是根据勾股定理而来，再次介绍，是对学生无论是数学知识还是数学素养都做好了铺垫。】

（7）课堂练习。

例：解决情境中的问题。

例：在△ABC中，AB长为20，AC长为15，AD为BC边上的高，且AD=12，求△ABC的周长。

8.课堂小结

利用PPT总结课堂由"猜想"到"论证"的四个环节：问题情境中问题的发现；拼接正方形中猜想的提出；网格纸求面积中由特殊到一般的论证；数学史学习中进行再一次逻辑推理论证。

总结本节课提出的重要公理：勾股定理。

9.作业布置：课本第6页，习题1.2

（二）案例分析

《勾股定理》章节是初中教师进行设计探究的常用内容，大多数教师对于本小节的处理集中在用网格纸进行直角三角形的面积计算上，让学生观察三个正方形的面积，得到面积间的关系，较多时间用割补法探究勾股定理，甚至只对网格纸进行简单的观察与讲解。但对于课堂引入环节，教师直接给出网格中的直角三角形，实则是教师发现了问题，并提出本节课的中心命题，请学生来计算每个正方形的面积，过程略显生硬，学生表现为探究而探究。由此，为将逻辑推理素养作为课堂的引领，本节课的设计在问题情境中，以能激发学生发现问题，提出猜想为之后做铺垫的原则。首先通过折纸中的实践与观察，一步一步厘清问题与命题，并以多样化方法引导归纳与类比，将过程由特殊到一般逐步引导，培养学生类比和归纳正确形式与步骤。其次，在论证环节中，对学生求得正方形面积的方法鼓励多表述、多交流。如何割，如何补，使学生在表达中不断完善自己的逻辑思维，弥补不足，提高推理过程的完整度。

最后一个环节的证明方法，对于学生而言难度稍大，但是在对数学文化的进一步了解下，进一步以纯几何推理的方式论证自己的猜想。用生动的数学文化代替枯燥证明，以演绎推理方式的多样化原则，消除学生对演绎推理的刻板印象，学会从多个角度、多种方法进行论证推理，且其中所用的全等三角形等知识点是对所学内容的一个巩固和熟悉，也并未让学生产生距离感，再一次到达逻辑推理素养的领域。

在推理的同时，保证学习数学的严谨性。值得一提的是，高中必修课程4第三章的重要内容——《基本不等式》，其中一种推导方式正是以"勾股定理"为基础，围绕赵爽弦图进行，且对逻辑推理的要求更高，因此本节课在设计中也可加入用四个全等直角三角形拼接正方形的探究过程，使得本节课以逻辑推理素养领域下的教学设计对学生的长远发展又有了更多的意义。

三、案例3：《完全平方公式》

（一）案例呈现

1.教材内容分析

该内容选自北师大版七年级下册第一章第六小节的内容。位于平方差公式的学习之后，均是对初中阶段重要公式的认识与探究。教材给出两个多项式和的平方以及运算过程，让学生观察根据运算过程有何发现，由此总结出两个代数式和的平方的展开式，以及两代数式差的平方展开式，并在随堂练习之后对杨辉三角进行了详细介绍。

2.学情分析

学生前一学期学习了代数式，以及整式的四则运算。明白用字母可以概括量与量之间的关系。由此掌握用字母表示关系式可以进行概括归纳的方法。学生在本章起始阶段已学习了有理数的乘方，以及整式的乘法，这为本节课对完全平方公式的学习做了铺垫。

3.教学目标

（1）知识与技能。

了解完全平方公式的推导过程，掌握该公式，并能熟练应用。

（2）过程与方法。

在完全平方公式的推导过程中经历大胆猜想，仔细论证的过程。在推理过程中经历特殊到一般的归纳、类比，数形结合的数学思想方法。

（3）情感态度与价值观。

培养学生积极探索问题，从多角度思考问题，论证严谨的学习态度。

4.教学重难点

重点：完全平方公式的探究过程，完全平方公式的认识以及应用。

难点：完全平方公式的探究过程和应用。

5.教学策略

本节内容重点之一为完全平方公式的探究，在该探究过程中，学生能得到培养的数学思维方法与数学素养尤为重要。为学生能在有限的课堂时间内得到逻辑推理素养上更充分的培养，本节课主要采用"猜想—论证"式的教学主线，以图形引导学生猜想，以数形结合，代数式的运算引导学生论证。在各环节教学活动以学生为主体经历推理过程。

6.教学环境及资源准备

多媒体PPT，学生尺规作图工具。

7.教学过程

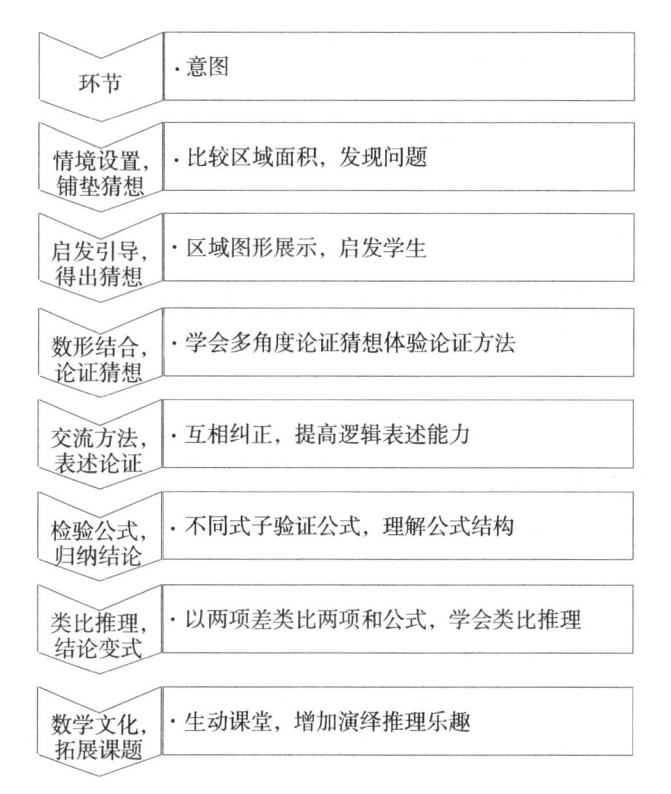

环节	意图
情境设置，铺垫猜想	比较区域面积，发现问题
启发引导，得出猜想	区域图形展示，启发学生
数形结合，论证猜想	学会多角度论证猜想体验论证方法
交流方法，表述论证	互相纠正，提高逻辑表述能力
检验公式，归纳结论	不同式子验证公式，理解公式结构
类比推理，结论变式	以两项差类比两项和公式，学会类比推理
数学文化，拓展课题	生动课堂，增加演绎推理乐趣

图10-3 《完全平方公式》教学流程图

（1）情境引入。

发现问题：教师给班里以左右两排为准，分成A、B两个小组教室周围区域划分进行大扫除。为了公平起见，给两个小组各布置了一边长为a的正方形区域。但老师发现，打扫区域不够，于是给A小组的区域边长增加了长度b，给B小组增加了一边长为b的正方形区域。提问班级的同学，对老师布置的任务有什么意见或想法？

给学生思考时间，并请学生说出他的看法。

学生在思考后想到从完成任务的面积上来说似乎有点问题，将注意力放在两个小组所打扫的卫生区域面积上，发现该情境的问题。

【设计意图：分区域打扫卫生是学生再熟悉不过的事情，谁负责的区域更大更小的问题是初一年级的孩子放学后的卫生值日中经常争论的小事。通过学生熟悉的情境，让学生更好地主动去发现矛盾，做问题的发现者，是培养学生逻辑推理的良好开端。】

铺垫猜想：教师根据学生刚才回答的想法，请学生猜想两个小组打扫的面积究竟是不是相等的。

绝大多数学生能够根据数学经验和直觉思维立刻回答是不相等的，教师请认为面积不一样大的学生继续猜想哪个小组打扫的区域更大。教师注意观察大家的猜想情况，记录学生猜想的回答。

【设计意图：以学生的直觉和学习经验成分调动学生猜想的积极性，以多样化的问题引导学生的思维，为有效猜想的提出做铺垫，做到教师的启发性原则。激发学生对所发现的问题及时解决的兴趣与积极性，更好地去推导完全平方公式。】

（2）启发引导，得出猜想。

教师利用投影仪将课件上两个小组需打扫的卫生区域展示出来。教师应鼓励学生回答问题。设问思路：你从具体的图形中观察到了什么，还坚持自己的猜想吗？学生能从图形的直观感受到小组A打扫的区域要大于小组B打扫的区域。此时几乎全班学生能更加坚定刚才其中的一个猜想。教师请学生动手标示出每个区域的面积。

学生上讲台将自己的思路讲解出来，区域A的面积：$(a+b)^2$；区域B的面积a^2+b^2教师提问学生，根据我们表示的面积，再结合大家刚才的猜想，你能得出什么结论？

学生得出关于两代数式的猜想：

$$(a+b)^2 \neq a^2+b^2 且 (a+b)^2 > a^2+b^2$$

教师将该不等关系板书于黑板上。

鼓励学生大胆用语言描述这个猜想，在请学生回答完后，对学生的表达进行点评，表扬后再指出不够准确或不够简洁的地方：两数和的平方不等于两数平方的和，且前者比后者要大。

【设计意图：第一，通过图形的展示，给学生除直觉和经验外更直观的观察，对自己的猜想进行更深入的思考，以数形结合丰富教学活动形式，对学生进行有效猜想的培养，使课堂节奏可控；第二，通过引导学生用代数式表示两个区域的面积，将学生对问题情境中的不公平感知生活问题进行数学化，为研究完全平方公式的具体分解形式以及各部分由来问题做准备；第三，给学生机会和鼓励对已经用代数式概括的猜想进行语言化的描述，培养学生的逻辑表达能力，命题的提出能力，敢于猜想，引出本节课的重点问题，加深对完全平方公式的印象。】

（3）数形结合，论证猜想。

教师提问学生，大家的猜想一定是正确的吗？如果你认为自己的猜想是正确的，请你思考到底$(a+b)^2$究竟又比a^2+b^2大多少呢？请你们拿出练习本，想想如何去论证自己猜想的正确性。教师鼓励学生回顾情境中的猜想过程，从不同方向进行思考，并请学生将自己的方法与同桌进行交流。

教师在学生思考交流过程中巡视情况，并注意学生所采用的方法。待学生交流完毕后，请不同方法的学生上讲台表述自己的方法。

学生通过教师刚才所展示的两个卫生打扫区域图形，进行划分观察到所增加的区域的方法：比如，当A区域中正方形的边长增长b的时候，就可以通过在图形标记出来的方法，清晰地看到所增加的究竟是哪些部分。

教师提示学生将自己的方法讲解出来并加以分析，将边长增加b后，所增加的面积为多少，待学生厘清思路，总结出结果后，将结果板书在黑板上：b^2+2ab。

再根据B小组增加的区域。那么B小组增加的面积很容易求得为：b^2。教师注意引导学生对自己的探究过程进行总结，即区域增加后，A区域的面积比B区域的面积大，且大$2ab$。

【设计意图：第一，数形结合是数学学习中很重要的思维方式，通过对图形的观察和对学生的鼓励，让学生感受用图形去解决代数问题的便捷与直观；第二，教师在猜想环节中图形的展示不仅是在引导学生猜想，更是为学生的论证起到提示作用；第三，从学生平时疏于对探究结论的总结与表达，引导学生学会总结，将自己的逻辑推理过程多交流，多表达，提高学生逻辑推理素养。】

（4）交流方法，表述论证。

教师鼓励学生大胆说出不同的想法，并到讲台上展示。对学生的方法进行表扬，并做更准确的总结。

直接对代数式$(a+b)^2$进行观察，虽然多项式的平方未见过，但可以将$a+b$看作一个整体，可以用一个代数式c来表示，c的平方之前学过，表示两个c相乘，则可以写作$(a+b)(a+b)$，则是两个多项式在进行相乘，用多项式乘法计算的方法可以得到板书：

（a+b）（a+b）
=（a+b）a+（a+b）b
=$a^2+ab+ab+b^2$
=$a^2+2ab+b^2$

而区域B最终的面积为a^2+b^2，板书于黑板，教师让学生自己学会对探究结论进行概括：通过对比，发现增加后区域A的面积要大于区域B的面积，且多出的部分面积为$2ab$。

教师将两种论证方法中得出的结果中对$2ab$着重标记。

【设计意图：第一，整式的运算对学生而言比较熟悉，但多项式的平方又有距离感，该方法既对整式和平方运算进行了巩固，又在此基础上减少了学生对$(a+b)^2$计算的陌生感。第二，学生对于$(a+b)^2$运算的探究过程中实则进行了平方运算的类比推理过程，逻辑推理素养有了再一次接触机会。第三，从以往学生对此小组的学习结果来看，对完全平方公式和平方差公式印象混淆，究其根本原因，是没有对公式的由来过程，以及各部分的意义理解透彻。从图形演示，代数运算多个角度进行演绎推理，将推理过程生动化。打好基础，提高演绎推理能力。】

（5）检验公式，归纳结论。

教师让学生回顾上述探究过程，观察由图形和计算两种探究过程，你发现了什么？将学生发现的共同结果，和学生一起复述$(a+b)^2=a^2+2ab+b^2$，并将其板书于黑板。

【设计意图：通过整个论证猜想的推理过程，不仅比较出两区域面积的具体大小，更对完全平方公式进行了多角度的解读。让学生在推理过程中实则对完全平方公式已经熟悉，而让学生自己去观察推理过程的发现，更能体会通过自己的猜想和论证得到数学结论的喜悦和成就感。】

教师请学生仔细观察黑板中的公式，描述该公式的形式特点和各部分意义。请学生举手与全班分享。教师对其表扬，并做总结：该公式左边为两项和的平方，右边为一个三项式的和，第一项与第二项各自的平方，以及两项乘积的两倍。

教师提问学生这个等式对任意的数都是成立的吗？你在练习本上写出任意两项，试一试。

教师可以注意观察学生思考情况，并做适当引导。完成后请学生将自己所写的式子和大家交流，并将学生所列举的情形板书于黑板：

（y+1）^{2}=（y+1）（y+1）=$y^2+2xy×1+1^2$

（2x+3）^{2}=（2x+3）（2x+3）=（2x）^{2}+$x×3+3^2$

（4+3）^{2}=（4+3）（4+3）=$4^2+x×3+3^2$

【设计意图：第一，通过对观察的结论，更加熟悉公式的形式以及各部分的由来；第二，通过学生自己对特殊例子的任意列举，经历由一般向特殊验证过程，掌握推理形式。

肯定自己的结论，而对于公式的概括性持怀疑态度的学生，也通过此过程经历了归纳。为后面对完全平方公式的一般化概括和多方面应用打好基础，掌握推理常用方式，学会完整的、有理有据的逻辑推理。】

教师请学生思考你发现了什么，或者能得出什么结论？请学生大胆表述自己的结论，概括命题，并对学生总结的不妥之处做出更正，展示于PPT上：两数和的平方，等于它们的平方和加上它们积的2倍。这就是我们今天要学习的完全平方公式，用字母表示为：

$(a+b)^2=a^2+2ab+b^2$

教师请学生回忆刚才自己任意写出的例子，思考完全平方公式中 a 与 b 的含义。显然两者并不仅只代表一个数字，还可代表一个单项式甚至是一个多项式。式子呈现和的平方，即可运用此公式。

【设计意图：结论和命题的总结也是逻辑推理素养的要求之一。不仅能够推导出结论，还需要鼓励其逻辑性地总结自己的论证过程和结果以及有逻辑地进行表达和交流。这也是教学课堂中可以让学生接触逻辑素养的一个重要环节。】

例1：计算：$(5m+n)^2$、$(3x+2yz)^2$

例2：下列等式正确吗？

$(3x+y^2z)^2=9x^2+6xy^2z+y^2z^2$

教师注意让学生指出如何应用完全平方公式进行解答，此式中的"a"和"b"分别表示什么？

（6）类比推理，结论变式。

教师提问学生，如果是两项差的平方呢？等式右边是多少？大家想想怎么解决这个问题。得出结果后同桌相互交流自己的推理过程。

教师对学生的方法进行总结，展示于多媒体。学生根据刚才推导过程能够想到计算 $(a-b)\times(a-b)$ 得出结论，也能想到更为复杂的画图观察，教师注意提醒学生充分利用已学的知识，找到更直接的方法。比如，我们已经得到了两数和的平方公式，去比较与现在要求解的公式有何异同？能不能根据已学的公式得出答案？

学生想到在上册学习有理数的减法时，在已学的负数的基础上，将减去一个数看作加上这个数的相反数，那么我们可以将 $(a-b)$ 看作 $[a+(-b)]$。由此得到两数差的完全平方公式，教师将推导过程板书于黑板：

$(a-b)^2=[a+(-b)]^2$

$=a^2+2\times a\times(-b)+(-b)^2$

$=a^2-2ab+b^2$

请学生观察该等式与两数和的完全平方公式的异同，并对学生的表述做总结：等式的右边均为三项，且均包括两数各自的平方和，但中间项两数乘积的2倍的符号对应等式左边括号内的符号。

【设计意图：第一，有了第一次的推导基础，这一次完全放手让学生去做，既是对前一个公式以及推理过程的复习，也引导了学生善于利用已有的结论进行类比推理的数学能力。第二，两个完全平方公式的相似之处较多，学生易混淆，通过比较两公式各部分的异同，使学生对公式各部分的含义更清晰，为今后两公式的综合应用打好基础。】

例：用完全平方公式计算：

（$2x-3$）²；（$mn-5$）²

（7）拓展课题，生动演绎推理。

教师请学生思考：你能将（$a+b$）²，（$a+b$）³，（$a+b$）⁴……展开吗？学生根据课堂所学，可以类比推理（$a+b$）²的方法，得到：

（$a+b$）³=（$a+b$）（$a+b$）（$a+b$）=$a^3+3a^2b+3ab^2+b^3$

教师请学生将（$a+b$）⁰，（$a+b$）¹，（$a+b$）²，（$a+b$）³各项的系数依次写成一横排，待学生完成后用多媒体向学生展示，如下，并请学生观察排列的数有何规律。

教师提醒学生用"杨辉三角"，（$a+b$）⁴，（$a+b$）⁵……来进行解答。并对我国宋朝数学家杨辉的著作、生平加以适当介绍。

【设计意图：第一，杨辉三角是我国数学史的重要内容，有着重大意义，学生应该去了解，学习其中的知识，且该内容是高中阶段《二项式定理》的背景和基础，为学生的学习做好铺垫；第二，对杨辉三角数学文化史的融入，由公式计算到数字的排列规律，对本节课的内容进行拓展性的巩固与联系。反之，从三角排列再到验证公式的展开，以更加生动的方式对完全平方公式进行了由特殊到一般的论证推理。第三，规律的观察与总结培养了学生的推理能力。】

8.课堂小结

整理反思探究过程：发现问题，提出猜想，肯定猜想，论证猜想，得出结论，进一步探究的过程，以及本节课学到的两个完全平方公式：

（$a+b$）²=$a^2+2ab+b^2$，（$a-b$）²=$a^2-2ab+b^2$

9.作业布置：课本26页习题。

（二）案例分析

《完全平方公式》小节的公式理解和应用对于七年级学生而言难度不大，但公式的推导过程可以包含多种的逻辑推理方法，如特殊到一般的归纳、类比。较为简单的内容，反而是应用学生的发散思维经历更多环节，去尽可能多地培养学生数学能力和数学素养。

问题情境中的公平性问题是引发学生猜想的关键，教师作为启发者，再通过图形的展示，给更多的学生明确猜想的方向大胆提出本节课需要探究的重要命题，并在教学情境中，以给学生的猜想和论证启示为原则。值得注意的是，区别于其他的教学设计，此次没有首先对图形对应完全平方公式的每一项去分解开，而是给了学生大胆推理的更多方向和机会，学生从数形结合，或者类比已学知识等方向，以达到猜想的多样性原则。尽可能以更多的角度突破单一思维模式，更多地锻炼自己的逻辑推理能力。

其次得到$(a+b)^2=a^2+2ab+b^2$这一算式后，没有直接对完全平方公式这一结论进行总结，而是让学生自己任意写出两项和平方进行计算，经历了归纳推理的过程，了解推理的基本形式和规则。以灵活发散的推理形式经历推理过程的严谨性。然后对于两项差的完全平方公式推导过程对于学生而言难度已经不大，交给学生完成是学生逻辑推理的又一次经历，且教学设计中始终保持以教师为启发者，学生为主体原则，对自己发现的问题，论证过程和结论进行交流和表达以足够的时间和机会，锻炼了学生的逻辑表述能力。

最后是数学史的讲解，大多数课堂对数学文化史的讲解都迫于各种原因较为简略，只起到了学生了解相关数学历史或调节气氛的作用。但杨辉三角的分析过程结合学生对完全平方公式的推导过程，包括了公式的类比推导，规律的探究与归纳和表述，变单一形式为丰富生动推理。以多样化的方式让学生有更多的机会去接触逻辑推理素养的相关要求，做到以逻辑推理素养为引领的数学课堂。

第十一章 类比推理素养培养研究

第一节 核心概念界定与相关理论

一、类比推理的相关概念

（一）逻辑推理的概念

逻辑推理是指从一些事实和命题出发，依据规则推出其他命题的素养。逻辑推理的本质在于命题的前后连贯，形象地说，就是有一条主线能够把这些命题串联起来，称具有这样特征的简单推理为具有传递性的推理。这样，借助传递性可以给出逻辑推理的定义：一个简单推理是逻辑推理且仅当这个简单推理具有传递性，对于推理过程的传递性可以分为关系传递性和性质传递性两种形式。

（二）类比推理（类比）的概念

数学中常用的数学推理有归纳推理和演绎推理，除此之外还有类比推理，类比推理与前两者不同，归纳是从特殊到一般的推理，演绎是从一般到特殊的推理，而类比是从特定的具体对象到另一特定的具体对象的推理。一般来说，类比推理和归纳推理属于合情推理。演绎推理表现为一种知识，主要的功能在于验证结论而不在于发现结论。类比推理表现为一种智慧，智慧并不表现在经验的结果上，也不表现在思考的结果上，而是表现在经验的过程和思考的过程中。

所谓类比推理，指的是在数学中，通过两个不同知识系统的比较，找出它们在某些方面的共性要素，把其中某一知识系统中的其他属性推广到另一知识系统中，这一过程就是类比推理，类比推理又称类比。具体来说，就是根据某一已知系统（类比系统）的某种属性的知识，通过比较它与所研究的知识系统（目标系统）在某一方面的类似而达到对目标系统的某种未知属性的推测性的理解和启发。

在数学活动过程中，类比推理是人们获得数学新知识和解决数学新问题的重要途径之一，运用类比推理是形成类比推理能力的重要手段。

类比推理简单地分为完全类推和不完全类推两种形式。完全类推是两个或两类事物在进行比较的方面完全相同时的类推；不完全类推是两个或两类事物在进行比较的方面不完全相同时的类推。由于类比推理的推理方式依据不充分，结论不一定完全正确，类比推理出的结果具有或然性，需要进一步验证。

（三）类比推理的分类

类比推理的分类众多，可以从多种标准和角度进行划分，如思维方向、类比对象、思维特征等。在数学教学活动中，使用最普遍的是知识类比（知识类比推理）和方法类比（方法类比推理）等类型。知识类比主要包括概念类比、性质类比、判定和法则类比等；方法类比主要包括降维类比、升维类比、思想方法类比、结构类比等，下面将分别说明。

1.知识类比

所谓触类旁通，就是通过知识类比，将零散的数学知识点联结成数学知识链条，再串联于数学知识板块中。初中数学中有数与代数、图形与几何、概率与统计、综合与实践四大板块，将数学知识板块采用知识类比进行串联则架构起整个初中数学知识体系，促进学生对数学知识的系统性掌握，进而提升学生的学习效率。知识类比主要包括概念类比、性质类比、判定法则类比等。

（1）概念类比。

如果数学体系是一座结构复杂的建筑，那么数学概念就是数学的重要基石，因而在数学学习中，弄清数学概念极其重要。由于数学概念的繁杂和枯燥性，学生常常不重视数学概念，因此混淆数学概念。很多数学概念之间都存在着很多相似或者或多或少的联系，教师在教学时引导学生通过类比旧知识，不仅能使学生对已学的概念进行巩固复习，还能激发学生学习新概念的兴趣，这样学生就能找出新旧概念的共同点和差异。

明确概念同化的关键要素，有助于类比过程的完成，巧用概念类比，进而提高对新概念的同化效率，在脑海中归纳形成图式，有助于完善知识结构体系。

（2）性质类比。

学习新的数学性质时，先将新的数学对象与原有的数学对象进行比较，厘清新旧数学对象之间的联系与区别，然后推出新数学对象可能具有相似的数学性质，这就是性质类比。新旧性质的类比过程有利于同化新性质，完善数学知识结构。

（3）判定和法则类比。

在初中数学学习中，有着大量的判定定理和法则，它们和数学性质一样，也可以通过类比已有判定定理和法则达到学习新定理和法则等目的。知识内容之间往往有内在联系和逻辑关系，可以通过类比进而理解新的判定定理和法则。

2.方法类比

方法类比应用范围广泛，在数学教学中可以运用于单元小结课和解题课中，方法类比主要包括降维类比、升维类比、思想方法类比、结构类比等。

（1）降维类比、升维类比。

"维数"是线性空间中的一个基本概念，人们通常把直线叫作一维空间，平面叫作二维空间，立体几何中所说的空间叫作三维空间。在解决某个维数较高的问题时，先考虑一个与它类似的低维问题，往往能得到推论，这种方法叫作降维类比。同样地，将低维问题类比相似的高维问题进行解决时，这种方法叫作升维类比。

（2）思想方法类比。

把已解决的数学问题的思想方法运用到数学新问题中，进而作为解决新问题的手段的过程称为思想方法的类比。在解题教学中，当遇到不熟悉的问题，常把这类新问题与已知问题解决方式建立联系，再把已知的解题思想方法运用到新问题中，如化归思想、类比思想、数形结合思想、方程思想等。

（3）结构类比。

结构类比是根据两个被比较对象的表面形式或结构上的相似属性进行的类比推理，由一个对象具有某个属性而比较另一个对象是否也具有这种属性的过程。结构类比可用于解题课和单元小结课等课型的教学中。

二、结构映射原理与类比推理

（一）结构映射原理

结构映射原理的基本思想是把类比推理的过程看作结构映射的过程。在结构映射过程中，源问题各因素之间的关系即结构，被提取并用于解决靶问题，通过将源问题和靶问题相匹配，从而找到解决靶问题的关键所在。依据源问题与靶问题在内容上的相关性，匹配出合理的对象建立关联，然后将源问题中各元素之间的结构提取出来，用于解决靶问题。源问题和靶问题的内容在合理对象匹配阶段起作用，但在靶问题的解决阶段，结构起重要作用。

（二）类比推理过程

培养类比推理能力的前提是掌握类比的具体过程。汤建民教授从知识管理的角度对类比推理过程进行研究。他从知识管理的角度出发将类比推理剥离出三个要素和两个过程，即类比源、类比泉、类比知识单元和知识内容的抽象化、知识内容的具体化过程。[①]

类比推理三要素中作为参照的称为类比源，待解决的问题称为类比泉，在类比过程中起桥梁作用的称为类比知识单元。从类比源到类比泉是需要类比者主动去创新的过程，主要有两步。第一步从类比源中抽象出隐含的属性，这种隐含的属性又被称为知识原理，其中与解决问题有关的一部分知识原理就是我们的类比知识单元；第二步将类比知识单元结合具体的待解决的问题，最后形成类比泉。

值得注意的是关于类比推理的过程，心理学学者将类比推理的过程概括为即表征、提取、映射、图式归纳四个阶段。将心理学中的类比过程与类比三要素结合起来，我们会发现心理学中的类比过程中提取阶段类似于类比简易模型中知识的抽象化部分；映射阶段类似于知识的具体化过程。因此，结合类比过程模型和类比过程的阶段划分，类比过程可以整合为三要素和三过程。其中三要素包括源类比物、类比知识单元、靶类比物；三过程包括联想过程、知识的抽象化过程、映射过程（知识的具体化过程）。

模型将类比过程中的三要素和三过程融合在一起，形成一个循环结构。简易模型Ⅱ可作用于大多数类比过程中。在中学数学教学中，部分内容可采用该模型进行知识类比、性质类比、概念类比等。这个类比过程模型同样适用于思想方法类比、结构类比、运算关系类比、推广类比等类比的教学。

（三）类比推理能力

类比推理能力就是能够熟练使用类比推理的能力，类比推理能力的形成是一个连续的思维过程，就像是工厂里的流水线作业，因此拟采用过程性定义的方法来定义类比推理能力的结构。对于类比推理能力概念的界定，从内容→过程→结果的结构进行考虑。内容板块包括初中数学数与代数、图形与几何、概率与统计、综合与实践等板块中的数学概念、性质、方法等内容。过程包括类比推理的一般过程，即观察联想源问题、源问题的抽象化，类比知识单元的具体化，最后的结果包括得到猜想和推论等，并进一步验证。

---

① 汤建民. 类比源、类比泉和类比知识单元 [J]. 科学学研究，2003，（5）：467-469.

第二节　类比思想方法在数学教学与学习中所起的作用

一、培养学生直觉思维能力

直觉思维是指不经过严密的逻辑分析而径直猜测、迅速判断的一种思维，它是以熟悉的知识为基础，通过越级判断，迅速得出结论的一种思维。其实，类比思想方法并不神秘，其存在于我们日常的生活当中，为我们所熟悉与掌握，并不自觉地运用。在数学教学过程中，也存在大量类似或相似的公式、定理、公理与法则等，就看学生是否具有数学敏感性，能否透过扑朔迷离的现象把握事物的本质，这种解决问题的关键就是看学生是否掌握类比方法与具备类比能力。当学生遇到新问题时，应首先观察其结构，回忆以前是否见过类似的题目；其次思考类似的题目或问题是如何解决的，其结论又是什么；最后将两者进行类比，寻找相似或相同之处，进而找到问题突破口。上述探索新旧问题有无相似或相同之处，就是直觉性。

直觉性包括解决方法的类比直觉性与问题情境的类比直觉性等，其中类比直觉性解决了科学上很多的假说与猜想，对人类的发展做出杰出贡献。但在具体应用过程中，该类比思维是否成立，主要取决于下一步严密的逻辑思维过程。其实，在我们数学学习过程中，通过运用类比直觉进行解题的案例比比皆是。例如，学习相似三角形时可以通过全等三角形的判定与性质等；解决不等式时，可以借鉴等式的定义与推理过程等；初二下册前四章的知识点基本上都可以通过类比进行分析与学习的。所以，类比思想方法不仅契合新课程标准所强调的培养学生合理推理能力，而且有利于培养学生直觉思维能力。

在现实生活中，当一个人遇到比较生疏的问题时，往往会从已有的知识储备中搜寻相似的问题作为类比的对象，进而寻求启发解决生疏问题的方法与途径。故类比思想方法堪比引路人，其能有效保持新旧知识之间的密切联系，调动学生学习的积极性与培养学生数学思维能力。

二、增强课堂教学的有效性

世界上各种事物之间是相互联系的，并且这些联系存在可比较性与相似性，因而为客观事物之间的类比奠定了基础。数学就是在温故而知新的过程中，在学习中不断加强新旧知识之间的联系与沟通，进而形成严密的知识体系。

首先，学生要善于利用原有的知识结构体系，然后借助类比思想方法，进而有效地学习与理解新知识。如九年级讲解反比例函数时，就可以借助一次函数与其的相似性，通过类比思想来理解与把握。具体过程如下：

师：一次函数的定义是$y=kx+b$（$k\neq 0$），那么反比例函数的定义是什么？

生：$y=\dfrac{k}{x}$。

师：在讲授一次函数时，咱们需要考虑k的取值范围，即$k\neq 0$，那么反比例函数也需要考虑其取值范围吗？

生：同样需要考虑，且两者取值范围基本一样。

师：对于$y=kx+b$（$k\neq 0$）（这样的正比例函数，当$k>0$时，其图像经过哪几个象限？）

生：一、三象限。

师：那么当$k>0$时，反比例函数将会经过哪些象限？请同学们仔细思考一下，设置可以通过五点作图来判断。（经过两分钟的思考之后）

生：同正比例函数一样，也是一、三象限。

师：同学们都很聪明，如果$k<0$时，图像经过哪些象限？

生：二、四象限。

上述案例虽然比较简单，但却可以形象地说明类比思想方法在具体教学中的作用。通过简单的类比，我们可以将正比例函数的概念、性质、图像等迁移到反比例函数之中。更重要的是，上述结论的得出并不是老师灌输给学生的，而是学生通过积极主动探究得来的，有利于激发学生学习的积极性，提高教学的有效性。

此外，类比思想方法在培养学生数学应用意识与能力方面也发挥着重大作用。知识来源于实践，同时反作用于实践。教师在教学过程中，应充分利用学生熟悉的环境、生活经验或已有知识，努力培养学生形成善于利用类比思想去观察、思考周围环境的习惯，同时须注意引导学生将数学知识与其他学科知识进行类比分析，"恰当地讲解与渗透基本数学思想和方法，帮助学生掌握科学的方法"[1]，如此才能更好地进行知识的类比迁移。该行为有利于培养与增强学生数学应用意识与应用能力，进而提高解决问题的能力。例如，数学应用题就是现实生活的反映，但我们往往要将应用题转化为等式或不等式，这就是类比模型的建立，将文字数字化或模型化，这样有利于加强学生对应用题的理解，使学习变得更加有趣与轻松，进而不仅凸显学生的主体地位，而且有利于培养学生的数学应用意识。

---

[1] 曲艳凤.如何提高高中数学课堂教学效率[J].教育教学论坛，2009，(Z1)：69.

三、有助于学生探索新知识

使用类比思想方法的基础是充分把握与理解旧知识，类比思想方法起到的是桥梁的作用，但其可以有效突破教学重难点，并使学生体会"再发现"的乐趣，进而在活跃与宽松的学习氛围中获得新的知识。

为了加强对新知识的理解与把握，在讲授新知识之前，可以类比旧知识，从已有的知识体系中类比出新知识的相似或类似之处，进而降低教学难度。例如，我们在传授相似三角形的判定时，首先会与学生一起复习全等三角形的判定定理，并在理解与把握三角形全等的定理与推理过程的基础上，将判定定理中的"两边对应相等"改为"两边对应成比例"。

从严格意义上来讲，类比法不能算是严密的推理方法，但其已经广泛应用在数学科学研究中，并且能够依据事物之间的类似点或相似点提出猜想与假设，进而把已知事物的性质迁移到类似事物上，因而也算是一种较为科学的发明与发现的方法与工具。不仅数学很多定理、公式与证明需要通过类比思想方法获得，就是生物、化学与物理等其他学科也是如此。以物理为例，当光线从一点到另一点并不是直接传播，而是经过一面镜子时产生了反射，现在求最短路径。根据光线传播的相关理论，此题可转化为纯粹的几何题目：已知A、B两点位于直线l的同侧，同时直线l上有一动点P，现在求AP与PB距离的最小值。通过如此类比转化，一道物理题顿时转变为数学中的几何题。

通过类比思想方法，使数学知识摆脱纯粹数字运算，进而将不同学科融合在一起，使数学知识变得丰富多彩与趣味十足，整个过程充满趣味性。同时扩宽了数学问题的解决途径，使其应用领域更加广泛，有助于学生探索新知识。

第三节 初中数学教师培养学生类比思想方法的策略研究

一、从学生角度培养类比思想

学生在教学中处于主体地位，是教学活动的中心，故提高学生的综合素养应是所有教学活动的主旨。就目前初中数学教学而言，学生类比、迁移、推理等数学思维能力的培养不尽如人意，导致中考过程中失分颇多，故从学生角度应采取把握学生的学习主动改变自身学习方式与培养自身类比思想方法道德具体策略等角度来培养学生数学思维能力。

（一）学生主动改变自身学习方式

"心理学研究表明，学生是学习的主体，所学新知识只有通过学生自身的'再创造'活动，才能纳入他的认知结构中，才可能成为下一个有效的知识。""有意义学习应是青少年以一种积极的心态，调动原有的知识和经验认识新的问题，同化新的知识，并构建他们的意义。""再创造活动""积极的心态""同化新的知识"等关键词都透露出学生自身主观能动性的重要性。

类比思想方法不是简单地死记硬背与机械训练，而是一种知识类比与迁移过程，其要求学生在充分把握与理解旧有知识结构的基础上，寻找新旧知识的相似点，进行类比分析，进而实现知识的迁移与重构，是一种思维层级比较高的精神活动。如果学生抱着机械接受或死记硬背的态度来看待类比思想方法，那么只能事半功倍或毫无建树。一颗积极进取的心不仅可以有效调动学生学习的精气神与增强学习的信心，而且有利于活跃课堂氛围，进而推动学生乐学、勤学与向学，自然抛弃玩手机与睡觉等不规范的行为。

学生以积极主动的学习态度投身学习，类比思想方法自然不再是拦路虎，而演变成学习把握与理解新知识的有效工具，提高学习成绩的有效手段，进而极大增强学生求学的毅力与信心。

（二）学生培养自身类比思想方法的具体策略

"授人以鱼，不如授人以渔。"学生聆听教师用类比思想方法分析与解答疑惑是接受教师给予的"鱼"，而非自己真正获得解答疑惑的"渔"。只有获得"渔"，才能对类比型的题目游刃有余，故学生自身获得类比思想方法解题的技巧与关键才是根本。

首先，学生必须在思想上重视自身类比思想方法的培养，才能在学习过程中有所侧重。当教师在运用或传授类比思想方法时，才能100%集中精力来认真学习与分析，进而彻底理解与把握类比思想方法。

其次，在新知识的学习过程中，或预习时，应有意识地运用类比思想方法来与旧知识进行类比分析。同时在案例解答中，应联系旧知识或身边的日常生活来体会与认识类比思想方法在数学学习应用中的作用，从而加深学生们对类比思想方法的理解；接下来，当对知识进行巩固复习时，可以对所学知识进行分类、归纳与比较，寻求可类比的知识点，养成良好的学习习惯。

最后，在解题时，可以尝试着通过类比思想方法对数学命题加以推广，或通过类比思想方法探求更为行之有效的解题途径，巩固深化对知识的认识与理解，以便更好地掌握数学思想方法。同时，通过类比思想方法的培养与锻炼，提高自身发现问题、分析问题与解答问题的能力，进而提高自身的数学思维能力与应用能力。当然，类比思想方法的养成不是一个章节或一个学期就能形成的,而是一个逐渐培养的过程,此思维习惯应在今后的学习中不断改进与提高。

二、从教师角度培养学生类比思想

教师是教学的组织者与引导者,在教学活动中扮演着学生引路人的角色,因此只有在教师的有效指引下,学生才能养成类比思想。教师在把握学生认知规律的基础之上,积极地采取各种有效策略来推动学生形成类比思想,进而有效提升数学思想。

(一)善于选择类比对象

类比思想方法是所有数学方法中最通俗易懂与便于应用的数学方法,但在具体教学过程中,部分老师不太善于选择类比对象,导致教学效果不彰。类比对象往往是从学生已掌握的知识点中选择一个适合的对象与将掌握的知识点进行对比,以便学生充分理解与把握该知识点。具体来说,我们需要注意以下几点:首先,从学生日常生活中寻找类比对象。这种情况比比皆是,因为其充分体现了数学与实际生活的密切联系。如分析与讲解圆与圆的位置关系时,可以通过类比天文现象"月食";讲授旋转相关知识点时,可以通过风扇来导入;分析直线相交时,可以类比剪刀。

其次,从已知数学知识中选择类比对象。在进行对象选择时,空间与图形的知识点应用得比较多,也是类比思想方法教学中特别需要注意的地方。例如,我们在分析"圆与圆的位置关系"时,可以先回顾学过的"直线与圆的位置关系"来进行类比,直线与圆存在相交、相切与相离三种关系,通过类比分析,圆与圆之间也存在三种关系,并且进行判定的原则与方法也大同小异。在讲解反比例函数时,可以先分析一次函数的相关知识,其中定义域、性质等方面都是相同的。通过类比分析,完全可以加深对新知识的把握与理解。

最后,从其他学科中选择类比对象。类比思想方法不仅在数学学科中得到广泛应用,其他学科亦然。例如,物理学中轴对称与平面镜成像等都可以用数学知识来分析与解释。

(二)正确把握类比思想方法教学的时机

类比思想方法是初中数学教学的重要思想方法,但部分老师不分场合与时间随意运用类比方法,不仅导致无法达到预期教学效果,而且使学生质疑类比思想方法的有效性,所以在教学中要善于把握类比思想方法教学的时机,力求事半功倍。

首先,新课开始时应用,有利于情境创设。教师在进入新课之前,先用已经学过的知识点或学生身边熟悉的案例来导入新课,不仅激发学生学习的兴趣,而且有利于知识体系的类比与迁移。如讲旋转时,可以很自然地从风扇导入,进而将学生的思路引入教学情境中，并以"循序渐进的原则"将隐含在知识背后的思想方法加以体现和明朗化。[①]

其次，重难点环节应用，有利于学生理解与把握。重难点不仅是考试中的热点，而且对学生数学思维的训练作用显著，所以在教学中教师往往应用各种方法与花费大量时间来深入分析与讲解，力求学生理解与把握。例如，二次函数是初中数学中的硬骨头，很多学生即使毕业都对其一知半解。其实，二次函数与一次函数还是有很多相似之处的，例如，图像与y轴的交点、x的取值范围等。其中，最典型的是相似三角形与全等三角形之间的关系。

再次，结尾应用，效果显著。教学是一门艺术，精彩的一堂课，往往开头引人入胜，中间精彩连连，结尾趣味犹存、令人回味。为达到这种效果，往往采用类比思想方法来结尾。例如，讲解三角形的角平分线后，可以与其中线、高进行类比分析与总结，进而构建比较完善的知识体系。

最后，在讲解题目时应用有助于学生理解与把握。作业起到查漏补缺的作用，所以在讲解习题时，教师应用类比思想方法进行分析，力求学生理解与把握。课堂上，教师已经认真教学，部分学生上课亦能听懂，但一旦自己独立解题时，往往不得其法。所以，在习题讲解过程中，教师可将案例与习题进行类比分析，寻找异同点，进而帮助学生树立正确的解题思路。

（三）改变传统教学模式，积极开展类比教学

新课程标准颁布后，不同版本的教材出现在教学一线，并呈现出知识结构简单化的趋势，但考试题型多元化与考查知识日益复杂化，导致老师在教材之外尽可能补充多的知识点，不管学生认知规律与作息时间，一股脑儿全灌输给学生。在教学实践中，有些知识点的归纳非常适合用类比思想方法切入，但部分老师怕浪费时间，案例分析点到为止，抛出问题，不加引导，直接说出答案，教学效果令人揪心；部分老师前期磨磨蹭蹭，拖拖拉拉，知识点重复啰唆，导致时间大量浪费，等到快下课时，把准备上课使用与课后预习的题目全塞给学生，然后心满意足地离开教室，类比思想方法无从体现。

课程教学是推行素质教育与实施新课程标准的主要阵地，学生类比、迁移与推理等能力的培养也须借助课程教学。因此应改变传统教学，在合理分配时间的基础上，注重类比、迁移、推理等思想方法的应用。如在传授"乘法公式"时，本书采用类比分析法，通过三种不同的观察点来加深学生对"乘法公式"的理解与掌握。首先，让学生利用整式的乘法法则来计算几个形如（A+1）（A-1）的式子，算完后，式子结构都是第一项的平方减去第二项的平方；其次，让学生用整式的乘法法则来检验（a+b）（a-b）=a^2-b^2；最

[①] 曹春青.数学思想方法教学初探 [J].2001，3（2）：57.

后，再应用数形结合的方法将其证明一遍。如此，笔者虽然花了接近15分钟的时间来论证乘法公式，但在此过程中，类比思想方法得到了充分的体现，从三个角度进行了展示，故学生对平方差公式印象特别深刻，在知识的应用中也得心应手。同时一改过去"一言堂"的教学模式，让学生主动参与到类比分析过程中来，体会数学的魅力与乐趣，进而不仅提高了教学的有效性，而且增强了学生学习的积极性与主动性。

三、完善评价体系

从目前对初中一线教师的调查与访谈得知：目前虽然国家大力提倡素质教育，但中考依然在教育中占据重要地位，所有教学活动都是围绕其展开，故应试教育依然是主流，导致初中生类比思想方法的培养缺乏一个环境。尽管近几年类比型的题目在各地不断涌现，但难度都比较大，学生失分甚多，故部分老师认为花大量时间与精力在上面得不偿失。而学生则是老师教什么，其学什么，根本不会自己思考数学思想方法的应用。故培养学生类比、迁移、推理等数学思想，还须从根本上重构与完善评价体系。

评价体系不仅要反映学生数学学习的结果，而且要反映其数学学习的过程；不仅要关注学生数学学习的水平，而且要关注其在教学活动中所表现出来的情感态度的细微变化；不仅要体现定性分析，而且也要体现定量分析。总之，评价体系中评价标准应该多元化，而不单单是学习结果、数学水平等。所以，新的评价体系应从甄别性的评价发展为发展性的评价。以前甄别性评价往往依据一个学生学习成绩的好坏、分数的高低来判定学生，故造成重分数、轻能力，重结果、轻过程等弊端，反而不利于学生综合素养的发展。新的评价体系要求教师在教学实践过程中，以过程评价为主，做到过程与结果、定性与定量、管理型与激励性相结合，力求发展学生发现、探索、猜测与类比等能力，进而提高类比思想方法。同时，学生在学习过程中，也可以自我评价，看自己是否真正掌握类比思想方法与能否灵活运用该方法进行解题，进而加深对类比思想方法的理解与把握，最终提升数学能力。

第四节　初中数学教学中类比推理素养培育的应用研究

一、与事例做类比，探究新知识

学生在学习新知识的时候，有些知识对学生来说比较抽象，不是那么好理解，这时可以与生活中的具体例子做类比，主要是把抽象的思维与生活中具体的思维联系起来，由具体的事物慢慢类比到抽象的知识上来，增强学生学习的兴趣，让学生能更好地理解和接受新知识。

（一）正负数概念

由于这节课是从小学过渡的知识点，是对小学所学数的范围的第一次扩充，在概念引入的时候，可以与学生身边的例子做类比：温度是零上10摄氏度和零下3摄氏度；收入100元和支出70元；汽车前进500米和后退300米等，通过让学生理解这些具有相反含义的量，来帮助他们理解负数引进的必要性。通过温度的表示方法来概括正负数的概念：在表示温度的时候，通常规定零上为"正"，零上10摄氏度表示为10℃；零下为"负"，即零下3摄氏度表示为-3℃。类似地，我们把-2，-56……这样的数叫作负数；把3，6，99……类似的小学学过的数（除0以外）叫作正数；规定0既不是正数也不是负数。

（二）数轴三要素

在数轴的概念引入时，通过创设情境，即用多媒体展示温度计的图片并提问：第一，让学生读出图片上所标的三个点的度数的值并以正负数的形式记录数值，比较哪个温度高，哪个温度低。思考温度计刻度的正负是如何规定的。第二，基准刻度线表示多少度？第三，每摄氏度相邻的两条刻度线有什么特点？通过以上三个问题的探讨，然后引导学生思考在直线上如何用点来表示数值。通过类比温度计，带领学生一起来探究数轴的相关知识，可以概括出数轴的三要素是原点、正方向和单位长度。温度计中的"0"类比数轴上的原点；温度计上的度数类比数轴上的点，并规定数轴上以原点为中心，向左为负，向右为正，且从左到右数值依次增大，最后得出，任何有理数都可以用数值上的点来表示。当然，类比物还可以是杆秤和天平、刻度尺等。

（三）一元一次方程

在天平左托盘中放入3个球和1个1克的小球，右边托盘放入一个5克的砝码，此时天平保持平衡，让大家求一求一个小球的重量是多少。"实际生活中的很多问题都可以类比数学中已知量与未知量之间的相等关系，进而引出一元一次方程的定义。"[①]

（四）等式和不等式的性质

可以把天平的功能与等式和不等式的性质做类比，如表11-1所示：

表11-1 等式和不等式的性质类比

天平	等式	不等式
左盘	等号左边的式子	不等号左边的式子
杠杆	等号	不等号
右盘	等号右边的式子	不等号右边的式子
天平两端同时增加（减少）相同的质量，天平保持平衡	等式两边同时加上（减去）一个相同的数或式子，等式仍然成立	/
当往倾斜天平的两端同时增加（减少）相同的质量，天平倾斜的方向不变	/	不等式两边同时加上（减去）一个相同的数或式子，不等号方向不变
天平两端同时扩大（缩小）	等式两边同时乘以（除以）一个相同的数或式子，等式仍然成立	/
当给倾斜的天平两端，同时扩大（缩小）相同的量时，天平倾斜的方向不变	/	不等式两边同时加上（减去）一个相同的数，不等号方向不变

注：这里乘以或除以负数的情况不考虑，乘以或者除以负数时，等式依然成立，不等式的不等号方向要改变。

（五）平面直角坐标系

在学习"平面直角坐标系"这一节内容时，可以给学生一张写有"7排12号"的电影票，并给出电影院的座位示意图，让学生想一想该如何找到这个座位，并讨论电影院用几排几号来代表座位的原因。现在的初中生对于在电影院找座位的情景都很熟悉，很快就找

---

① 孙丽娜. 浅谈类比思想在初中数学教学中的应用 [A]. 中华教育理论与实践科研论文成果选编. 第九卷 [C]：2015：2.

到目标座位的位置，而且讨论的结果大都一致，即这种确定座位的方法具有唯一性，方便观影者进入电影院后可以快速找到自己的座位。通过把电影院的位置抽象成无数个点，运用类比法，可以引入坐标系的概念，并对坐标系的特点有更加直观的理解。

（六）其他

除了以上列出来的这些与现实事例做类比的内容，还有很多，如有理数乘法法则与水位的计算做类比、图形的平移与汽车的行驶类比、三角形作高与建筑用具吊锤类比等。

二、与旧知识做类比，巩固新知识

相比较传统的教学方式，类比教学法有其自身独特的优势，学生不但可以很好地掌握新知识，而且对旧知识有更深刻的理解与巩固，从而有效提高自己的学习水平。

（一）代数

1.乘方与乘法的类比

在学习"乘方"这个内容时，常与"乘法的概念"混淆，所以在学完本节知识后，可以用乘法的本质含义来类比乘方的本质含义。如让学生写出$3×3$和3^3两个算式表示的具体含义，$3×3$可以写成$3+3+3$，表示的含义是3个3相加；那么3^3可以改写成怎样的算式呢？又表示什么含义呢？这时，学生不难得出$3^3=3×3×3$，即3个3相乘。所以，概括说来，乘法的含义就是相同加数之和的一种运算，乘方的含义就是相同乘数之积的一种运算。在此基础上可以提问学生：$2+2$和2^2所表示的含义是不是一样的呢？这时学生就会很快地回答说不一样，前者表示两个2相加，后者表示两个2相乘，通过这样的练习过程，学生就可以准确地区分乘法和乘方的概念。

2.立方根与平方根的类比

在学习立方根时，可以让学生回顾平方根的相关知识。分析发现，平方根的根指数是2，且查平方根表的方法是每次移动两位，每移动一次，查得的结果向反方向移动一位；类比此法，容易发现，立方根的根指数是3，那么查立方根表时要每次移动3位，且每移动一次，查得的结果要向反方向移动一位，经过这样的类比学习，学生很容易地掌握了查立方表的方法。[①]

3.因式分解与分解质因数的类比

在学习因式分解时，可以让学生回顾分解质因数的内容，一个合数用质因数相乘来表示，如$12=2×2×3$，像这样的表示形式叫作分解质因数。如表11-2所示：

[①] 倪兆勇. 类比推理在初中数学教学中的应用[J]，语数外学习（初中版），2014，（5）：30.

表11-2　因式分解与分解质因数的关系

分解质因数	整数乘法
12=2×2×3	2×2×3=12

从表中可以发现分解质因数和整数的乘法是互逆的关系。我们前面已经学过了整式的概念，那么整式乘法又和谁是互逆的关系呢？通过类比分解质因数的概念，从数类比到式，学生很容易就概括出因式分解的定义，即一个多项式用几个整式相乘，如a^2-b^2=（$a+b$）（$a-b$），像这样的表示形式叫作因式分解，所以因式分解和整式的乘法互逆。

4.分式与分数的类比

在学习分式的概念时，可以与分数的性质做类比，如表11-3所示：

表11-3　分式与分数的性质类比

类别 内容	分数	分式
定义	形如$\frac{b}{a}$，其中a和b是数，且$b\neq 0$	形如$\frac{A}{B}$，其中A和B是整式，且$B\neq 0$
基本性质	$\frac{a}{b}=\frac{a\times m}{b\times m}$、$\frac{a}{b}=\frac{a\div m}{b\div m}$	$\frac{A}{B}=\frac{A\times M}{B\times M}$、$\frac{A}{B}=\frac{A\div M}{B\div M}$
性质应用	分数的通分和约分	分式的通分和约分
四则运算顺序	先乘除后加减，括号内先进行	先乘除后加减，括号内先进行

通过表11-3中的类比，我们可以发现：它们在定义和性质方面是存在一定联系的，四则运算顺序是相同的，定义非常相似，性质也很相似；当然也存在着一些区别，区别就是数与式的不同的体现方式[1]。分数与分式具有一致性，亦可以称为数式通性，从分数到分式的类比，可以化抽象为具体，由特殊到一般，有利于学习、理解新的内容。

（二）方程与不等式

1.一元二次方程与一元一次方程的类比

在学习一元二次方程式时，让学生回顾一元一次方程的定义，即只含有一个未知数，且未知数的最高次数为1的等式，可以让学生类比一元一次方程的定义，尝试着概括一元二次除法的定义，这对于学生来说并不是很难，容易得到，"只含有一个未知数且未知数的最高次数为2的等式"，也就是一元二次方程，从一元一次方程到一元二次方程的

---

[1] 杨成林. 运用类比思想进行初一代数教学的体会 [J]. 苏州教育学院学报，1993，（2）：49-51.

类比，实际上也是低维到高维的类比。

2.一元一次不等式与一元一次方程的类比

在学习一元一次不等式时，可以先让学生回顾一元一次方程是如何定义的，即只含有一个未知数且未知数的最高次数是1，像这样方程两边都是整式的方程叫作一元一次方程[①]。此时，教师可做合适的引导：如果将"一元一次方程"概念中的"等式"换成"不等式"就变成了什么概念呢？学生通过讨论，进行类比不难得到一元一次不等式的定义，即只含有一个未知数且未知数的次数是1，系数不为零的不等式。

关于解法也可以类比一元一次方程的解法。主要包括去分母、去括号、移项、合并同类项、系数化为1等。两者解法的区别就在于，两个所依据的性质不一样，一个根据等式的性质，一个根据不等式的性质，在解一元一次不等式时，如果两边同时乘以（或者除以）一个负数时，千万记得要变号。

3.三元一次方程组与二元一次方程组的类比

二元一次方程组是把含有两个未知数的两个一次方程联立在一起组成的方程组。进行概念类比，不难得到，三元一次方程组是指含有三个未知数的三个一次方程联立在一起组成的。二元一次方程组的解题方法有代入法和加减消元法。解题思想是降元，即将二元降为一元，从而转化为解一元一次方程；方程组的解题思想都是降元，三元降为二元，从而转化为一元。所以三元一次方程组和二元一次方程组的概念形式一样，解题方法一样，解题思想也是一样的，在教学的时候，可以进行类比教学。

（三）对称图形

1.中心对称与轴对称类比

在学习"中心对称"这节内容时，可以让学生回顾之前学过的轴对称图形和轴对称的相关知识点，分析发现两者在概念上很相似，容易混淆，可以让他们以表格的形式进行对比总结，通过类比的方法，对这两个概念及性质进行更准确的掌握，如表11-4所示。

表11-4　中心对称与轴对称

	中心对称	轴对称
定义	有一条对称轴（直线）	有一个对称中心
	图形沿轴对折	图形绕中心旋转180度
	翻转后是全等图形	旋转后与另一个图形完全重合

[①] 朱俊德. 谈类比法在数学教学中的应用 [A]. 百川利康（北京）国际医学研究院. 2015年教育探索与实践学术论文集 [C] 百川利康（北京）国际医学研究，2015：2.

续表

性质	中心对称	轴对称
	两个图形是全等图形	两个图形是全等图形
	对称轴是对称点连线的中垂线	对称点连线要经过对称中心，且被对称中心平分

2.三种变换的类比

在学习"旋转"这一内容时，可以让学生整理、概括和类比旋转，轴对称与平移这三者的概念性质，分析它们的异同，可以有助于厘清知识间的关系，形成系统的清晰的知识结构脉络，从整体上加深对知识的掌握[①]。相同点：第一，都是在平面范围内进行图形变换的；第二，只有图形的位置变了，形状和大小都没变。不同点：第一，平移变换前后的两个图形的对应线段要么平行要么共线，对应角的两边也是分别平行或者共线的，并且方向一致；第二，旋转变换前后的两个图形所形成的旋转角就是任意一对对应点与旋转中心所连线段的夹角；第三，如果轴对称图形中的对应线段（或者它们的延长线）是相交的，那么交点一定就在对称轴上，且对称轴垂直平分成轴对称的两个图形的对应点的连线。

（四）多边形

1.三角形、四边形、多边形概念的类比

在数学学习中，面对大量的不同知识点的概念，要学会去整理，归纳形式上相似的概念，类比着记忆，找出异同点，方便理解记忆，如表11-5所示。

表11-5 三角形、四边形、多边形概念的类比

内容\概念	概念
三角形	由不在同一条直线上的三条线段首尾顺次连接所组成的图形叫作三角形
四边形	由在同一平面且不在同一条直线上的四条线段首尾顺次连接所组成的图形叫作四边形
多边形	由在同一平面且不在同一直线上的多条线段首尾顺次连接所组成的图形叫作多边形

从概念的定义形式上看对多边形的条件限制是一致的，不同点就在于，四边形与多边形都有个大前提要求必须在同一平面，三角形则没有这个条件要求。通过表格的形式，一一对应地展示出来，学生对于三角形、四边形、多边形的概念的异同点就会一目了然，而且记忆深刻，更加深了对知识点的理解。

---

① 陈超.浅议类比教学在初中数学课堂中的运用[J].福建中学数学，2014，（3）：25-28.

2.平行四边形、矩形、菱形、正方形性质的类比

表11-6　平行四边形、矩形、菱形、正方形性质的比较

类别 内容	边	角	对角线
平行四边形	对边平行且相等	对角相等	互相平分
矩形	对边平行且相等	四个角都是直角	互相平分且相等
菱形	四边都相等	对角相等	互相平分且垂直
正方形	四边都相等	四个角都是直角	互相平分，相等且垂直

学生通过表11-6所示，对于这几个图形的性质进行了准确的理解，更直观地体会它们的异同，可以帮助学生建立完整的知识结构体系，对知识进行很好的掌握，以后遇到相关问题可以很轻松地应对。

（五）相似形

1.相似三角形判定定理与全等三角形判定定理的类比

表11-7　相似三角形判定定理与全等三角形判定定理的比较

类别 内容	全等三角形	相似三角形
概念	能够完全重合的两个三角形叫作全等三角形	对应角相等，对应边成比例的三角形叫作相似三角形
判定定理	1.有两边和它们的夹角对应相等的两个三角形全等（SAS） 2.有两角和它们的夹边对应相等的两个三角形全等（ASA） 3.三组对应边分别相等的两个三角形全等（SSS） 4.有两角和一角的对边对应相等的两个三角形全等（AAS） 5.斜边及一直角边对应相等的两个直角三角形全等（HL）	1.两边对应成比例且夹角相等的两个三角形相似 2.两角相等的两个三角形相似 3.三边对应成比例的两个三角形相似
性质定理	1.对应角相等 2.对应边相等 3.周长相等 4.面积相等	1.对应角相等 2.对应边成比例 3.周长的比等于相似比 4.面积的比等于相似比的平方

从表11-7中，我们可以看出，相似三角形和全等三角形的判定有个共同点，就是对于角的要求都是对应角相等，而对于边，前者要求对应成比例，后者则要求对应边相等；后者的判定要有至少一组边对应相等，而前者则对边不做要求；前者只要求形状相同，大小不一定相同，而后者则要求大小形状必须全都相同。故此，可以看出全等三角形是相似三角形的一种特殊情况，即全等三角形一定是相似三角形，而相似三角形不一定是全等三角形。

2.位似图形与相似图形的类比

在学习"位似图形"时，可让学生回顾相似图形的相关知识。我们知道形状相同的图形叫作相似形；各角分别相等，各边对应成比例的两个多边形称为相似多边形。那么位似图形跟相似图形又有怎样的关系呢？带着这个问题，开始学习位似图形：第一，两个图形是相似图形；第二，对应顶点的连线交于同一点；第三，对应边平行，必须同时满足以上三个条件的两个图形才叫作位似图形。通过对相似图形和位似图形概念的类比，我们可以知道：一是位似图形一定是相似形，相似形不一定是位似形；二是判断两个图形是位似图形的前提条件就是它们必须是相似形且每对对应点所在直线交于同一点。

（六）圆

1.点与圆的位置关系类比

在"圆"这一章中，我们探究了圆和点、圆和线以及圆和圆的位置关系。学习圆和线的位置关系时，可以让学生回顾"圆和点的位置关系"的探究过程，我们是通过比较这个点到圆心的距离和半径的大小来判断点和圆的三种位置关系的，即点到圆心的距离 d 大于半径 P，则点在圆外；若 $d=r$，则点在圆上；若 $d<r$，则点在圆内。类比这种思想方法，我们可以通过比较圆心到直线的距离和半径的大小来判定直线与圆的位置关系，即当圆心到直线的距离 d 大于半径时，直线与圆的位置关系是相离；当 $d=r$ 时，相切；当 $d<r$ 时，相交[1]。

2.三角形外接圆与三角形内切圆的类比

在学习"三角形外接圆"这一节内容时，很多学生容易与"三角形内切圆"混淆，造成理解上的误差。其实这时，教师可以让学生对三角形内切圆的概念、性质进行分析与总结，可以得到：第一，三角形三个角的平分线的交点就是内心，即三角形内切圆的圆心；第二，内心总在三角形的内部，不会因为三角形形状的改变而变化；第三，内心到三角形三边的距离是相等的。而三角形外心是这样定义的，"三角形的三条边中垂线的交点就是外心即外接圆的圆心"，通过与内心的概念性质做类比，可以得到外心的性质：外心

---

[1] 任玉霞. "类比"让初中数学课堂更精彩 [J]. 学周刊，2013，（25）：126-127.

的位置会随着三角形形状的改变而发生改变,外心可能在三角形的内部(在内角三角形中时)、外部(在钝角三角形中时),也可能在三角形的边上(在直角三角形中时,外心在斜边上);外心到三角形的三个顶点的距离相等。通过对外心、内心概念和性质的类比,学生不仅巩固了三角形的相关知识,也加深了对圆的相关知识的理解。

3.圆台、圆柱与圆锥之间的类比

作为初中数学教学中的重难点,学生对于这几个几何体的认识与应用存在着较大的困难,所以在教学时可将相关知识进行类比,帮助学生理解记忆。可以把圆台看作类比物,通过把圆台的上底面缩至一点就成了圆锥,把圆台的上底面扩大至和下底面一样大小就得到了圆柱。对于概念有了进一步的理解后,我们来看看它们的侧面积之间的关系,我们知道$S_{圆台侧}=\pi(R+r)l$,$S_{圆锥侧}=2\pi Rl$,$S_{圆柱侧}=2\pi Rh$,我们仔细观察研究发现,这三个公式在根本上其实是一样的,还是以圆台侧面积作为类比物,将上底面半径缩小为零就得到了圆锥的侧面积,上底面扩大至和下底面一样大就变成了圆柱的侧面积。

4.圆的面积公式推导方法的类比

先让学生回顾平行四边形、三角形和梯形面积的推导方法,平行四边形是通过割补和平移的方法拼接成长方形,所以平行四边形面积=底×高;三角形是通过旋转完全相同的三角形与原图拼接成平行四边形,所以三角形面积=底×高÷2;梯形是通过旋转完全相同的梯形与原图拼接成平行四边形,所以梯形面积=(上底+下底)×高÷2。通过类比可以知道,如果我们将圆分成若干等份,分的份数越多,拼成的图形就越接近于长方形,所以,拼成的长方形的面积=长×宽$=\frac{C}{2}\times r=\pi r\times r$,所以$S_{圆}=\pi r^2$。掌握、理解了公式的推导过程,不用死记硬背,才能更好地去应用。

结束语

在深入研究和探索数学课堂教学的过程中，我发现思维能力培养的重要性不言而喻。通过不断实践和反思，我逐渐认识到，要想提高数学教学质量，就必须注重培养学生的思维能力。

数学是思维的体操，数学课堂教学应为学生的思维发展服务，让数学课堂教学成为发展思维的活动课。要使学生在数学教学中既增长知识，又增长智慧，关键是学生思维活动的发展，这就要求我们必须重视培养学生的思维能力。数学知识固然重要，而数学能力更是重要的一环。但是无论何时，我们都不能忽略了学生的思维活动，特别是思考过程，而教师想要教好学生，就必须有创造性的教法。对于培养学生的思维能力的重要性教师必须有深刻的认识和理解。因此，教师需要把握教材中潜在的因素，选择有效的教学策略，培养学生的创造性思维和创造性想象。

培养学生的思维能力是一个长期的过程，教师在教学中应注重学生思维能力的培养，努力为学生创设条件，让学生在独立思考的基础上集体讨论、自主探索、大胆猜测，生动活泼地学习。只有这样学生的思维能力才会不断提高，才能为今后的发展打下坚实的基础。数学教学不仅是传授知识，更重要的是培养学生的思维能力。因此，在教学中应始终把培养学生的思维能力放在首位并不断探索适合培养学生思维能力的教学策略和方法。在教学中我们应努力创设良好的教学情境，激发学生的学习兴趣，使学生在思考中学习、探索中提高培养他们的思维能力从而真正成为学习的主人。

思维能力培养并非一蹴而就的过程，而是需要教师在教学过程中不断引导和训练。在课堂教学中，教师可尝试采用多种教学方法，如问题导向、小组讨论、案例分析等，以激发学生的思考和探索欲望。同时，教师还应注重培养学生的观察力、分析力和判断力，让他们在解决问题的过程中逐渐形成良好的思维能力。

总之，《数学课堂教学与思维能力培养》一书是我多年教学经验的总结和反思。我希望这本书能够为广大的数学教师和教育工作者提供一些有益的启示和参考。同时，我也希望读者能够从本书中获得一些启示和思考，为自己的数学教学和工作提供一些新的思路和方法。

在未来的工作中，我将继续关注数学教育的最新发展，不断学习和探索新的教学方法策略，为提高数学教学的质量和效果而努力。同时，我也将继续关注学生的思维能力和创新能力培养，努力探索更多有利于培养学生思维能力和创新能力的途径和方法。我相信，在我们的共同努力下，数学教育一定能够取得更好的成果和更大的进步。

参考文献

[1]陈宏宇.设计有效实验，建构魅力数学课堂[J].文理导航（中旬），2024（3）：55-57.

[2]温兴华，宋运根."双减"背景下小学数学课堂教学减负增效研究[J].教师博览，2024（6）：61-63.

[3]韩旭.小学数学教学中课堂有效提问研究[N].科学导报，2024-02-23（B03）.

[4]李翠.植入数学思想，让数学课堂更"接地气"[J].江西教育，2024（7）：49-51.

[5]郑志.小学数学"学思课堂"教学模式探析[J].湖北教育（教育教学），2024（2）：80-81.

[6]崔晓晓.在小学数学课堂教学中应用追问的探讨[J].教学管理与教育研究，2024（3）：100-102.

[7]徐文雅.基于量感培养的小学数学课堂教学：以"认识厘米"为例[J].教学管理与教育研究，2024（03）：106-108.

[8]魏春胜.信息技术与小学数学课堂教学融合的策略[J].教育，2024（4）：83-85.

[9]余逸凡.打造小学数学深度学习课堂文化的基本策略[J].读写算，2024（4）：62-64.

[10]陈玉真.基于新课程标准的数学课堂教学改革探析[J].成才之路，2024（4）：93-96.

[11]张虹昇."双减"背景下小学数学教学课堂提质增效的策略探究[J].甘肃教育研究，2024（1）：107-109.

[12]孔丽华.核心素养下小学数学课堂教学策略[J].教育，2024（3）：42-44.

[13]李凌云.深度学习下小学数学课堂教学策略研究[J].小学生（下旬刊），2024（1）：19-21.

[14]包懿.核心素养导向下小学数学实验教学方式的探索[J].小学生（下旬刊），2024（1）：52-54.

参考文献

[15]李侨.基于核心素养的小学数学课堂教学优化策略[J].小学生（下旬刊），2024（1）：73-75.

[16]李翠霞.基于游戏教学的小学数学课堂教学策略改革[J].小学生（下旬刊），2024（1）：97-99.

[17]肖雅."减负提质"理念下小学数学互动教学的优化措施[J].读写算，2024（3）：74-76.

[18]于玲.高阶思维视域下如何推进小学数学课堂学习活动[J].读写算，2024（3）：77-79.

[19]林慧娟."读思达"教学法下的小学数学高效课堂教学模式探讨[J].数理化解题研究，2024（2）：83-85.

[20]王晓蒙.信息技术在小学数学课堂教学中的应用[J].吉林教育，2024（3）：89-91.

[21]唐弯弯.在小学数学课堂渗透德育的策略[J].江西教育，2024（3）：25-26.

[22]李志强.如何在数学课堂中激发学生的学习兴趣[J].江西教育，2024（3）：66-67.

[23]李旭佳.基于任务驱动的小学数学课堂教学[J].江西教育，2024（3）：72-74.

[24]胡燕.小学数学教学评价的有效性探究[J].教育，2024（2）：48-50.

[25]林丽春.基于新课程标准的小学高段学生数学思维能力培养探讨[J].试题与研究，2024（2）：168-170.

[26]赵庆华.新课程标准视角下的小学数学课堂教学[J].山西教育（教学），2024（1）：34-35.

[27]陈海燕.浅谈小学数学教学中生活元素的应用[J].考试周刊，2024（2）：60-63.

[28]张海珍.小学数学课堂教学效率的提升对策[J].文理导航（中旬），2024（2）：49-51.

[29]卢彩霞.顺学而教，让数学课堂更精彩[J].文理导航（下旬），2024（2）：40-42.

[30]林亚英.任务驱动，构建小学数学高效课堂[J].文理导航（下旬），2024（2）：46-48.

[31]薛宏挺.小学数学课堂中问题情境教学的策略[J].学园，2024，17（4）：40-42.

[32]林奕岑.基于五育融合的小学数学教学探究[J].文理导航（下旬），2024（2）：76-78.

[33]林静.小学数学教学与信息技术深度融合构建高效课堂[J].安徽教育科研，2024（01）：104-106.

[34]吴火清.优化小学数学课堂教学评价的现实问题[J].教育，2024（1）：108-110.

[35]韩琼.小学数学教学中学生逻辑思维能力培养探究[J].基础教育论坛，2023（24）：75-77.

[36]曹菊平.关于新课程标准背景下小学数学练习课中思维能力培养的思考[J].小学生（下旬刊），2023（12）：133-135.

[37]龚佳浩.小学生数学深度思维能力的培养[J].学园，2024，17（2）：52-54.

[38]葛毓.基于深度学习的小学数学高阶思维能力培养[J].学园，2024，17（2）：55-58.

[39]王月秀.数学思维能力在小学数学教学中的培养策略探究[J].考试周刊，2023（50）：77-80.

[40]于卉洁.小学数学应用题教学中学生逻辑思维能力的培养探讨[J].小学生（上旬刊），2023（12）：127-129.

[41]李兰.浅谈小学数学教学中学生逻辑思维能力的培养[J].求知导刊，2023（32）：56-58.

[42]尚娟.基于核心素养的小学数学逻辑思维能力的培养策略[J].家长，2023（32）：31-33.

[43]郑鑫微.如何在小学数学概念教学中培养学生高阶思维能力[J].新教育，2023（32）：40-42.

[44]丁先明.核心素养视域下小学生数学思维能力培养策略探微[J].试题与研究，2023（33）：100-102.

[45]王德志.培养学生数学思维能力的策略探析[J].数学学习与研究，2023（31）：74-76.

[46]邱国忠.小学数学教学中独立思考能力的培养策略[J].小学生（上旬刊），2023（11）：127-129.

[47]张素坤.小学数学教学中学生思维能力的培养[J].教育实践与研究（A），2023（11）：13-15.